2012년도

사회와 정책

이재원 외 공저

도서출판 대영문화사

머리말

부경대 공공정책연구소는 한국연구재단의 인문사회연구역량강화사업(사회서비스 분야 SSK 사업)에 참여하면서 지역 사회에서 발생하는 신사회위기와 시민들의 인식 그리고 정책의 적실성에 대한 연구를 수행하고 있다. 1차연도 연구활동 가운데, 사회서비스의 다양한 영역들을 모색하는 과정에서 정리되는 개별적인 쟁점과 분야들 그리고 유관 주제들을 묶어 이번에 연구소의 총서를 발간하였다.

사회서비스정책에서 "사회서비스"는 학문적 개념이라기 보다는 일반적인 사회복지정책과는 구분할 필요가 있는 새로운 사회정책과 복지혁신에 대한 상징으로 사용된다. 보건복지부는 2007년 이후 새로운 사회복지서비스정책에서 전자바우처를 도입하였는데 돌봄서비스의 비중이 크다. 이에 따라 "사회서비스 = 전자바우처와 돌봄"으로 인식되고 있다. 이와 같은 편견 때문에 사회서비스 정책의 내용과 방향 설정에 적지 않은 제약들이 발생하였다.

우리나라의 사회복지지출은 OECD 회원국들과 비교할 때 상당히 낮은 수준이다. 그렇지만 그러한 수치가 국민들의 생활과 복지수준이 열악하다는 것을 나타내지는 않는다. 세계적인 무역국가의 국민 생활이 형편없다는 것은 쉽게 납득이 되지 않는다. 대신, 국가와 사회가 집합적으로 문제를 해결하기 보다는 자신이 스스로 일상생활을 책임 졌던 한국 사회의 특성에서 설명하는 것이 정확한 표현이다.

그런데, 최근에 급속히 전개되는 사회적 전환기 국면에서 개인 중심의 독립된 일상생활 체계가 더 이상 효과적으로 작동하지 않고 있다. 이에 대응하기 위한 정책들 가운데 생활기반을 지원하는 국가의 정책들이 사회서비스의 담론을 형성한다. 사회과학의 영역에서 사회서비스 담론의 위치와 정책의 타당성 여부에 관계없이 지금 우리 시대에 풀어야할 사회적 과제는 분명하다. 그리고 그 과제들은 특정한 사회부문에 국한되지 않는다. 다양한 분야에서의 개별적인 논의와 쟁점들을 사회서비스의 담론으로 묶어야 한다.

이 책에서는 사회서비스정책과 직접적으로 관련이 있는 4편의 특집 주제 글과 간접적으로 연결되는 또다른 4편의 일반 글을 엮었다. 제1장은 2010년도부터 진행하였던 1차연도의 SSK 연구의 핵심 과제에 대한 것이다. 부분적인 사회현상들을 각자의 편견으로 해석하고 처방을 만들면서 사회문제와 시민들의 인식 그리고 정책들이 분절적으로 연결될 가능성도 있다. 그러한 문제인식 속에서 부산시민들이 인지하고 있는 사회적 위기와 대응 방식을 일차적으로 분석하였다.

제2장은 성인지 예산제도를 정리하였다. 사회서비스와 성인지예산은 단어의 표현만을 고려하면 관련성이 크지 않을 수 있다. 하지만 내용에서는 서로가 깊게 연계되어 있다. 일상생활 기반이 취약해지는 근원에 "여성"에 대한 담론이 있다. 새로운 사회서비스 담론의 영역으로서 여성과 생활 그리고 국가 예산관리제도를 엮을 수 있는 시도로서 성인지예산제도의 내용들을 살펴보았다.

제3장은 부경대 행정학과를 사례로 지방대 사회계열 졸업자들의 취업 실태를 분석한 글이다. 청년실업에 대한 사회적 위기를 들여다 보는 시도로 추진되었다. 대학의 기능은 교육과 연구였다. 이제 역할 비중이 바뀌고 있다. 청년실업은 전환기의 일시적 현상이 아니다. 구조적 병리가 되고 있다. 지방대 사회계열 졸업자들의 취업은 특히 어렵다. 하지만 그러한 막연한 생각은 편견일 수 있다. 특정 사례들을 집중분석하면 새로운 대안들을 만들 수 있다. 단지 연결통로를 찾지 못했을 뿐일 수 있다.

제4장에서 다루는 사회자본 논의는 사회기반과 사회서비스 담론 이전까지 사회정책에서 상당한 영향을 미치는 주제였으며 아직까지 사회과학에서 의미는 상당하다.

특집 주제 이외 개별 글들도 사회서비스에서 가지는 함의들은 상당하다.

第5장은 1999년도부터 운영하고 있는 책임운영기관제도의 전개과정과 쟁점들을 정리하였다. 생활보장들을 실천하기 위한 사회서비스 공급체계에서 책임운영기관의 담론이 접목되어야할 필요성이 점점 높아지고 있다. 第6장은 정책기획에 대한 주제를 다루었다. 사회서비스 정책을 기획할 때 고려해야하는 다양한 맥락 가운데 한가지로서 "협력"의 주제를 정리하였다

第7장의 지방행정체제 개편에 대한 주제 역시 사회서비스 논의와 직접적으로 연계될 수 있다 개인서비스들의 최종 전달자는 지방자치단체이다. 그러한 전달자가 활동하는 공간 범주가 달라지면 개인별 맞춤형 지원이 필요한 사회서비스 정책에 상당한 영향이 발생할 가능성이 있다. 第8장은 각종 정책현상들을 심층 분석할 수 있는 기초적인 연구방법론에 관한 것이다.

논리적으로 완결되지 않은 상태에서 1차연도의 연구활동들을 특집 주제로하고 다양한 분야의 관련 글들을 단행본으로 묶어 부경대 공공정책연구소의 첫 번째 연구총서로 출판하였다. 책을 출판하면서 많은 부분에서 부족한 점들을 확인하였다. 앞으로 매년 연구소의 총서를 발간하면서 미흡한 부분을 보완하고 사회적 그리고 정책적인 쟁점들을 보다 체계적으로 접근하도록 노력할 예정이다.

이 책의 출판을 위해서 노고를 아끼지 않았던 부경대 공공정책연구소 소장 김창수 교수님과 참여해 주신 집필자들께 감사를 드린다. 또한 번거로운 저자 연락과 교정에서 수고해 준 부경대 김교원 군에게도 고마운 뜻을 전한다. 끝으로 여러 가지로 부족한 부분이 많은 원고들을 한 권의 책자로 묶는데 흔쾌히 동의하여 지원해 주신 대영출판사 임춘환 사장님과 직원분들께 감사를 드린다.

2012년 1월

저자 대표 이재원 씀

차례

제3장 지방대 사회계열 졸업생의 취업 실태와 과제

이찬구

제4장 한국 사회자본 형성의 한계와 전망

허용훈·허철행

제5장 책임운영기관제도의 확대·발전 방안

이남국

제6장 협력적 정책기획의 이론과 사례

김창수

제1장

신사회적 위험에 대한 부산 지역사회의 인식태도와 과제*

양기용

1. 들어가며

우리 사회는 1990년대 말 심각한 경제적 위기에 직면하였다. 사상 초유로 개방된 국제경제질서 하에서 외환유동성 위기에 노정되고 글로벌 기준 채택을 강요받기도 하였다. 물론 이러한 위기의 근원은 기본적으로 자본주의체제의 변화 좀 더 좁히면 20세기동안에 전개된 생산체제의 변화에서 원인(遠因)을 찾을 수 있으며, 지구적 차원에서 진행되어온 세계경제의 변화가 우리사회에 직접적인 영향을 미치기 시작하였다는 신호이기도 하다.

우리정부는 경제위기극복을 위하여, 경쟁과 성과를 강조하는 성장위주의 신자유주의적 국가위기대응전략을 채택하였다. 이러한 경제정책노선은 경제위기가 결국 사회위기 그리고 정치적인 갈등으로 이어진다는 사실을 다소 간과한 채 진행되었다. 경쟁과 개방을 강조한 경제정책은 사회적 안전망 구축이 채 이루어지지 않은 복지체제하에서 많은 취약계층들로 하여금 기존의 질병과 빈곤 등에 더해 근로빈곤, 소득양극화, 빈곤의 세습화, 가족

---

* 이 글은 GRI연구논총 제13권 제3호, 2011, “신사회위험에 대한 지역사회의 인식태도와 대응기제”를 수정·보완한 글이다.

해체 등과 같은 새로운 사회적 위험에 직면하게 하였다.

또 다른 한편으로 개인 가치관과 가족기능의 변화과정에서 저출산과 고령화현상이 압축적으로 진행되었다. 결과적으로 나타난 왜곡된 인구 및 가족 구조는 우리사회의 경제·사회적 지속가능성 조차 위협하는 심각한 수준에 이르렀다.

이와 같은 거시적이고 구조적인 사회경제적 변화 속에서 「국민의 정부」와 「참여정부」를 거치면서 국가복지정책은 상당한 변화를 경험하게 되었다. 시혜위주의 전통적 복지정책이 가져오는 부작용을 지적하는 보수주의적인 흐름 하에서 '생산적 복지' 또는 '사회투자 국가전략'이라는 새로운 담론 등이 제시되면서, 새로운 사회적 위험에 대처하기 위한 정책적 노력을 지속하여왔다. 이 과정에서 전통적 복지서비스와는 다른 성격, 내용, 대상, 전달방식을 지니고 특히 이해관계자들 간의 새로운 관계성을 가지는 사회서비스가 대안으로 제시되었으며, 바우처방식이 새로운 재정지원수단으로 채택되었다.

이러한 배경 하에 이 글에서는 우리사회에서 나타나고 있는 사회적 위험과 이러한 사회적 위험에 대응하는 전반적인 정책방향을 검토하고자 한다. 최근에 우리사회는 복지국가경로 및 복지정책방향에 대한 논의가 활발하게 진행되고 있다. 이러한 담론적 논쟁은 무상급식 사례가 보여주듯이 구체적인 복지서비스와 프로그램으로 일반 주민들에게도 현실 생활에서 경험하는 실제로서 다가오고 있다. 아울러 이러한 현실은 정치적인 갈등과 주민들의 투표라는 정치적인 선택으로 이어지고 있다.

따라서 복지정책의 방향은 정부정책을 결정하는 행정관료들의 정책적·전문가적인 판단뿐만 아니라, 일반 주민들의 복지인식과 평가 그리고 판단이 매우 중요하게 작용하게 될 전망이다. 이러한 새로운 현상은 일반 주민, 복지서비스를 이용하는 이용자, 재원부담을 담당하는 납세자들이 가지고 있는 견해와 의견 그리고 태도라는 문화적 지평 하에서 복지정책이 그 방향을 설정하게 된다는 의미이다.

따라서 이 글에서는 첫째, 사회적 위험에 대한 논의와 복지국가경로 및 정책방향에 대한 기존 연구를 검토한다. 둘째, 실제 부산지역사회에서 일반 시민들이 인식하는 사회적 위험의 정도와 그에 대응하는 복지정책방향에 대한 복지인식과 태도를 규명하고자 한다. 셋째, 지역주민들의 복지수요와 요구 그리고 의견들을 구체적으로 수렴하고 실제 복지정책이 집행되고 각종 복지 프로그램들이 수행되는 지역에서의 결정 및 집행체제로서의 사회서비스 거버넌스체제의 구축방향을 과제로 제시한다.

2. 신사회위험, 사회투자국가 그리고 사회서비스

복지수요를 둘러싸고 벌어지는 쟁점중의 하나로 새로운 복지국가 성격에 대한 논의라고 할 수 있다. 그러한 논의의 중심에는 우리사회가 새로운 사회적 위험, 이른바 신사회위험에 직면해 있는가에 대한 논의와 그 위험에 대처하기 위해서는 기존의 전통적 복지국가가 아닌 새로운 복지국가의 경로 특히 사회투자국가로의 전환이 필요한가에 대한 논의가 자리잡고 있다.

일반적으로 구사회위험으로 알려진 빈곤, 장애, 산재, 질병, 실업 등은 전통적인 포디즘적인 생산양식과 노동방식에서 발생하는 부작용이자 이에 적응하지 못하는 개인에게 사회문제로 인식되었다. 즉 노동시장에서 임금노동을 수행하지 못하는 상황에서 발생하는 문제들이 대부분이었다. 이러한 문제들은 남성일인생계부양가구, 완전고용, 평생고용계약 등과 같은 포디즘적인 정치·경제·사회적 조건들과 연계되어있다.

구사회위험에 대한 공공부문의 복지정책은 포디즘적 생산체제의 안정적인 유지와 개인의 순응을 유도하기 위하여 요구되는 수단적 대응으로 이해된다. 구사회위험에 대응하는 사회정책수단으로는 주로 개별적인 차원에서 이루어지는 공공부조와 같은 소득보장정책이나 자기기여금으로 이루어지는 사회보험 등을 들 수 있다. 이러한 복지정책의 대상으로 일부 한계집단 또는 취약계층에 한정됨에 따라 보편적인 복지라기보다는 개별적이고 잔여적인 복지서비스가 제한적으로 이루어지는 경향을 띠었다.

그러나 신사회위험은 자본주의의 성격변화 보다 좁히면 산업구조의 변화와 생산양식의 변화에 근본적인 근거를 찾을 수 있다(Esping-Anderson et al., 2002 ; Taylor-Gooby, 2004). 생산체제의 변화가 탈산업화, 산업도시의 붕괴, 서비스 산업의 증가와 같은 거시적인 경제체제변화와 산업구조변화를 가져왔고, 뒤따라 전개되는 여성의 경제활동참여와 2인 생계부양 가족구조 등장, 고령화와 저출산현상, 소득의 양극화 및 빈곤의 세습화 현상과 같은 전반적인 사회경제적 위기양상이 전개되었다. 이러한 위기를 흔히 신사회위험(new social risks)이라고 부른다.

따라서 각 국가별로 처해있는 정치·경제·사회적 상황에 따라 다른 형태와 성격의 위험이 제기될 수밖에 없으며, 신사회위험에 대한 보편적인 정의를 내리기는 어렵다. 유럽국가들 사이에도 가족에 대한 돌봄의 어려움이 보수주의적 유럽국가들에 있어서는 신사회위험으로 분류되나, 북유럽국가에서는 돌봄과 가족관련 위험들은 이미 구사회위험으로 평가되기도 한다(윤홍식, 2006).

Taylor-Gooby(2004)는 이러한 신사회위험이 가지는 세 가지 특징적 요소들에 대해 다음과 같이 정리하고 있다. 첫째, 일과 가족생활을 양립하는 과정에서 나타나는 여러 가지 위험요소들을 신사회위험의 특징으로 들고 있다. 대표적으로 보육이나 아동 교육 및 여타 가족에 대한 돌봄(care)이 가장 주요한 어려움으로 제기된다.

특히 여성의 경제활동 증가는 불가피하게 가족간의 역할분담 변화는 물론 이혼 등과 같이 가족구조자체의 변화를 이끌어 냈다. 결국 그동안 가족이라는 사적 영역에서 스스로 담당하여왔던 많은 문제들이 사회문제화되고 포디즘적 산업구조하에서 공적 영역에서 발생하는 위험에 대응하기 위하여 설계된 공공부조와 사회보험으로는 사적영역에서 제기된 새로운 신사회위험에 대응하기에는 한계가 나타난 것이다.

둘째, 변화하는 경제흐름, 산업구조개편과정에서 노동시장의 진입 어려움, 안정적 고용유지 곤란, 교육훈련에 대한 접근성 제한 등과같이 미숙련 노동자들이 노동시장에서 겪게 되는 어려움을 신 사회적 위험으로 거론하고 있다. 여성이나 저학력 미숙련 노동자, 이민자 등이 흔히 경험하게 되는 위험요소들이다.

새로운 기술환경과 전문서비스 산업구조 하에서 숙련노동자에서 미숙련 노동자로 변화된 남성가구주는 물론 새롭게 노동시장에 참여한 미숙련 여성노동자들이 경제활동 참여에도 불구하고 저소득 임금노동자로 틀지워지는 근로빈곤(working poor)의 문제가 고착화되었다. 이는 일시적인 공적부조나 사회보험으로 대응하기에는 한계를 노정하기 시작하였음을 말해준다.

셋째, 1980년대부터 세계적으로 공통적인 복지정책 및 전달과정 변화에서 나타나는 복지 민영화 흐름과 연계된 민간 보험이나 민영서비스에서의 소외 등을 또다른 신사회위험으로 지적하고 있다(윤홍식, 2006:108-109에서 재인용). 민영화의 흐름 하에서 일부 취약계층에 대한 복지서비스가 제외되거나 비용부담으로 실질적으로 제공되지 못하는 경우가 발생하고 아울러 민영보험 가입이 배제되는 현상이 나타났다.

결국 이러한 신사회위험의 가장 큰 특징적 요소는 가족의 역할과 연관되어 있는 돌봄의 문제라고 할 수 있다. 산업구조의 변화에 따라 여성의 경제활동참여가 불가피하게 나타났고, 여성들이 담당하여왔던 가족구성원들에 대한 돌봄이 커다란 사회문제로 대두된 것이다. 여성이 비공식적으로 담당하여왔던 출산, 영유아보육, 아동양육, 교육, 가족에 대한 돌봄 특히 고령자에 대한 돌봄 역할이 어려워지게 되었다.

김교성 외(2010) 역시 신사회위험은 포디즘적 생산방식과 유연한 노동시장과 고용관계가 전개되는 상황과 연결된 다음과 같은 네 가지 신사회위험의 특징적 요소와 내용을 지적하고 있다. 첫째, 근로빈곤, 여성의 경제활동 증가, 소득의 양극화와 세대로 이어지는 장기빈곤, 산업구조 개편에 적응하지 못하는 구조적 실업; 둘째, 여성의 노동참여에 따른 가족 간 역할 및 구조변화에 의한 가족문제; 셋째, 저출산과 고령화로 인한 가족내부의 분담체계의 변화와 상호간 돌봄관계의 붕괴; 넷째, 위와 같은 현상들이 개인의 역량은 물론 다음 세대의 역량까지 좌우하는 단세대가 아닌 복수세대의 문제로 악화되는 문제점에 주목하고 있다.

전통적 복지국가정책이 신사회위험에 대응하기에는 한계가 있다는 인식하에, 기존의 전통적인 복지와는 다른 형태의 국가의 역할과 정책 프로그램이 요구된다는 주장이 적극적으로 제기되기 시작하였다. 이에 따라 각국은 복지국가의 경로변화와 사회투자국가로의 전환을 검토하기 시작하였다.

물론 대부분 선진외국의 대응방향은 각국의 역사적 경험이나 정치·행정적 특징 등으로 틀지워지는 복지체제의 성격 등에 의해서 다르게 전개되었다. 그럼에도 불구하고 생산과 복지, 노동과 복지를 연계하고자 하는 움직임이 공통적으로 나타나고 있으며, 공공부문이 독점적으로 제공하던 복지서비스 영역에 기업이나 비영리부문 등과 같은 민간부문의 관여가 더욱 강조되었다. 아울러 기존의 소득보장적 공공부조나 사회보험뿐만 아니라 가족구조의 변화에 요구되는 다양한 형태의 개인적 대인적 서비스인 사회서비스(social services)들이 강조되었다. 그러한 사회서비스 프로그램으로는 보육, 아동 돌봄 및 교육, 장애인 돌봄 및 교육, 여성 교육훈련, 노인 돌봄 및 취업교육 등이 부각되었다.

무엇보다도 복지국가의 재편과정에서 각 국가들은 공통적으로 노동연계복지(work-based welfare; workfare; welfare to work)를 통하여 사회경제적 환경변화에 따른 케인스주의적 사회지출의 한계, 사회적 배제의 심화와 제도관리 방식의 위기 등 사회복지제도의 부작용 등을 극복하기 위하여 노동과 복지정책을 결합하는 새로운 방식을 강조하였다. 이러한 움직임은 특히 보수주의적 복지체제 특성을 지닌 국가들에서 더욱 강하게 나타났다.

대표적으로 미국의 경우 복지서비스 수급자들의 근로동기를 강화하는 전략으로 노동연계복지정책(workfare)들을 강력하게 추진하여 노동을 조건으로 하거나 강제하는 미국의 TANF나 ETIC 등이 집행되었다. 이러한 미국의 정책변화에 대하여 Gilbert는 복지국가(welfare state)에서 능력개발국가(enabling state)로의 전환이라고 그 변화양상을 규정한다. 즉 단순한 수동적인 공적부조가 아니라 자조할 수 있는 능력을 계발할 수 있도록 지원하는 복지정책으로의 전환을 의미한다. 이러한 접근입장의 근본원리는 사적 책임을 위한 공적 지원(public support for private responsibility)이라고 정의된다(Gilbert, 2000).

또 다른 흐름중의 하나는 각종 복지서비스의 공급주체를 공공영역에서 기업과 비영리단체를 포함한 독립적인 민간영역으로 확대하고 이들로부터 공공복지서비스 공급을 구매하고자 하는 움직임(marketization)을 들 수 있다. 아울러 중앙정부의 재정지출을 줄이고 지방정부의 재정부담과 책임을 강화하고자 하는 분권화(devolution)의 움직임도 지속적으로 추진하였다. 이러한 조치들은 단순히 복지정책이나 서비스 개혁에 그치는 것이 아니라 일반적으로 알고 있는 신 공공관리개혁(New Management)의 중심 조치로 전개되었다.

가장 대표적인 국가로 영국을 들 수 있다. 영국은 대처정부 이후로 비버지리적인 복지국가, 즉 그동안 영국사회에서 강조되어 왔던 '전 국민의 복지에 대한 국가책임'을 대체하여 자조와 개인책임의 원칙을 강조하게 되었다. 그에 따라 비버리지의 보편주의 원칙이 아니라 '선별주의(selectivism)'로 전환하여 도움을 받을 만한 가치가 있는 대상에게만 지원한다는 새로운 접근방식을 채택하였다. 이러한 복지개혁의 수단으로 대처정부는 시장화와 복지서비스의 지방분권화를 택하였다. 사회보장 프로그램, NHS, 교육, 주택서비스 등 많은 공공영역에서 민간부문을 참여시키고 다양한 서비스 제공주체들 간의 경쟁이 강조되었다. 아울러 중앙정부의 보조금 삭감을 통하여 지방정부의 책임을 증가시켰다(김영순, 2001).

대처정부의 개혁 움직임은 단순히 복지제도의 변화라고 보기 어렵다. 이는 영국사회를 구성하는 여러 주체들 중앙정부와 지방정부, 시장, 시민사회

집단(자원조직 포함), 가족과 개인들 간에 형성되어 왔던 기본적인 사회적 관계(역할, 책임, 규모, 형태)의 변화를 의미한다. 결국 새로운 시스템의 디자인이자 집행이자, 이른바 재구조화(restructuring)과정이었다(Baldock, et al, 2007). 이러한 대처정부의 조치들은 현장에서 직접 복지서비스를 공급하는 서비스 제공자들, 지역에서 민간영역으로부터 서비스를 구매하고 이를 관리하는 지방정부 주체들 그리고 여러 가지 복지서비스 중에서 특정서비스를 선택하여 서비스를 이용하는 서비스 이용자들의 책임과 선택권한을 더욱 강화(empowerment)하는 움직임을 지속적으로 유지하였다.

영국의 신공공관리론에 입각한 복지서비스 개혁조치는 신자유주의적인 이념적 틀을 공공부문에 적용하고자 하는 보수주의적인 정치적 노력의 일환으로 해석할 수도 있다. 그러나 오히려 이러한 움직임은 1997년 이후 집권한 블레어 정부에 의해 보다 구체적이고 제도적으로 정착되는 모습을 보여주었다. 즉 대처행정부에 시작한 여러 가지 개혁조치들, FMI, Next Steps, Executive Agency, 고객중심적 시민헌장, the Audit Commission에 의한 성과평가, 공급자와 구매자의 분리, 민간부문의 공공서비스 공급자로서의 역할증대, 강제입찰방식 등은 복지서비스 제공부문에서 매우 구체적으로 적용되었다. 그 형태나 방식은 조금씩 변화되었지만 이후 노동당정부에서도 그대로 이어지고 오히려 안정적인 제도로 정착되는 모습을 보여준다.

이러한 변화와 개혁조치들은 복지서비스가 영국정치와 행정의 핵심적인 문제이자 정부와 시민사회 그리고 개인, 중앙정부와 지방정부들 간의 기본적인 관계를 형성하는 매우 중요한 매개적 틀로 작용하기 때문이다. 신보수주의의 가장 큰 이념적 특징이자 강령인 시장주의는 복지서비스의 시장화로 나타났다. 시장화 움직임은 민영화(privatization)와는 다른 의미로 구별될 필요가 있다. 단순히 기존 공공부문이 담당하였던 기능을 민간기능으로 이전한다는 의미보다는 보다 넓게 시장원리를 포괄적으로 적용하여 경쟁, 구매, 선택, 평가, 품질, 고객 등과 같은 기업적 요소와 작동원리를 공공부문에 적용하고자 노력으로 이해할 수 있다.

지금까지의 논의한 신사회위험의 등장배경과 내용 그리고 신사회위험에 대응하여 각국이 경험한 복지국가정책의 변화 방향과 복지정책수단을 살펴보았다. 요약하면 주로 포디즘적 생산양식과 노동시장현장에서 발생한 여러 가지 문제점들 예컨대 실업, 장애, 빈곤, 질병 등은 전통적 사회 위험으로 분류할 수 있다.

▮표 1. 전통적 사회위험과 신 사회위험의 특성

	생산산업구조 및 노동시장	가족과 여성	복지국가방향	복지정책방향 프로그램
전통적 사회위험	Fordism 안정적 고용 숙련고용자	남성일인생계부양가족 여성의 비공식적 가족 돌봄	케인지안적 전통 복지국가	사후적 대응: 공공부조 사회보험
신사회 위험	Post-Fordism 탈산업화 유연한 노동시장 미숙련 노동자	이인생계부양가족 다양한 가족형태 여성의 경제활동참여	사회투자국가 능력개발국가 시장화와 분권화	개인 역량강화 노동활성화: 교육훈련, 보육 돌봄 서비스

새로운 위험이 발생한 가장 근본적인 원인(遠因)은 산업구조 및 생산양식의 변화과정과 그에 따른 정부정책변화라고 할 수 있다. 산업양식의 변화에 따라, 남성일인생계부양자에 대한 안정적인 고용과 그에 대한 공공부조와 사회보험을 중심으로 한 케인지안적인 전통적 복지국가정책에서 개인의 노동시장참여를 지원하기 위한 노동과 연계된 복지정책과 개인역량강화를 위한 교육훈련정책 등이 중요시되는 능력개발국가 또는 사회투자국가라는 새로운 복지국가경로가 제시되었다.

무엇보다도 새로운 사회위험이 등장한 근인(近因)은 가족관계의 변화에서 찾을 수 있다. 특히 여성의 노동시장 참여로 가족이라는 사적영역에서 여성이 전담해온 가족구성원에 대한 돌봄역할을 대신할 대인적 돌봄서비스가 공적인 사회복지서비스로 등장하였다. 사회서비스는 주로 개별적인 욕구에 대응하는 대인적 서비스가 주를 이루고 그동안 시장에서 민간주체에 의해서 제공되었기 때문에, 사회서비스의 공급주체를 독점적인 공공기관으로부터 다양한 민간주체로 확대하는 민영화·시장화의 움직임이 동반되게 된다.

3. 부산시민의 사회 위험에 대한 인식과 책임분담 태도

1) 사회적 위험과 사회서비스 확대에 대한 인식태도

일반적으로 복지정책을 결정하는 핵심적인 사항은 주로 각국의 정치경제적인 역사적 경험이나 재정규모 등을 들고 있다. 아울러 복지정책 및 복지서비스에 대한 일반 국민들의 지지도 또는 복지서비스 이용자들의 정치적인 참여나 자원동원능력에 따라 다른 복지정책적 방향을 가져오기도 한다(Esping-Anderson, 1999).

복지정책을 둘러싸고 정치적인 갈등이나 이념적인 분화가 진행될수록 실제 복지서비스를 이용하는 집단이나 복지서비스의 재원을 분담하는 납세자로서 일반국민들이 가지는 복지정책과 서비스에 대한 인식 특히 이와 관련된 국가의 책임과 역할을 어떻게 규정하고 있는가가 매우 중요한 요소로 작동할 수 있다. 일반적으로 복지의식 또는 복지적 태도(welfare attitude)는 사회복지제도에 대한 지지여부, 복지비용분담의 문제, 복지국가의 정당성 문제 등에 대한 사회적 흐름 또는 사회적 태도를 의미하며, 복지정책지지도와 유사한 개념이다(Taylor-Gobby, 1985).

흔히 복지의식, 복지정책지지도 등은 복지정책을 통한 국가개입의 정당성 또는 공공복지의 확대에 대한 입장, 조세납부에 대한 태도, 복지수혜의 성격(시혜 또는 권리) 등에 대한 태도를 묻는 설문에 의해서 측정되곤 한다(류만희·최영, 195-196). 이러한 일반국민이 복지의식이 복지정책이 결정되고 집행되는 정책환경으로 매우 중요하게 작용하게 된다. 우리의 경우처럼 복지국가의 전통이 길지 않을뿐더러 복지정책과 예산배분 방향을 둘러싸고 이념적인 대립과 갈등이 심화되는 정치문화 하에서는 일반 시민들의 복지정책의 대상, 범위, 그리고 비용분담에 대한 견해와 태도는 매우 중요하게 작용될 것이 분명하다.

실제 2010년도 지방선거와 2011년 서울시 보궐선거를 통하여 쟁점으로 부각되었던 무상급식문제는 보편적 복지 문제가 일회적인 사회적 이슈에 그치지 않고 복지서비스를 이용하는 일반인들의 생활과 삶에 구체적으로 영향을 미치기 시작하고 있음을 보여준다. 이제 복지문제가 단순히 진보와 보수라는 이념적인 구분으로서 작동하기보다는 개개인의 이해관계와도 관련되어 정치적인 영향을 발휘하고 있음을 시사하고 있다. 이러한 움직임이 2012년 총선과 대선과정을 통하면서 더욱 뚜렷하게 부각되어 나타날 것은 쉽게 예상해 볼 수 있다.

이러한 현상은 단순히 재원확보의 문제에 그치는 것이 아니라 주민들의 욕구, 재원부담, 이용방식, 제공방식 등과 관련된 폭넓은 사안들에 대한 이용자와 납세자들이 의견이 정책으로 반영되고 사업이나 프로그램으로 집행되어야 한다는 당위적인 요청으로 이어지고 있다. 결국 복지수혜 종류와 부담의 계층적 범위에 대해 일반시민들이 어떻게 판단하고 평가하는가가 향후 복지정책방향을 가늠하는 중요한 요소로 작용할 것으로 예상된다.

따라서 일반시민들이 실제 어떠한 사회적 위험을 인식하고 있으며 이러한 위험 중 어떠한 위험이 자신의 삶에 심각하게 영향을 미치는 가에 대한 실증적인 조사는 의미가 있다고 판단되었다. 이러한 경험조사를 위하여 2011년 7월중 부산지역에 거주하는 총 1,010명을 대상으로 면접설문조사를 실시하였다.

설문조사대상자의 일반적인 특성을 보면 남성 응답자가 494명(48.9%), 여성응답자가 516명(51.1%)를 차지하고 있으며, 고졸이하 학력보유자가 50.3%, 전문대졸 29.3% 그리고 대학졸업이상이 20.4%를 차지하였다. 연령별로는 20대가 20.5%, 30대가 21,6%, 40대가 22.3%, 50대가 18.1%

그리고 60세 이상이 17.5%로 구성되었다. 설문지는 주로 5점 형식의 리커트 척도(Likert scale)로 구성하였다.

먼저 부산시민들에게 부산지역에서 나타나는 사회위기수준이 어느 정도 인지에 대해 질문하였다. 총 11개의 사회위기의 심각성에 대하여 5점척도로 그 위기수준을 측정하였다. <그림 1>이 보여 주듯이 응답자들은 부산지역 내 고용불안을 가장 우선적인 사회적 위기 또는 위험으로 인식하고 있었다(3.96). 안정적인 취업에 대한 불안과 구조조정의 위험성 등을 반영한 결과로 해석된다.

다음으로는 노인복지 문제의 심각성을 우려하고 있다(3.66). 2010년 현재 부산시 고령화율이 11.3%로 7대 광역시중에서 가장 높은 비율을 보이고 있음을 대변해주고 있다. 응답자들은 또 다른 사회적 위기로 빈곤문제(3.58)와 저출산(3.55) 문제, 그리고 보육시설 및 서비스(3.49)와 학교교육문제(3.46)를 거론하고 있다. 앞에서 신사회위험으로 분류한 사회적 위험을 주로 지적하고 있음을 확인할 수 있다. 오히려 보건 및 건강의 문제는 3.14로 상대적으로 그 심각성이 덜하였다.

이와 같은 조사결과는 부산지역 내에서 새로운 신사회위험이라 할 수 있는 고용불안과 노인복지 그리고 저출산 및 보육문제가 상대적으로 높은 심각성을 보이고 있음을 확인할 수 있다. 그러나 구 사회위험이라 할 수 있는 빈곤의 문제 역시 상당히 높은 심각성을 보이고 있어 신사회위험과 구사회위험이 동시에 공존하고 있음을 확인할 수 있다. 다시 말하면 전통적인 복지국가정책이라고 할 수 있는 공공부조와 사회보험적인 정책적 대응과 함께 사회서비스로 대표되는 사회투자전략이 함께 요청됨을 보여준다. 이러한 상황은 전통적 복지국가체제에 사회투자국가로의 순조로운 연계를 경험하고 있는 서구선진복지국가들과는 다른 정치경제적 상황임을 시사해주는 조사결과이기도 하다.

▮그림 1. 부산시민의 사회위험에 대한 인식

(단위 : 5점 척도 기준)

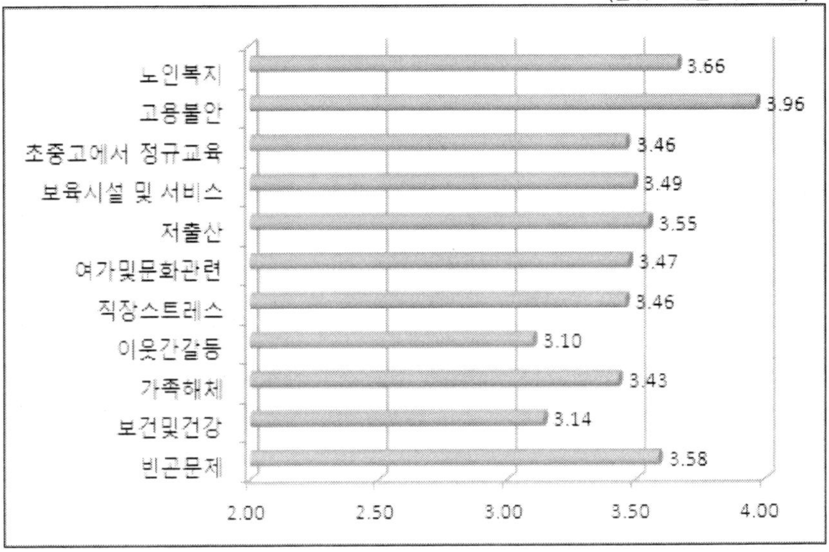

다음으로는 사회복지서비스의 확대에 대한 찬성이유와 반대이유에 대해 물었다. <그림 2>의 조사결과가 보여주듯이 사회복지서비스 확대에 대해 찬성하는 이유로 가장 중요시 하는 것으로 현재 나타나는 여러 사회적 위험이 "개인자신만의 책임만이 아니기 때문"이라는 응답이 가장 높은 동의도(3.77)를 보이고 있다. 다음으로는 "나도 어려워질 수 있기 때문"(3.75)이라는 응답과 "약자를 돕는 일은 옳은 일이기 때문"(3.75)이라는 응답이 높은 동의정도를 보여주었다. 상대적으로 "경제성장 잠재력을 높이기 때문"(3.69)이나 "사회적 갈등 해소를 위해"(3.70)라는 응답에 대한 동의도는 낮게 조사되었다.

이러한 조사결과는 사회복지서비스의 확대가 경제성장이나 사회통합에 기여하는 사회전체적 순기능을 강조하기보다는 오히려 개인적인 이유나 규범적인 차원에서 사회복지서비스의 확대가 필요하다는 인식하고 있다.

▌그림 2. 사회복지서비스 확대를 찬성하는 이유

(단위 : 5점 척도 기준)

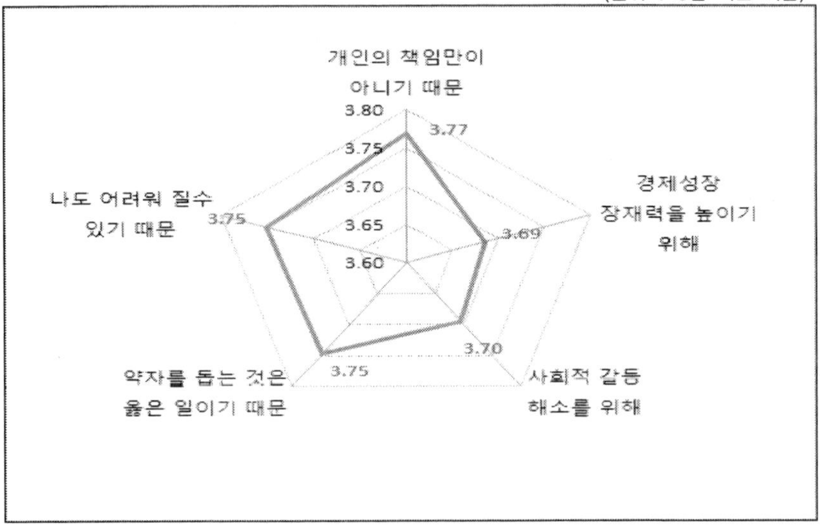

사회복지서비스의 확대를 반대하는 입장에 대한 이유에 대해서는 응답자들은 “세금부담의 증가”를 가장 우려하고 있는 것으로 조사되었다. 다음으로는 “개인의 자립심 저해”와 “정부재정부담 가중” 등을 강조하고 있다. “개인의 책임이기 때문”이라는 주장이나 “경제성장력을 약화시키기 때문”이라는 이유에 대한 동의도는 상대적으로 낮게 나타났다.

이와 같이 사회서비스의 확대를 반대하는 이유 역시 앞서 찬성하는 이유의 경우와 유사하게 응답자 개인적 이해관계에 미치는 영향과 규범적인 차원에서 그 이유를 찾고 있음을 알 수 있다. 오히려 거시적인 입장에서 국가경제 잠재력이나 재정에 미치는 부정적인 영향 때문에 반대한다는 주장에 대한 동의도는 상대적으로 낮게 나타났다.

▮그림 3. 사회복지서비스 확대를 반대하는 이유

(단위 : 5점 척도 기준)

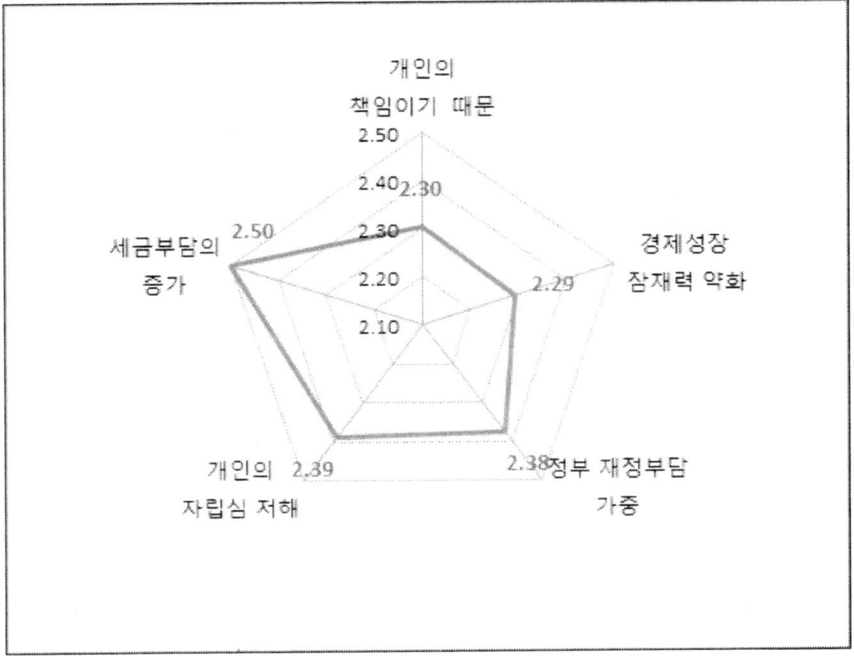

사회서비스 확대시 확대가 필요한 사회복지서비스 종류에 대해 부산시민 응답자들은 취업이나 직업훈련과 관련된 사회복지서비스의 필요성을 가장 강조하였다(3.89). 다음으로는 노인복지(3.83). 장애인복지(3.81), 여성복지(3.78) 순으로 필요한 서비스를 제시하고 있다.

상대적으로 다문화가족관련 서비스나, 여가활동서비스 그리고 영유아보육과 아동청소년복지서비스에 대한 필요성에 대한 동의정도는 높지 않게 조사되었다. 이와 같은 응답결과는 앞서 기술한 사회적 위험의 심각성정도에 대한 인식을 어느 정도 반영한 결과라고 해석할 수 있다.

▮그림 4. 확대할 필요가 있는 사회복지서비스

(단위 : 5점 척도 기준)

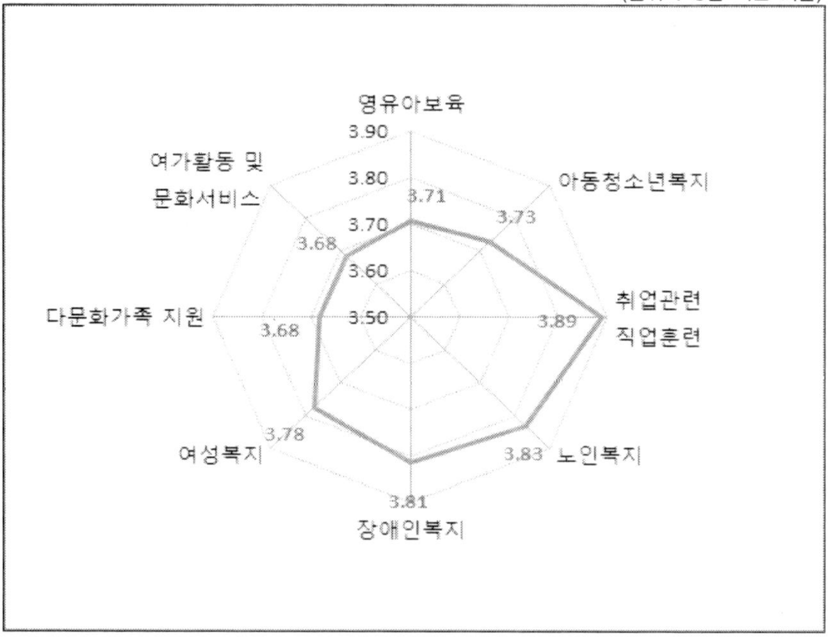

사회서비스를 확대할 경우 해당 사회서비스를 이용할 수 있는 대상집단을 어느정도 확대할 것인가도 한 국가의 사회정책 수준과 성격을 규정하는 중요한 요소 중 하나이다. 기존의 전통적 사회위험이라 할 수 있는 장애, 실업, 빈곤, 질병 등에 대한 복지서비스는 주로 이러한 위험을 경험하고 있는 대상집단 중 일정한 조건 즉 소득수준, 장애와 질병수준 등을 고려하여 그러한 조건을 충족하는 잔여적(residual) 집단에 대한 사회부조나 자기기여를 한 자격집단에 한정하여 서비스를 제공하는 사회보험방식을 취하였다.

그러나 앞에서 살펴본 신사회위험의 경우 특정한 취약집단만이 예외적으로 경험하는 사회적 위험이 아니라 대다수의 일반시민들이 일상적인 생활에서 겪게 되는 개인적 어려움에 대한 서비스라는 점에서 그 대상이 확대되거나 모든 사람이 대상이 되는 보편적 서비스로 성격이 변화되고 있다.

<그림 5>의 응답결과를 보면 부산시민들은 복지서비스의 대상을 모든 계층으로 확대되는 보편적 서비스로 인식하기보다는 특정조건(소득수준)에 해당하는 집단에 한정하는 잔여적 성격의 대상집단에 한정하는 정책에 동의하고 있음을 알 수 있다. 물론 복지서비스 종류에 따라 대상집단의 범위와 구체적인 이용조건에 대한 견해차이가 나타날 것으로 예상되나, 아직은 사회서비스의 보편화가 일반시민들에게 손쉽게 받아들여지지 않을 것임을 보여주는 조사결과이다.

▌그림 5. 사회복지서비스 대상의 범위

(단위 : 5점 척도 기준)

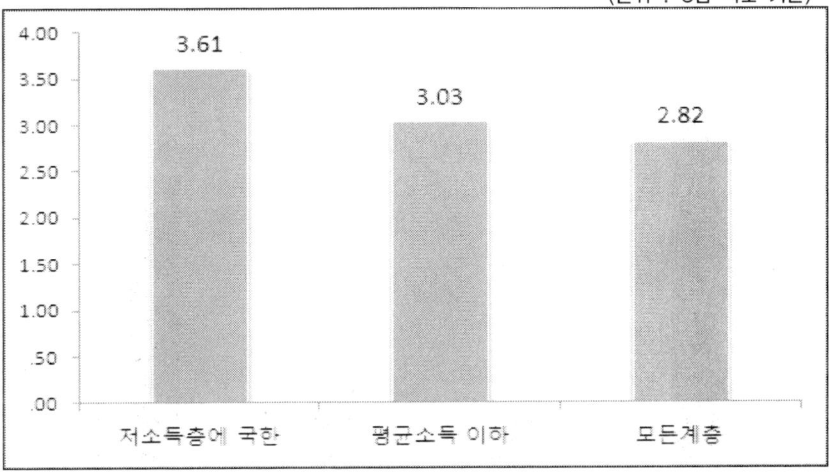

2) 사회적 위험의 책임주체와 복지서비스 비용분담

한편 개인이 경험하고 있는 불행이나 어려움(빈곤이나 질병 등)에 대하여 그 책임의 소재가 어디에 있고 또 그러한 불행과 어려움을 해결하기 위해 요구되는 비용분담은 어떻게 이루어져야 하는가는 향후 복지확대 또는 재정분담의 문제와 관련하여 매우 의미있는 복지에 대한 지역주민들의 인식태도라고 할 수 있다. 이와 관련된 부산시민들의 의견은 부산지역에서 사회적 합의를 이끌어내기 위해 규명될 필요가 있는 사안이기도 하다.

응답자들이 100점의 비중을 각각의 책임과 비용분담주체로 배분한 조사결과를 <그림 6>이 보여준다. 응답자들은 개인의 어려움에 대한 책임은 개인에게 있으며 그 비용역시 개인이 부담해야한다는 의견이 높게 나타났다. 다음으로는 국가의 책임이라는 의견이 높게 나타났으며, 비용분담주체도 국가이어야 한다는 입장도 유사한 비중을 차지하고 있다. 예상대로 지역공동체나 직장의 책임을 강조하는 의견은 상대적으로 낮게 조사되었다.

▌그림 6. 개인적 불행의 책임주체 및 비용부담 주체

(단위 : %)

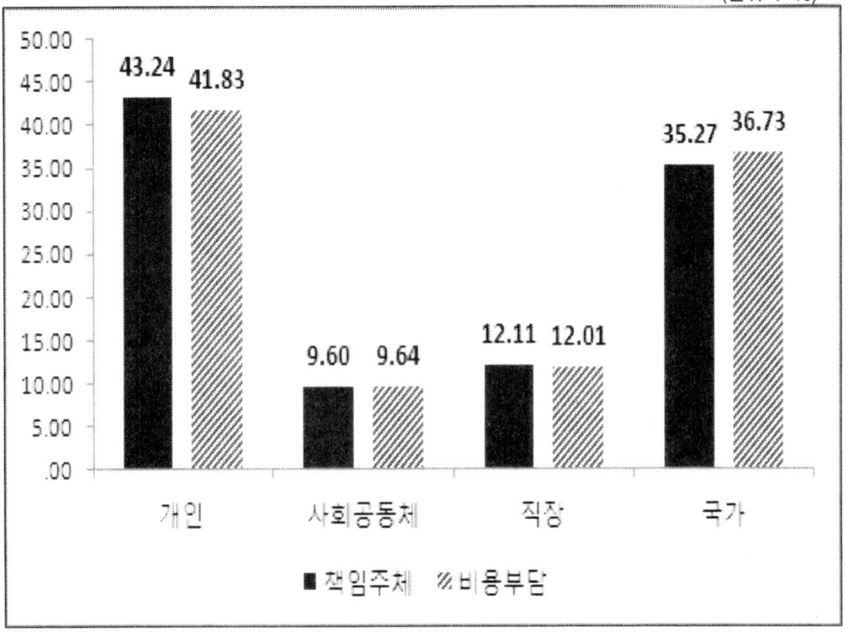

한편 개인의 책임이 아니라 국가의 책임을 강조하는 견해는 다시 말하면 정부정책과 복지서비스를 통해서 개인의 사회경제적 어려움에 대응할 필요

가 있다는 입장이다. 국가책임의 증가는 당연히 국가재원의 증가로 이어지게 되고, 사회서비스를 확대하기 위해 필요한 재원확보가 현실적인 과제로 대두된다. 이와 같은 재원확보방법에 대하여 부산시민들은 사회서비스 확대를 위해서 필요한 재원은 증세를 통한 재원확보방법을 우선하는 것으로 나타났다.

즉 <그림 7>과 같이 재원확보 방법 중에서 부유세부과를 통한 방법에 대한 동의도가 가장 높은 4.08을 기록하고 있다. 다음으로는 경제성장을 통한 조세수입(3.43)을 강조하고 있다. 반면에 경제개발을 위한 투자를 축소하여 복지지출로 전환해야 한다는 투자부문간 재정지출조정 의견에 동의하는 정도는 3,18로 낮게 조사되었다, 가장 낮은 동의도를 받은 재정확충 방안은 일반조세를 통한 복지재원 충당 방안(2.98)로 나타났다.

▮그림 7. 사회복지서비스를 확대를 위한 정부의 재정수입 확대 방안

(단위 : 5점 척도 기준)

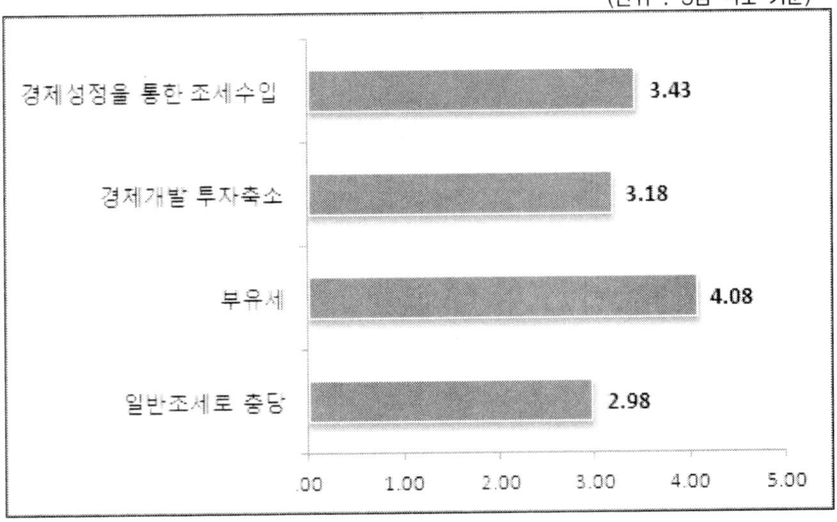

이러한 조사결과는 많은 점을 시사한다. 즉 응답자들은 사회복지서비스의 확대를 주장하면서도 실제 비용부담에 있어서는 자신의 이해관계를 희생하지 않으려는 태도를 보이고 있다. 부유세의 경우 응답자들과 직접적인 관계가 없다고 생각할 개연성이 높으며, 경제성장을 통한 조세수입방안 역시 응답자 개인들에게는 피해를 주지 않는 방안으로 인식하였을 가능성이 크다. 따라서 개개인에게 직접적인 비용부담으로 이어질 일반조세방안에 대한 동의도가 가장 낮게 나타나고 있음이 응답자들이 개인의 이해관계에 근거하여 재원확보방안에 대한 인식을 하고 있음을 보여준다.

4. 지역의 과제로서 사회서비스 거버넌스체제 구축

1) 사회서비스 거버넌스체제 필요성과 기능

앞에서 살펴본 바와 같이 부산지역뿐만 아니라 우리사회 전체적으로 급격한 정치·경제·사회적 변혁과정에서 많은 지역주민들이 새로운 사회적 위험에 노정되고 있는 것은 사실이다. 그러한 사회적 위험이나 위기의 성격을 어떻게 규정하는 가에는 논란이 있지만, 분명한 것은 부산지역사회에서 실시한 설문조사결과가 말하여 주듯이 일반 지역주민들이 인식하고 있는 사회적 위험의 우선순위나 그 심각성에 있어 차이가 존재하고 있다는 점이다.

아울러 일반적으로 알려진 복지서비스의 확대에 대한 당위론적인 주장과는 별도로, 각 지역에서는 확대되어야할 복지서비스 세부적인 내용과 책임과 비용분담의 문제에 있어서도 서로 다른 의견과 입장이 상존하고 있음도 확인할 수 있다. 그럼에도 불구하고 우리의 복지정책방향에 대한 논의들은 상당부분 복지국가의 성격과 그 경로에 대한 적합성 논쟁이나 이념적 정향성에 근거하여 거시 담론적 논의가 주를 이루어왔다. 따라서 보다 구체적인 정책현실에서 나타난 사회서비스 전달과정에 대한 논의와 함께 앞에서 언급한 바와 같은 지역사회에 나타난 다양한 의견을 조정하고 수렴할 수 있는 노력이 이루어질 필요성이 제기된다.

외환위기 이후에 확대된 사회복지서비스 특히 2007년부터 전자 바우처 방식의 사회서비스가 도입된 이후 복지서비스 공급과 이용이 이루어지는 지역현장에서 나타나는 가장 큰 변화는 바로 다양한 관련주체들이 관여하게 되었다는 점이다. 그동안에는 재정담당자(중앙정부), 제공기관 감독자(지방정부), 일방적 서비스 수혜자(취약계층 이용자), 독점적 서비스제공자(비영리복지법인) 등으로서 제한된 역할과 파편화된 관계를 유지해오던 기존 관여자들은 획기적인 역할과 관계변화를 경험하게 되었다.

또한 가장 큰 변화는 영리기관(기업)의 참여와 서비스 제공기관간의 경쟁관계가 구축되었다는 점이다. 그동안 지역에서는 주로 비영리복지법인들이 독점적인 사회서비스 공급기관으로 역할을 안정적으로 수행하여왔다. 그러나 대학, 기업, 비영리단체 등 새로운 서비스 제공기관들이 지역 내 사회서비스 제공시장에 참여하게 되자 이들 간에 새로운 경쟁과 협력관계가 성립되게 되었다.

다음으로는 사회서비스의 종류와 형태가 다양하게 변화함에 따라 취약계층에 한정된 서비스가 아니라 민간시장에서 공급되던 다양한 사회서비스가 제공되었고, 이용자 범위가 취약계층에서 일반 시민들까지 확대되었다. 특히 바우처(이용권)라는 재원지원방식을 새롭게 활용하게 됨에 따라 이용자가 공급기관을 선택할 수 있는 이용자의 선택권(소비자주권)이 강화되었다.

또 다른 핵심적인 변화는 지방정부의 역할 변화를 들 수 있다. 중앙정부의 재정확보역할에는 큰 변화는 없으나, 지방정부의 입장에서는 복지관련 보조금을 복지제공기관에 단순하게 전달하고 합법성관리를 하여왔던 과거와는 확연하게 다른 환경을 맞이하게 되었다. 무엇보다도 증가하는 지역주민들의 다양한 서비스 욕구를 확인하고 이에 대응할 수 있는 서비스 제공기관을 확보하는 서비스 제공자이나 동시에 구매자로서 역할이 요구되었다.

사회서비스가 활성화됨에 따라,[2] 변화된 관여자들의 새로운 관계와 역할을 체계적으로 조정하고 지역단위에서 서비스 제공과정을 관리하기 위한 새로운 틀이 요구되었다. 기존에 일방적으로 지시하고 감독하는 행정체제로는 변화된 새로운 관여자들의 관계(경쟁과 협력, 선택과 조정, 지원과 규제)를 적절하게 관리할 수는 없다. 따라서 수평적인 협력체제인 사회서비스 거버넌스체제의 구축을 고려할 수 있다. 이러한 새로운 조정과 관리의 틀로서 사회서비스 거버넌스체제를 상정하여 볼 수 있다. 협력거버넌스체제는 단순한 심의자문기관이나 집행기관이 아니라 사회서비스와 관련된 주요 의사결정을 실제 내리거나 이에 준하는 권한을 행사하는 권한과 기능을 수행하는 것이 중요한다.

협력거버넌스체제안에서 지방정부가 중심적인 역할(node)을 수행하지만 이 협력체제에는 공급기관중에서 지역의 비영리복지법인이 참여하고, 민간기업(전국단위의 공급기관과 지역 내 공급기관), 지역 내 대학, 이용자 대표, 지역 내 복지전문가, 납세자로서의 일반 시민, 지역 내 시민단체 등이 참여하는 협의체 형식으로 운영될 수 있다.

이러한 다양한 인적구성을 가진 이러한 단순히 협의체 형식의 기본적인 구조틀을 갖추었다고 의도한 효과를 달성할 수 있는 것은 아니다. 형식은 협력과 조정의 네트워크체제임에도 실제는 계층적인 지시와 통제 그리고 비대칭적인 종속관계가 거버넌스 참여자들 간에 유지된다면 이는 수평적인 네트워크체제라고 볼 수 없기 때문이다. 이러한 점을 고려할 때 현실적인 법적 권한과 재정적 자원을 보유하고 다른 관여자들보다 월등하게 우월한

---

2) 2007년부터 시행한 6개 종류의 바우처사업(노인돌봄서비스, 장애인활동보조서비스, 지역사회서비스투자사업, 산모신생아도우미사업, 가사간병방문서비스, 장애인아동재활치료서비스)을 통하여 2010년 현재 43여만 명의 이용자와 약 2,000억 원의 정부예산이 투입되고 있다. 총 2,951개의 관련 제공기관 내에 6만 8천여 명의 제공인력이 활동하고 있다. 2009년 후반기부터 시행하기 시작한 보육서비스바우처 사업의 경우(아이사랑카드서비스)는 그 예산만 2조 7천억 원에 이르고 대상 아동은 75여만 명에 이르고 있다(보건복지부, 2010).

위상을 가지고 있는 지방정부의 노력이 무엇보다도 중요하다. 따라서 사회서비스 거버넌스체제가 성공적으로 작동하기 위해서는 지방정부 스스로 가진 독과점적 지위를 일정부분 양보하고 지시와 통제의 유혹에서 벗어나 비영리법인, 대학, 기업 그리고 서비스 이용자들을 대등한 네트워크 협력자로 인식하고 포용하는 노력이 선행되어야 한다.[3)]

이러한 사회서비스 거버넌스체제는 안정적인 지역 협력협의체로 작동하기 위해서는, Moore(1995)가 강조하듯이, 참여자들 뿐만 아니라 제3자의 시각에서도 거버넌스체제의 정당성을 제도적으로 인정받는(authorization) 과정을 거치는 것이 필요하다. 여기에서의 인정받는다는 의미는 단순히 공식적인 기관으로 구축된다는 의미 이상이다.

따라서 임의적인 방식보다는 안정적인 협의체가 바람직하다. 공식화된 제도적 협의체기관일 뿐만 아니라 동시에 그 구성원들이 실제 지역사회 복지거버넌스를 대표할 수 있는 적합한 기관들로 구성되어야 한다는 의미이다. 또한 거버넌스 체제는 환경으로부터 지속적으로 재정, 인력, 기술 등과 같은 자원을 지속적으로 동원할 수 있는 실행적인 역량(operational capacity)이 요구된다. 실제적이고 현실적으로 작동가능한 조직체이어야 한다는 의미이다.

2) 복지관련 합의형성과정으로의 사회서비스 거버넌스

지역사회의 협의체로서 사회서비스 거버넌스체제가 가지는 중요한 의미는 바로 지역사회에서 공공성 또는 공동체성을 구축해가는 과정이라는 점

3) 사회서비스 거버넌스과정의 성과를 가늠하는 중요한 두 가지 조건을 생각해볼 수 있다, 그 첫째는 바로 참여자들의 대표성 문제이다. 단순한 참가자의 수나 참여율의 고저뿐만 아니라 참여하는 각 주체들이 그들이 대표하는 집단, 지역 또는 이해관계를 어느 정도 대표할 수 있는 가의 문제이다. 둘째는 실제 의사결정과정의 질적인 문제이다. 의사결정과정에서 정보와 관련 지식은 물론 의사결정과 관련된 실제적인 권한과 자원의 주체 간 배분이나 독점여부 등이 관건으로 작용하게 된다.

이다. 앞에서 부산시민들의 복지의식에 대해 살펴보았듯이 응답자들은 주어진 생활여건이나 계층의식에 따라 복지정책의 확대와 그 과정에서 국가와 개인이 분담해야할 책임과 비용정도에 대해 이견을 표출하고 있다. 이러한 서로 다른 의견은 정치적인 과정을 통하여 사회적 합의에 접근하는 것이 필요하다.

이러한 합의형성과정의 장(場)을 사회서비스 거버넌스체제가 제공할 수 있을 것이다. 보다 구체적으로 보면 거버넌스과정을 통하여 그동안 사적인 영역에 속해있었던 개인과 가족이 담당해야할 돌봄 서비스들이 사회서비스라는 공적인 영역으로 전환될 수 있다. 아울러 이익을 추구하는 지역사회내 기업이나 영리기관이 공공성을 지닌 사회서비스를 제공하는 새로운 역할을 담당하게 된다. 이처럼 사적인 문제와 역할들이 공적인 영역 즉, 공론장으로 끌어내어 공동체의 문제를 해결할 수 있는 동력을 거버넌스과정이 제공할 수 있다는 점에서 사회서비스 거버넌스체제는 공동체 구축이라는 의미를 지니게 된다.

이처럼 공동체성을 선험적인 실체로서가 아니라 사회적 합의를 이루어가는 절차적인 민주성과 투명성 그리고 대표성 측면에서 조망한다면(소영진, 2008, 신동면, 2010), 사회서비스 거버넌스체제 그 자체는 지역사회내의 사회복지의 내용과 수준을 결정하고 집행하는 과정이자 동시에 지역사회에서 공동체를 형성해가는 과정으로 이해할 수 있다. 사회서비스 거버넌스과정을 통하여 우리는 공동체를 지향하는 인간적 이타적 본성과 개인의 이익과 경쟁을 추구하는 이기적 본성이 양립될 수 있는 시스템을 구축하는 시도를 해볼 수 있다.

사회서비스의 종류와 수준, 범위와 대상, 책임주체와 비용분담 등을 둘러싸고 다양한 이견들이 자유롭게 제기되고 토론과 대화를 그리고 합의에 다가가려하는 노력과 절차를 거버넌스체제가 제공한다면 이는 지역사회의 공동체성을 제고하는데 기여할 수 있을 것으로 판단된다. 여기에서 합의형성에 다가가는 과정이란 사회서비스와 관련된 서로 다른 신념, 이해관계,

역량과 권력을 가진 집단들이나 개인들 간에 완전한 동의나 완벽한 일치를 이룬 최종결과물이라기 보다는, 그러한 합의에 접근하는 학습과정이자 변화노력이며, 새로운 환경에 적응하는 대응양식이다(Innes and Booher, 1999; Dryzek, 2002).

사회서비스 거버넌스체제는 우리가 경험하지 못한 새로운 사회적 위기와 위험상황에서 이러한 학습과정을 제공할 수 있으며, 이를 통하여 사회서비스에 대한 지식과 정보, 감정과 생각이 공유되고 소통되는 공식적·비공식적 연계망이 형성되어 정책집행이나 수용을 넘어 협력체계가 구축되고 궁극적으로 지역사회 내에 새로운 사회관계(social relations)와 신뢰가 싹틀 수 있는 공동체 형성에 기여할 수 있을 것이다.

5. 마치면서

경제·사회적 환경변화에 따라 우리 사회가 새로운 사회적 위험을 경험하고 있다는 점은 부인하기 어려운 상황이다. 고용불안과 소득양극화, 보육과 자녀교육의 어려움, 근로빈곤과 노후문제 등은 개별적인 개인이나 그 가족이 겪고 있는 경제적인 어려움에 그치고 있지 않다.

특히 우리의 경우 이러한 경제사회적 변화가 매우 급격하게 진행됨에 따라 사회 전체적으로 그 변화의 폭과 속도를 통제 또는 조정할 수 있는 역량이나 개인 스스로 변화에 적극적으로 대응할 수 있는 능력이 충분하지 않다는 것이 큰 문제였다. 결국 개인과 집단 그리고 가족과 사회공동체의 위기가 동시에 진행된 상황이다. 그러한 위험들은 개인의 경제적 위기를 넘어 총체적인 사회적 위기로서 우리 사회 전체를 압박하고 있는 것이다.

현실정치에서는 사회복지정책의 방향과 범위 그리고 부담에 관한 논의가 개개인의 일상생활에 영향을 미치는 구체적인 정치적 선택으로 이어지고 있다. 따라서 향후 전개될 복지확대를 둘러싼 사회적·정치적 갈등이 정치·사회적 이슈로 확대·재생산될 개연성이 높아지고 있다. 이러한 점에서 이념적 담론적 논의뿐만 아니라, 사회서비스가 공급되는 지역현장에서의 정책관리와 집행에 관한 실제적 논의를 통하여 복지정책을 둘러싼 이견을 좁혀가면서 정책방향에 대하여 점증적으로 합의를 형성해가는 노력이 필요한 시점이다.

이 글에서는 이와 같은 현장에서의 문제의식 하에, 신 사회적 위험의 개념을 재검토하고 이러한 신사회위험이 부산지역이라는 지역사회에서 일반시민들에 의해 어떻게 인식되고 있는 가를 살펴보았다. 조사결과 부산지역에서는 신사회위험은 물론 구사회위험도 공존하고 있음을 확인할 수 있었다. 하지만 이러한 위험에 대한 대응하기 위한 복지정책방향에 대해서는 이견이 나타났다.

무엇보다도 개인이 경험하는 어려움(위험)의 책임주체와 어려움을 해결하기 위해서 요구되는 비용분담주체에 있어서는 견해가 엇갈리고 있다. 특히 응답자들이 속해있는 계층의식에 따라 뚜렷하게 인식차이를 보여주었다. 이러한 조사결과는 향후 복지정책방향을 결정하고 집행하는 과정에서 무엇보다도 지역단위에서 이견을 조정하는 작업이 중요함을 시사해준다. 중앙정부의 정책의 획일적인 집행보다는 지역 내 여러 관여자들의 의견을 수렴하여 지역문제(위험)을 해결하려는 노력이 필요하다는 의미이기도 하다.

이와 관련하여 다양한 관여자들이 참여하여 협력·조정하는 사회서비스 거버넌스체제를 상정하여보았다. 이러한 협력적 거버넌스체제가 지역사회의 문제해결이나 서비스 전달기구에 그치지 않고 궁극적으로 지역사회 내 공동체성을 회복해가는 민주적 합의형성절차로서 의미도 기대할 수 있을 것이다.

■ 참고문헌

김교성 외(2010). 복지국가의 변화에 대한 이념형 분석: 신사회위험의 등장과 사회투자전략의 모색. 「한국사회복지조사연구」, 25.

김영순(2001). 「복지국가의 위기와 재편: 영국과 스웨덴의 경험」. 서울대학교출판부.

김영화·임성옥·공정원 역(2000). 「복지국가에서 능력개발국가로」. Neil Gilbert(2000). *From Welfare State To Enabling State*. 한울.

류만희·최영(2009). 복지정책에 대한 지지도 연구. 「한국정책과학학회보」, 13(1).

보건복지부(2010), 「사회서비스 정책 주요 통계자료」.

소영진(2008), "공공성의 개념적 접근", 윤수재외, 「새로운 시대의 공공성 연구」, 한국행정연구원, 2008

신동면(2010). 사회복지의 공공성 측정에 관한 연구. 「한국사회정책」, 17(1).

양기용(2011). 사회서비스정책과 거버넌스. 윤영진 외. 「사회서비스정책론」. 나눔의 집.

이성균(2002). 한국사회 복지의식의 특성과 결정요인: 국가의 복지책임지지도를 중심으로. 「한국사회학」, 36(2).

Dryzek, John S.(2002). *Deliberative Democracy and Beyond: Liberals, Critics, Contestations.*Oxford Univ. Press.

Esping-Anderson, G.(1990). *The Three Worlds of Welfare Capitalism.* Princeton University Press.

Hafford-Letchfield, Trish(2007). *Practicing Quality Assurance in Social Care.* Learning Matters, Ltd.

Innes, Judith and Booher, David.(1999). "Consensus Building and Complex Adaptive Systems: A Framework for Evaluating Collaborative Planning". *APA Journal*, 65(4).

Moore, M.(1995). *Creating Public Value: Strategic Management in*

Government. Harvard University Press.
Taylor-Gooby(1985). *Public Opinion, idelogy and state welfare.* Routledge and Kegan Paul.
http//www.socialservice.or.kr 한국사회서비스관리원(2011), 주요업무.

제2장

사회서비스 부문의 가치예산제도로서 성인지 예산

이재원

1. 가치예산과 성인지 예산제도

정부 예산에 대한 전통적인 관점은 근검절약에 바탕을 두고 효율과 생산의 규범 속에서 파레토 최적을 지향해야 한다는 것이다. "예산재원이 어떻게 배분되는 것이 합리적인가?"라는 주제에 재무행정학자들은 합리적 예산결정 모형을 만들었으며 이후 수십년동안 지속되었던 근대복지국가 재정관리체제의 기초가 되었다. 이러한 규범 속에서 "사회적 가치"의 비중은 크지 않았다. 그것은 비합리적인 것이며 정치적 요인 때문에 어쩔 수 없는 지출에 불과한 것이고 가능한 통제되는 것이 바람직하다고 인식되었다.

그런데, 최근 시민사회단체들을 중심으로 사회적 가치를 제대로 반영하기 위해 전통적 예산규범과는 다른 새로운 접근이 필요하다는 요구가 강하게 제기되고 있다. 시민단체들의 예산운동은 90년대말 정부의 예산지출에 대한 감시 운동에서 시작되었다. 공적 자금의 투명성 요구, 판공비 공개, 정보공개, 주민소환제, 회계개혁 등과 같은 시민단체의 주장들은 2000년대 중반이후 대부분 공식 제도로 수용되었다.

이후 시민단체들은 비판에서 주창으로 운동의 방향을 전환하여 정부 예산에 대한 참여와 사회적 가치를 예산에 적극 반영하는 가치예산 운동을 추진하고 있다(오관영, 2011). 참여예산제도는 이미 지방재정법에 법률 조문으로 반영되었고 녹색가위운동, 장애인지예산운동, 문화예산운동, 성인지예산운동 등과 같은 가치예산 운동도 활발하다.

가치예산운동의 목적은 크게 두 가지이다. 하나는 특정 사회부문에 대한 정부 지출을 확대해야 한다는 것이고 다른 하나는 예산의 편성과 지출 과정에서 특정 사회적 가치를 우선 고려하게 하는 것이다. 사회적 가치가 고려되는 대부분의 영역들은 시민들의 일상생활에 관한 것이다. 세금을 납부하여 정부가 기능을 대행해 주기를 바라기 보다는 자기 책임 속에서 가족과 공동체가 비공식적으로 담당하였던 부분이었다. 하지만 개인이 감당하기 힘든 신사회위기와 국가 및 사회의 집합적 대응에 대한 필요성이 인지되면서 사회 영역의 가치들이 예산과정에 직접 반영될 수 있는 장치가 요구되고 있다. 성인지 예산제도가 대표적인 사례이다.

성인지예산제도는 성별분리통계, 성별영향평가와 함께 국가정책에서 양성평등을 실천하기 위한 주요 정책수단 가운데 하나이다. 후자의 수단들은 현황을 진단하고 정책영향을 사후적으로 확인하는 분석의 수단인 반면 성인지 예산제도는 국가재정 사업의 계획과 집행 그리고 결산에 이르는 전체 예산과정에서 양성평등의 가치를 고려하도록 유도한다는 측면에서 전통적인 두 가지 정책수단 보다 정치 경제적 의미와 영향력이 크다.

성인지(性認知)란 정책, 예산, 제도 등에서 남성과 여성의 차이와 특성을 인식하여 실질적이고 합리적인 성평등이 이루어지도록 하는 것이다. 이러한 개념에 기초하여 설계되는 성인지 예산은 여성과 남성에게 미치는 예산의 영향을 분석하여 양성평등을 제고할 수 있도록 정부 예산을 편성·집행하는 제도를 의미한다.

국가재정법과 지방재정법에 성인지 예산제도에 대한 내용이 규정되면서 90년대 중반 이후의 여성정책 혹은 여성운동의 영역을 넘어서게 되었다. 사회정책의 영역에서는 기존의 균형과 질서가 형성되어 있는 만큼 고유의 영역을 넘어설 때에는 관련 분야와 이론 혹은 실천적으로 양립이 가능한지 여부가 중요하다. 또한 상충과 갈등 요소가 발생할 때에는 적정 수준에서 균형을 이룰 수 있는 조정과정이 필요하다. 이러한 맥락에서 성인지 예산 제도의 형식과 내용을 넘어 새로운 재원배분 질서의 변화를 이해하기 위해서는 네 가지 이론들과 관계 설정이 필요하다.

우선, 성인지 예산제도는 여성운동에서 시작되었던 만큼 초기의 지향 가치가 명시적으로 전제되어야 한다. 즉, 양성평등의 관점에서 여성들을 위해 보다 적극적으로 예산재원이 투입되어야 한다는 전제가 있다. 양성평등과 여성정책의 중요성에 대한 사회적 공감은 확산되어도 기대만큼 성과들이 확보되지 않으면서 예산재원 확보 운동의 필요성이 제기되었던 것이다. 예산(현금)이 가지는 현실적이고 단기적인 변화 추동력은 상당하다. 잔여적 사회정책을 비중있는 정책영역으로 자리매김하기 위한 전략 수단으로 예산운동은 상당히 매력적인 활동이다. 사회복지 분야에서 복지재원 확보 운동과 동일한 맥락에서 이해할 수 있다.

둘째, 사회운동에서 출발하였지만 성인지 예산에 담겨 있는 성주류화의 담론이 지향하는 바와 같이 국가재정의 기본 가치 체계 속에 포함되면 특정 부문에 대한 사회운동 영역을 넘어 전체 사회 속에서 납세자 책임이 전제된 "예산"의 정치 경제적 담론과 양립이 가능해야 한다. 더욱이 국가 재정관리체계에서 비중있는 예산제도로서 자리매김되기 위해서는 전통적으로 재정운영의 기본 틀을 제공하는 신고전경제학의 논리체계와 접목될 수 있어야 한다. 여기에서는 파레토 최적을 추구하기 위한 자원배분의 효율성 논리와 예산재원배분 결정론들이 중요하다.

성인지 예산제도가 국가재정법의 틀 속에서 포함되고 국가 경제 전체의 관점에서 접근되면서 기존의 여성정책 차원을 넘어선 제도기반을 가지게 되었다. 그런데, 아직은 신고전경제학의 관점에서 여성예산을 잔여적 사회복지 예산과 동일한 특성을 가진 것으로 전제하는 경향이 있다. 취약계층에 대한 소득분배의 재정관리 시각에서 성인지 예산제도가 운영되면 당초

지향했던 성주류화 담론과는 상당한 거리가 발생하게 된다. 자원배분 기능과 연계되면서 국가재정체계에서 우선순위를 확보할 수 있는 새로운 거버넌스체계와 실증에 대한 고민들이 중요하게 된다.

셋째, 여성과 가족에 대한 사회정책에 대한 관심은 사회서비스론에서도 활발하다. 저소득 취약계층에 대한 사회안전망 구축에 초점을 맞추는 잔여적 복지를 위한 사회복지론으로는 최근의 사회위기들을 효과적으로 대응하기 힘들게 되었다. 저출산 고령화, 근로빈곤, 가족해체, 소득양극화 등과 같은 신사회위기에 대응하기 위해 사회기반투자가 중요하다. 이를 위해 사회서비스론에서는 보육 및 돌봄서비스와 같은 보편적 사회서비스를 대안으로 주목하고 있으며 관련 정책의 대부분은 여성과 밀접히 관련되어 있다. 여성예산 혹은 양성평등 예산재원의 확충이 자원의 최적배분이나 사회적 생산성 제고를 위해 필수적이라는 논리적 혹은 실증적 증거들을 확보하기 위해서는 최근에 부각되는 사회서비스론과의 연계가 중요하다.

마지막으로, 성인지 예산이 주창하는 성주류화 가치를 실현하기 위해서는 지난 수십년동안 정부 정책관리의 기본 틀로 정립되어 있는 신공공관리주의(NPM: New Public Managerism)의 결과지향적 성과주의와 유기적으로 연결될 수 있어야 한다. NPM에서는 예산재원의 배분에 따른 구체적인 성과책임을 강조한다. 성과책임에서는 효율성에 대한 시장책임과 함께 성과에 따른 재원배분이라는 개인책임도 동시에 부과된다. 더욱이 조직과 인사관리를 정책과 연계시키고 마지막으로 예산재원배분과도 결합시키는 통합성과관리체계를 강조한다. 성인지 예산제도가 다양한 예산서 형식들 가운데 우선순위를 가지기 위해서는 통합성과관리체계에서 의미있는 위치를 차지해야 한다.

사회운동과 여성정책의 시각에서 성인지 예산제도를 접근하면 제도의 지향 가치와 내용 구조들은 비교적 명확하게 이해할 수 있다. 하지만 현실에서 기대한 가치들이 제대로 실천되지 못하고 있으며, 적지 않은 갈등과 상충 현상들이 발생하고 있다.

2. 정책과 예산, 그리고 예산자원배분에 대한 접근들

1) 정책과 예산 : 예산의 정치 경제

정책분석과 예산분석의 일반적인 차이들이 이론적으로 있을 수 있지만 실제 분석에서는 비슷하다. 다만, 정책과 예산이 가지는 특성에서 예산분석이 가지는 상대적인 의미를 정리할 수 있다. 기본적으로 정책은 달성하고자 하는 이상적 목표를 지향하는 반면, 예산은 현실에서 다양한 제약 속에서 적정 수준의 목표를 추구하는 정치 경제적 맥락의 구속을 받는다.

예산정책에서는 가용재원의 제약과 이해관계의 구체성 및 민감성, 구체적 책임과 합법적 회계관리기준의 엄격 적용 등과 같은 특성이 있다. 이에 따라 특정 정책이 추구하는 가치와 내용들을 그대로 수용하지 못하거나 그 정책의 본래 목적을 예산과정에서 변질시키는 현상들이 발생할 수도 있다. 이는 담당자의 무능이나 사회적 병리 등과 같은 부정적 요소 때문이 아니라 예산분야에서 발생할 수 있는 자연스러운 현상이다.

예산에서는 정책담당자, 예산담당자, 시민단체, 그리고 지방의회 등 다양한 주체들이 복합적으로 연결되어 있다. 이에 따라 동일한 정책이라고 하여도 예산환경이나 담당자에 따라 예산편성의 내용과 지출 성과가 달리 나타날 수 있는 구조적 특성이 있다. 따라서 정책분석과 구분되는 예산분석의 관점들이 정립될 수 있으며 예산은 규범적 합리성과는 거리가 있는 정치 경제적 환경 속에서 결정된다.[1)]

특정 가치를 전제로 설정한 이후 예산을 분석하고 해석하는 목적은 세 가지이다. 즉 정책의 실천가능성, 예산자원의 확보 가능성, 미시적 수준에서 예산구조의 특성 분석이다. 좀더 자세히 살펴보면 다음과 같다.

---

1) 이는 여성정책으로서 성인지 예산에 대한 기대와 실제 국회에 제출하는 예산안 첨부자료로서 성인지 예산서의 현실이 반드시 일치하지 않을 수 있다는 것을 의미한다.

첫째, 예산서를 분석하면 비전과 전략이 선언된 정책목적이 실제 실천가능한지 그리고 가능성 정도에 대한 현실적 확인이 가능하다. 정책에서 제시하는 비전과 미션은 상당히 높은 수준의 가치를 추구하지만 예산은 현실이기 때문에 정책의 내용을 제대로 반영하지 못하는 경우가 많다. 따라서 예산의 규모와 집행방식을 분석하여 정책에서 요구하는 재원 대비 예산규모 비교를 통해 정책목적의 실천가능성을 분석할 수 있다.

둘째, 예산자원 배분의 추세들을 정리하면 특정 분야에서 중장기 목표를 달성할 수 있을 정도의 예산 확보가 가능한지 여부를 확인할 수 있다. 성인지 예산과 같이 재정의 우선순위를 가지지 못하였던 특정 부문에서 예산분석을 시도하는 것은 현재보다는 상당한 수준 이상에서 추가적인 예산 재원 총량을 확보할 수 있는 여지를 확인하고 그것을 위한 실천 과제를 모색하는데 초점이 있다. 따라서 현재의 사업별 재원배분 방식(총량배분)과 예산사업 운영방식(예, 공급자중심과 수요자 중심 등) 등을 분석하여 예산총량 확보 가능성을 진단하고 관련 예산개혁 과제들을 모색할 수 있다.

셋째, 미시적인 단위 사업들을 중심으로 예산의 구조적 특성을 분석할 수 있다. 구체적으로는 특정 사업의 비용-효과성(효율성) 분석, 예산자원 배분의 균형 혹은 선택과 집중 분석, 예산제도 운용의 자율성분석, 예산의 책임성 분석, 예산자원의 정책 효과 분석 등을 수행할 수 있다.

2) 가치예산운동 : 사회운동과 부문 인지 예산 접근

예산재원의 배분 및 운영과정에서 하위 부문의 특수한 상황을 보다 많이 고려하는 것은 합리적인 재원배분의 관점과는 거리가 있다. 국가의 예산은 사회적으로 합의된 세입·세출 규모의 한도 속에서 각 부문별로 필요한 만큼의 재원을 할당받아 공익의 가치에 바탕을 두고 "근검 절약(economy & efficiency)"의 기조 속에서 운영되어야 한다. 따라서 특정 부문의 가치를 우선적으로 고려하는 예산 접근은 자원배분을 왜곡시키고 사회적으로는 불필요한 초과부담을 창출하는 비효율성을 발생시킬 가능성이 크다.

구체적인 단위사업별로 특수 영역의 이익이 상대적으로 유리하게 반영될 수 있게 재원배분과정에 개입하는 경우가 있다. 예산과정에서는 이를 "이익집단" 정치 현상으로 설명한다. 많은 경우 이익집단의 논리들은 특정 부문 이익에 국한되어 사적인 로비전략을 통해 적정 수준 이상의 이익을 추구하기 때문에 재원배분 구조를 왜곡시키는 병리적 현상으로 평가된다. 다만 민주적 의사결정과정에서 사회가 인정하는 한정된 범위 내에서 다양한 이익들이 등장하고 서로 합의된 규칙 속에서 다원적인 정책결정을 통해 재원을 배분하는 것은 정치적 형평과 조정의 가치를 실현하는 또다른 주요한 민주적 과정으로도 이해할 수 있다.

그런데, 최근 거시적인 환경변화 요인에 대한 예산반영과 미시적인 이익집단 예산정치의 중간 범주에서 작동되고 있는 독특한 예산접근 논리가 의미있는 수준에서 제기되고 있다. 이른바 "부문 인지적 예산접근"이라고 규정할 수 있는 새로운 현상인데 시민단체의 가치예산운동으로 표출된다. 대표적인 것으로 여성정책분야에서 쟁점화되었던 "성인지적 예산접근"과 환경분야에서 주창된 "환경친화적 어메니티 접근"을 들 수 있다. 전자는 주로 정부 예산운용에 초점을 맞춘 것이며 후자는 도시계획에 반영되고 있다.

부문 인지적 예산접근은 다음과 같은 특징이 있다. 첫째, 거시적 접근(정책환경변화)과 미시적 접근(이익집단 정치)과의 중간 범위에서 (예산)정책영역이 설정된다. 즉 계급운동과는 달리 국가정책의 근본적인 기조와 구조를 재편하려는 것은 아니며 특정 이익 집단의 가치 편향적인 정치적 목적을 전적으로 지향하지도 않는다. 특정 하위정책영역에 대해 특정한 가치지향을 요구하지만 전체적으로는 사회의 변화 방향을 이끌면서 거시적 수준에서 합리적 정당성을 인정받는다.

둘째, 관련 정책부문이 한정되고 기존 관행과 상당한 가치 충돌을 유발하기 때문에 국가 전체적으로는 잠재적인 수준에서 쟁점화되고 사회적 정당성을 충분히 인정받아도 사회체계 속에서 정착되기에는 상당한 시간이 요구된다. 하지만 일단 사회적으로 당연한 것으로 수용이 되면 더 이상 명시적으로 제기할 필요성은 약해지면서 관련 부문의 가치 지향은 선험적으로 받아들여지는 당연한 가치로 전환될 수 있다.

셋째, 대부분의 경우 부문이익들은 기존의 정치세력과 밀접하게 연계되어 있으며 여성단체나 환경단체 등에서 추구하는 신사회운동에서 추진력을 뒷받침받고 있다. 그런데, 관련 부문의 사회운동이 정치적으로 세력화되면서 국가 예산에서 지출 총량 확대를 강하게 요구하는 반면, 유관 분야의 투자에서 전통적인 예산규범의 가치인 공공서비스의 전달체계 효율화와 성과책임 등에 대한 관심은 상대적으로 약한 경향이 있다. 또한 부문이익이 과도하게 요구되는 정치적인 이익단체의 병리현상을 창출하며 반대로 과소하게 반영되면 일종의 생색내기에 그치는 부작용이 우려되기도 한다.

넷째, 부문인지예산 접근은 생산과 소비의 중간 영역에서 두 가지 가치가 혼재되는 복합적인 정책영역에서 요구된다. 이익집단의 정치와 신사회운동 영향으로 관련 예산의 총량 확보를 강하게 요구하며, 정책지향은 사회적 생산성에서 정당성을 찾는다. 하지만 일단 확보된 예산들은 해당 분야 내에서 생산과 소비가 중첩되어 지출되는 일반적인 미시적 예산과정에 포함되기 때문에 실제 표면상으로 의도한 중장기적 전략목표를 그대로 유지하기가 쉽지 않을 가능성도 많다.

이에 따라 총량예산 확대에 부정적인 시각을 가지는 입장에서는 사회적 소비에 대한 낭비와 비효율성 및 비생산성의 쟁점을 부각하고 기존의 제도 틀 속에 한정시키려고 한다. 반면 새로운 사회적 생산의 가치를 요구하지만 구체적인 실천체계를 갖추지 못한 상태에서 이미 확보된 총량은 기존의 소비 중심의 과거 체계 속에서 예산이 배분되기 때문에 당초 의도한 사회적 생산성 제고 효과는 기대만큼 확보하지 못한다.

3) 예산 수단을 활용한 정부혁신 : 신공공관리주의와 통합성과관리체계

전통적인 공공관리에서, 예산과 정책은 느슨하게 연계되어 있다. 정책과 예산은 서로 양립하기 힘든 독특한 특성이 있기 때문이다. 그런데, 최근의 신공공관리주의 정부혁신을 추진하는 과정에서 예산과 정책이 밀접하게 통합되는 특성이 나타나고 있다.2)

신공공관리주의 정부개혁에서는 전통적인 정부혁신과는 달리 개혁의 핵심 추진 수단으로 "예산"이 활용되고 있다. 공공부문의 공적 가치와 공무원의 윤리에 대한 호소보다는 구체적인 현금 중심의 성과체계를 통해 조직과 인력 그리고 정책을 관리하는 기업주의 방식을 강화하고 있다. 따라서 새로운 정책 및 예산제도가 실질적으로 기능하기 위해서는 통합성과관리체계와 양립 가능해야 한다.3)

한편, 사회운동 영역에서도 기업주의 가치들이 강화되고 있다. 공동체의 윤리와 합의 그리고 자율적인 문제해결 등의 가치보다 공공의 재원들을 특정 부문에 보다 유리하게 유치하려는 예산(현금)운동이 강화되고 있다. 사회 문제가 복잡해지고 해결을 위한 인프라와 활동과정에 적지 않은 경비들이 소요되면서 전통적인 비예산운동만으로는 한계가 있기 때문이다. 이는 실리를 추구하는 사회운동과 실용주의 그리고 이익활동과 후원활동이 혼재되고 있는 최근의 특징적인 현상이다.

정부혁신으로서 통합성과관리주의와 예산재원 확보를 강조하는 사회운동 사이에는 상당한 긴장감이 형성되어 있다. 기존의 정책 및 예산운영체계가 일종의 기득권을 형성하고 있는 가운데, 새로운 예산가치 혹은 수단이 의도한 성과를 창출하기 위해서는 우선 기존에 개별 정책부서에서 운용하고 있는 통합성과관리체계와 양립이 가능해야 한다. 예를 들어, 여성운동 차원에서 성인지예산제도를 접근하면 통합성과관리체계와 상충하는 영역은 제대

2) 성인지 예산제도가 사회운동 이상으로 현실에서 의미있게 정착되기 위해서는 예산과 정책이 결합하고 있는 결과지향적 통합성과관리체계가 가지는 정치 경제적 속성들과 양립이 가능해야 한다.

3) Sharp(2003)에서는 성과주의 예산과 성인지 예산을 연계시키는 연구도 수행한 바 있으며 한국여성정책연구원에서 지원하였던 박노욱 외(2008)에서도 성과관리 관점들이 도입되었다.

로 작동하지 않을 수 있다. 사회운동 차원에서 성주류화를 주창하고 정책의 영역에서 수용될 수 있어도 예산과정은 상당히 보수적이고 느리게 변하기 때문에 재원배분 단계에서는 우선적으로 고려되지 못할 수 있다.

더욱이 여성정책이 복지예산과 맞물리면 상황은 더 복잡해진다. 복지재정은 기본적으로 소비 특성이 있다. 또한 집합적으로 재원이 동원되면서도 편익은 사적으로 전유되는 경합성이 큰 가치재이다. 이에 따라 예산의 고유 논리에서는 재원배분에 우선순위를 가지기 힘들다. 따라서 "여성"과 "복지"의 두 주제어가 엮이는 사업에서는 공공의 재원이 충분히 배분되기 힘들다. 결국 두 부문 모두 예산의 우선순위가 없어 현실의 자원배분과정에서는 상당한 후순위로 고려되는 경향이 있다. 이러한 맥락에서, 여성정책에서 복지가 동시에 고려되기 어렵고 마찬가지로 복지에서 여성에 대한 주제 역시 동시에 고려되지 못하게 된다. 한정된 자원내에서 해당분야의 고유 가치가 더 크기 때문이다.

3. 여성운동과 성인지 예산제도

1) 성주류화를 위한 성인지 예산제도의 시작

성인지 예산이란 "특별히 여성 혹은 남성을 위해서 형성된 예산만이 아니라, 일반예산도 남성과 여성의 삶의 차이와 특성을 반영하여 지출됨으로써 그 효과가 남성과 여성에서 평등하게 나타나도록 하는 것"이다(Elson, 1998; 김경희, 2003). 따라서 여성만을 위한 예산편성을 의미하는 것이 아니라 성인지성의 관점을 가지고 예산을 실제 분석하는 것을 의미한다(Budlender ed., 1996; 손병돈, 2001).

성인지 예산의 핵심전략은 "성주류화"(gender mainstreaming)이다. 이는 성관점이 사회의 전 영역에 통합되는 것으로 여성들만을 위한 특화된 여성정책의 범주 뿐 아니라 일반적인 모든 사회정책 영역들이 성관점을 고려하여 재편되어야 한다는 것을 의미한다. 우리나라에서는 법령 개정을 통해 이러한 사회적 요구를 수용한 바 있다. 즉 2002년 말에 개정된 여성발전기본법에서는 앞으로 모든 정부부처의 정책기획과 집행에서 성인지성을 반영하여 정책이 남성과 여성에 미치는 영향을 분석하도록 명시하였다. 하지만 현실에서는 여성가족부 내부 사업에 국한되는 제한적인 영향력을 발휘하는데 그쳤다. 따라서 전체적으로 성인지적 관점을 보다 확산시킬 새로운 정책수단이 필요했다.

성인지 예산정책은 1980년대 호주에서 처음 등장하였다. 1983년 호주에서는 “여성예산”(Women's Budget)으로 성인지적 예산분석을 시작하였다. 1996년 보수당 정권이 집권한 이후에는 초기의 제도와 분위기를 지속하지 못하고 일부 주에서만 여성예산 조치를 시행하였다.

하지만 파급효과는 국제적으로 상당하였다. 1990년대 중반부터 UNDP와 UNIFEM을 중심으로 국제기구는 성인지 예산을 중시하여 “성인지예산정책”을 권고하였다. 1995년도부터 남아공에서는 UNDP의 후원으로 여성예산정책[4])을 5년정도 실시한 바 있다. 필리핀은 예산총량 확대 전략까지도 추구하였는데 1996년도에는 관련 법을 개정하여 모든 정부부처는 적어도 5%의 예산을 젠더 주류화를 위해 할당해야 한다고 규정하였다. 또한 ‘젠더와 개발예산’ 조항을 「일반세출예산법」에 포함시켰다. 1995년 북경세계여성회의는 성인지 예산이 여성정책의 주요 행동강령으로 채택하였다. 이후부터 최근까지 90여개국에서 다양한 형태로 성인지 예산제도를 실시하고 있다. 국가별로 성인지 예산을 추진하였던 주체와 제도의 특성은 상당히 다양한 편이다.

사회운동의 초기단계에서 성인지 예산 운동은 정부 예산사업들이 가지는 양성 평등 효과와 성격을 객관적으로 분석·공개하는 것을 주된 목적으로 하였다. 하지만 예산을 분석하고 보고서를 작성하는 과정에서 관련 예산총

---

4) South African Women's Budget Initiatives-WbI

량 확대의 목적이 내재될 수도 있다. 이는 주된 관련 활동들이 예산편성 및 운영지침 개발 보다는 예산지출의 유형분류와 결과분석에 초점을 맞추고 있기 때문이다.

■표 1. 성인지 예산의 추진주체와 제도화 수준 비교

(A) 성인지 예산제도의 추진주체

유형			해당 국가
선진국	정부주도형		호주, 스웨덴, 벨기에, 오스트리아, 프랑스, 한국, 미국(샌프란시스코)
	시민사회주도형		영국, 폴란드
개발도상국	원조기구-정부파트너십	재정부	파키스탄, 나이지리아, 모로코, 네팔 등
		여성부	필리핀, 말레이시아, 칠레
	원조기구-정부-NGO		인도(여성부), 멕시코(복지부), 탄자니아(재정부)
	원조기구-의회-NGO		브라질, 남아프리카공화국, 우간다

(B) 성인지 예산의 제도화 수준

단계별		해당국가
5단계	예산편성 일반화	(호주), 프랑스, 스웨덴, 노르웨이, 덴마크, 핀란드, 인도, 필리핀, 파키스탄, 모로코
4단계	예산편성 부분적용	탄자니아, 우간다, 말레이시아, 네팔, 르완다
3단계	정부주도 예산분석	스리랑카, 영국, 벨기에, 독일, 아일랜드, 이태리, 오스트리아, 아이슬랜드, 스위스, 칠레, 멕시코, 샌프란시스코, 모잠비크, 나이지리아, 나미비아
2단계	시민사회 주도 예산분석	남아프리카 공화국, 폴란드, 브라질, 페루, 에쿠아도르, 볼리비아, 러시아
1단계	의제화	캐나다, 미국, 불가리아, 체코, 네델란드, 인도네시아, 니카라과

자료 : 김경옥 외(2007)

호주의 여성 예산 보고서에서는 정부지출을 ① 여성을 위해서만 사용된 지출 ② 공공기관에서 평등한 고용기회를 위한 지출, 그리고 ③ 일반예산 지출로 구분하여 분석한 바 있다.

그런데, 정책의 효과성을 높이기 위해서는 사후적인 예산분석 보다는 예산편성 단계에서 성인지적 관점이 사전에 적용될 수 있도록 제도화하는 것이 바람직하다. 이를 통해 예산의 집행과정 혹은 중기재정계획 수립 과정 등 예산과 관련된 모든 제도에서 성인지적 관점이 당연히 고려되는 가치로 전제될 필요가 있다.[5)]

우리나라에서도 2001년도에 의미있는 분석 작업이 수행된 바 있다. 대표적으로, 이혜경 외(2001)에서는 성인지 예산분석을 위해 보건복지부 예산을 "성특성적 예산", "성 형평성 예산", "주류예산"으로 구분하고 각 예산의 규모와 추세를 분석하였다. 한국여성민우회(2001)에서는 지방자치단체의 여성정책 관련 예산지출의 분석을 시도하였다. 하지만 당시 여성관련 예산 자체가 의미있는 수준에서 많지 않았으며 여성정책의 기획 및 집행체계가 정착되지 않은 상태였기 때문에 특별한 정책쟁점을 창출하는데는 한계가 있었다.

2) 여성예산에서 주류예산으로 확대

성인지예산제도에서 관련 학자들은, 성인지 예산을 여성에 국한되는 "여성예산"과 동일시해서는 안된다고 한다. 즉 성인지예산은 "여성을 위한 예산" 혹은 "여성에서 지출되는 예산"이 아니라 예산이 성불평등에 미치는 효과를 분석하고 이를 실제 예산에 반영하기 위한 활동이라고 규정한다. 이러한 관점에서 성인지 예산의 범위는 국가 재정사업 전체로 확산된다. 모

---

5) 시장실패에 대한 대응으로서 사회형평 혹은 사회정의가 사회정책과 예산에서 가장 먼저 보편적 전제조건으로 설정된 바 있다. 이후 부문인지적 예산 접근에서와 같이, 환경친화적 관점에서의 지속가능성, 장애인지적 관점에서 사회통합성 등은 이미 보편적인 정책가치 뿐 아니라 예산과정에서도 반영되고 있다. 성인지적 예산제도에서도 이러한 사회가치와 동등한 수준으로 자리매김되는 것이 중요하다.

든 예산은 명시적 혹은 암묵적으로 성별 영향에서 차이를 발생시킬 수 있기 때문이다. 결과적으로는 국가 전체의 재정사업들이 양성평등의 방향으로 추진되어야 한다는 것이다.

성인지 예산에 대한 초기 이론들의 관심은 양성평등에 초점이 맞추었다. 초기 이론 틀을 제공한 대표 학자는 D. Budlender, D. Elson, R. Sharp 등 세 사람이다. 호주와 영국 등에서 여성예산으로 불리던 것을 성인지 예산[6]으로 표현하면서 여성운동의 새로운 정책수단을 정립하였다.

▌그림 1. 성인지 예산활동

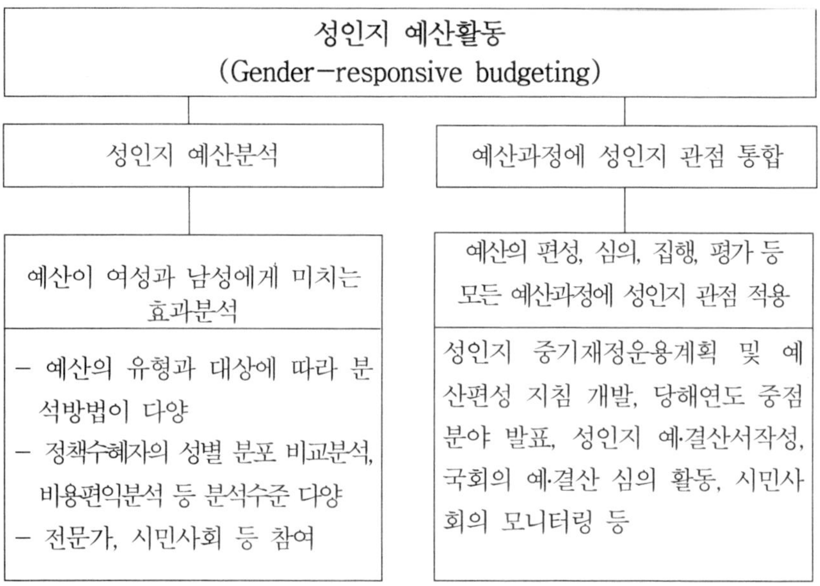

자료 : 김경옥 외(2009)

6) gender responsive budget, gender sensitive budget

구체적으로는 Budlender et.al(1998) 분석 틀이 많이 인용되었는데 여기에서는 예산을 세 가지로 유형화하였다. 즉, ① 여성만을 위한 성 특정적 예산(gender-specific expenditures), ② 양성평등을 추구하는 예산(gender equity expenditures), ③ 주류예산(mainstream expenditures)의 분류이다. 그런데 성특정적 예산과 양성평등 예산의 구분이 애매하고 전체적으로 규모와 비중이 크지 않았다. 이후 주류예산 중심으로 관심 대상이 이동하면서 국가 전체의 예산을 성인지적 관점에서 분석하는 것으로 확대되었다.

가장 적극적인 의미에서 성인지 예산은 일반예산을 포함한 모든 예산을 대상으로 성별 영향을 분석하는 것이다. 따라서 성인지적 예산제도에서는 주류예산 전체를 포함하여 세출 유형 뿐 아니라 일반회계, 특별회계, 기금 등 회계관리 유형과 조세를 포함한 모든 세입 재원들을 포괄한다.[7] 나아가 성인지 예산제도가 확산되면 예산과 관련된 전반적인 과정 모두를 대상으로 설정하게 된다. 중기재정계획, 투자심사, 재정사업자율평가와 자체성과관리제도에서도 성인지 예산의 관점이 적용될 수 있다.

3) 성인지예산제도의 구조적 갈등 요소

새로운 제도의 정착은 기대만큼 일관성있게 전개되기 어렵다. 특히 예산제도는 재원배분의 이해관계와 문서작성 부담의 쟁점이 있어 기존 관행들을 바꾸거나 새로운 형식을 도입하는 것이 상대적으로 더 쉽지 않다.

우선, 성인지 제도의 적용 영역이 급속히 확대되면서 기존의 전통적인 예산 관행 혹은 가치들과 충돌할 가능성이 높아지게 된다. 여성운동에서 성인지제도가 주창되었기 때문에 기존의 예산제도는 남성중심이라고 전제하게 되어 예산재원 배분과정에서 필요이상의 감정적인 양성 갈등을 유발할 수 있다. 가족과 공동체에서 비공식적으로 적정 수준에서 형성된 남녀의 역할 균형을 조정하기 위해 예산(현금)이라는 수단으로 공식화시키는 것은 적절한 정책접근이 아니라는 비판도 가능하다.

---

7) 예를 들어 종합소득세의 공제제도에서 성별 영향을 별도로 분석할 수 있다.

둘째, 성인지 예산제도가 여성운동 차원에서 정당성을 갖기 위해서는 실제 여성을 위한 예산이 의미있는 수준에서 더 많이 배분되어야 한다. 이는 현실에서 예산자원배분의 효율성 가치와 상충될 수 있다. 예산을 분석하고 정책의 비용-효과성을 검증하는 기존의 지식체계로 기회비용의 기준에서 새로운 재원배분 방식이 상대적으로 효율적이라는 사실을 증명하는 것이 쉽지 않다. 기존의 접근과 과거에 축적된 각종 통계정보를 활용하면서 새로운 제도가 상대적으로 효율적이라는 점을 통계적으로 검증하는 것은 생각만큼 쉬운 일이 아니다.

현재의 재정관리 틀 속에서 성인지 예산에서 재정성과와 책임을 높일 수 있도록 자원배분의 효율성 가치가 뒷받침되어야 한다. 하지만 그러한 것을 경험적으로 실증하기 위해서는 많은 시간이 필요하다. 단편적 사례만으로는 주류 예산으로 인정되기 어렵다. 사회운동의 차원을 넘어 의미있는 제도화 단계에 정착하지 못하면 관련 예산은 과거와 같이 예외적이거나 잔여적인 사회복지 지출에 머물게 된다. 여기에서 성주류화를 위한 성인지 예산정책의 기본 취지와 상충되는 문제가 발생하게 되며 성주류화는 일종의 사회운동의 상징에 그치게 된다.

셋째, 여성을 위한 예산재원 확보 과정에서 판단하기 쉽지 않는 부작용도 발생할 수 있다. 성인지 예산담당 부서 혹은 담당자는 가능한 여성에게 혜택이 많은 방향으로 통계를 작성할 유인을 갖는다. 이 과정에서 인위적인 통계분류의 문제가 발생하며 그것이 양성평등정책과 상충하는 결과를 초래할 수 있다. 예를 들어, 보육료지원이나 장애아동관련 지원 등을 포함한 각종 돌봄예산의 수혜자들은 전통적으로 여성이라고 분류할 수 있다. 하지만 여성정책에 강조하듯이 가족과 공동체의 돌봄에서 양성평등적 역할이 중요하다는 정책 주창과 상충될 수 있다. 돌봄예산을 여성예산으로 간주하는 것은 여성을 가족의 돌봄에 예속시키는 부작용이 발생한다. 결과적으로 여성예산은 증대될 수 있어도 양성평등은 오히려 불리하게 된다.

마지막으로, 설득력있는 실증분석과 이론적 체계를 정립하고 실제 실천이 가능한 실무자들을 확충하기 위해서는 일관성있는 연구개발과 교육훈련이 뒷받침되어야 한다. 그것이 현실적으로 짧은 기간내 실현될 가능성이 크지 않은 가운데 성인지 예산의 범위만 확대하면 과잉 혁신에 따른 회의주의적 부작용이 발생할 수 있다. 예산제도 변화는 정책과 비교할 때 상대적으로 많은 시간이 필요하다. 하지만 단기간에 급속한 제도 변화가 발생하면 일시적으로 순응은 확보될 수 있어도 당초 신규 제도를 도입해야 하는 내용 보다는 형식적인 서류 작성만 남게 된다. 이러한 경우 제도의 취지에는 동감하여도 관련 혁신조치들이 조직내 체화되지는 못한다.

4. 성인지 예산제도의 추진과정과 주요 내용

1) 성인지 예산의 법제화 추진과정

여성운동에서 성인지 예산제도를 대안으로 추진한 것은 비교적 최근이며 논의에 참여한 시민단체와 전문가들이 많지 않다. 1998년부터 여성단체에서는 북경세계여성회의(1995)의 행동강령에 영향을 받아 예산운동의 일환으로 전체 예산대비 여성관련 예산을 분석하고 정부와 정당에 예산요구안을 제출하기 시작했다. 이때부터 성인지 예산제도 운동이 시작되었다.

2002년도에 한국여성단체 연합은 '성인지적 예산정책 마련을 위한 청원'을 제출하였으며 당시 국회여성위원회에서는 '성인지적 예산편성 및 여성관련 자료 제출 촉구 결의안'을 채택하였는데 같은 해 11월에 국회 본회의에서 의결되었다. 2005년도에는 당시 기획예산처에서 예산안 편성지침에서 관련 사업에 대해 성별영향평가를 실시할 것을 권고하였다. 다음 해인 2006년도에는 국가재정법이 제정되면서 성인지적 예산제도가 법률로 규정되었고 이후 기획재정부, 여성가족부, 그리고 한국여성정책개발원을 중심으로 성인지 예산제도가 운영되고 있다.

성인지 예산서가 작성되면서 형식적인 측면에서는 급속히 확산되고 있다. 무엇보다 법률적 기반이 계속 확대되고 있다. 2006년에 제정된 국가재정법 제26조와 제57조에서는 성인지 예산서와 결산서를 작성하여 국회에 제출하도록 규정하고 있다.[8] 2010년의 개정법에서는 제68조와 제73조에서 기금운용에서도 성인지 예산관점을 적용하도록 규정하였다. 2011년도에는 지방재정에서도 성인지 예산을 적용하기 위해 지방재정법 제36조와 제53조에 성인지 예산서와 결산서 작성 조항이 신설되었다.

중앙정부의 예산을 관리하는 기본법인 국가재정법에서 원칙적으로 모든 국가 재정사업에 대해 양성평등의 가치를 의무적으로 고려하도록 법률 조문을 설치한 국가는 우리나라가 최초이다. 2010년도에 차기연도(2011년) 성인지 예산서를 국회에 제출하면서 본격적으로 제도가 운영되고 있다. 2011년도에는 성인지 결산서 작성을 추진하였으며, 지방재정에서 성인지 예산제도의 적용방안을 연구하였다.

그런데, 성인지 예산제도는 여성단체에서 공공의제로 제안한 이후 특별한 쟁점으로 부각되지 않았으며 사회적 논의도 확산되지 않은 가운데 정책주창 이후 7년만에 국가재정법에서 제도화되었다. 공중의제설정이후 비교적 짧은 기간에 제도화되면서 형식에서는 성공적이지만 실제 실천에서 상당한 한계를 안게 된다. 즉, 국가재정법에 근거조항이 명시되어 있고 실제 2010년도부터 성인지 예산서를 작성하고 있지만 구체적인 내용을 확산하고 의미있는 예산제도로서 사회적 정당성을 확보하는데 애로를 겪게 된다.

---

8) 국가재정법 제26조 (성인지예산서의 작성) ① 정부는 예산이 여성과 남성에게 미칠 영향을 미리 분석한 보고서(이하 "성인지(성인지)예산서"라 한다)를 작성하여야 한다. <신설 2010.5.17>

국가재정법 제68조의 2 (성인지 기금운용계획서의 작성) ① 정부는 기금이 여성과 남성에게 미칠 영향을 미리 분석한 보고서(이하 "성인지 기금운용계획서"라 한다)를 작성하여야 한다. ② 성인지 기금운용 계획서에는 성평등 기대효과, 성과목표, 성별 수혜분석 등을 포함하여야 한다.

지방재정법 제36조의2(성인지 예산서의 작성) ① 지방자치단체의 장은 예산이 여성과 남성에게 미칠 영향을 미리 분석한 보고서(이하 "성인지(性認知) 예산서"라 한다)를 작성하여야 한다.

특히, 60년대 이후부터 사용하였던 예산회계법을 대체하는 재정혁신 입법으로서 국가재정법을 제정하기 위해 정부와 야당의 정치적 타협 속에서 성인지 예산제도 조항이 포함되었던 사실도 동 제도의 자리매김과 확산에 영향을 미칠 수 있다. 일반적으로 정치타협의 산물은 내적 조건이 성숙되기 이전에 형식을 먼저 갖추어야 하는 부담이 있어 실제 전제되어 있는 가치들이 효과적으로 정착하는 것이 쉽지 않을 수 있다. 제도를 확산하는 과정에서 제도의 자체 논리와 사회운동을 통해 형식은 급속히 확대될 수 있다. 하지만 사회적 공감대가 뒷받침되지 못하면 무관심 속에서 잊혀질 가능성이 높아진다.

2) 성인지예산제도의 주요 내용

현행 성인지 예산제도는 프로그램예산체계를 바탕으로 세부사업단위에 기초하여 작성하고 있다. 2010년 성인지 예산서는 일반회계 8천여개 재정사업(205조원) 가운데 195개 사업(7조, 3,144억원)에 대해 작성되었다. 2011년도 성인지 예산서에서는 기금까지 포함하여 일반회계 및 기금사업 1만여개 가운데 245개 사업(10조 1,748억원)이 대상으로 선정되었다. 개별 세부사업별로 사업내용, 성평등목표, 성평등 기대효과, 그리고 예산재원의 남녀별 수혜정도를 비교하는 정보들을 포함하고 있다.

성인지 예산서에 포함되는 대상사업은 기획재정부가 여성가족부와 협의하여 대상 사업 선정 기준을 마련하고 한국여성정책연구원 성인지예산센터의 자문과 부처 의견을 거쳐 최종 선정된다. 이 과정에서 제3차 여성정책기본계획 추진사업의 예산사업과 2010년도 성인지예산서 작성사업, 기타 성별영향분석이 가능한 사업들이 우선적으로 고려되었다.

성인지예산서를 작성하였던 첫 해인 2010년도에는 성인지 예산서 작성지침에서 성별 편차 원인과 대안분석에서 각 부처 담당자들이 사용할 착안사항들이 제시된 바 있었다. 그런데, 2011년도의 예산편성지침에는 이러한 착안사항은 제외되었다. 이에 따라 새로운 제도의 실시 2년째부터 초기의 가치들이 약화되면서 일관성있는 방향 설정과 정착 노력이 지속적으로 강화되지 못하고 있다는 비판이 제기되었다.

■표 2. 성인지 예산서의 작성기관별 대상사업 수

(단위 : 개)

부처명		2010	2011		부처명		2010	2011	
		예산	예산	기금			예산	예산	기금
합계		195	202	43	18	국세청	2	1	
1	여성가족부	28	19	10	19	산림청	2	2	
2	보건복지부	27	27	6	20	기획재정부	1	–	2
3	농림수산식품부	22	27		21	외교통상부	1	5	3
4	교육과학기술부	19	16	1	22	법제처	1	1	
5	문화체육관광부	14	20	3	23	금융위원회	1	1	
6	고용노동부	11	10	12	24	조달청	1	1	
7	농촌진흥청	11	10		25	통계청	1	3	
8	행정안전부	10	9		26	문화재청	1	1	2
9	중소기업청	8	10		27	기상청	1	–	
10	국토해양부	7	6		28	해양경찰청	1	3	
11	법무부	5	4	3	29	행정중심복합도시건설청	1	1	
12	환경부	5	7		30	공정거래위원회	–	1	
13	지식경제부	4	3		31	국민권익위원회	–	1	
14	국방부	3	3		32	경찰청	–	1	
15	특허청	3	3		33	식품의약안전청	–	1	
16	통일부	2	2		34	국회	–	1	
17	국가인권위원회	2	2		35	국가보훈처	–	–	1

주 : 2010년도 대상사업이 많은 부처 순.

▮표 3. 재정사업별 성인지 예산서에 포함되는 내용

<table>
<tr><td colspan="2">1. 성평등 목표</td><td>제3차 여성정책 기본계획의 목표체계와 연계</td></tr>
<tr><td colspan="2">2. 성인지 예산 사업총괄표</td><td>회계, 세부사업: (t−1)년 예산, t년 예산안, 증감, 증감률</td></tr>
<tr><td rowspan="2">3. 사업별 설명자료</td><td>사업정보</td><td>사업명, 당해연도 예산안, 사업목적, 정책대상, 사업내용</td></tr>
<tr><td>성인지 정보</td><td>성평등 목표 분야, 성평등 기대효과, 성별 수혜 분석, 성과목표</td></tr>
</table>

▮표 4. 성인지 예산서 지침의 분석시 착안사항(2010)

분석내용	주요 착안사항
수혜의 성별 편차 원인 분석	– 사업 대상자(모집단) 자체의 성비가 불균형한 것은 아닌가? – 사업 인지도의 성별차이가 있는 것은 아닌가? – 대상자 선발 기준에서 특정 성이 충족시키기 어려운 기준이 있는 것은 아닌가? – 사업의 전달방식에서 특정 성의 접근을 낮추는 요인이 있는가? – 특정 성의 수혜가 높은 프로그램의 예산이 적게 할당된 것은 아닌가?
수혜의 성별편차 해결을 위한 대안 분석	– 특정 성을 위한 특별한 사업을 신설할 수 있는가? – 특정 성이 집중된 분야의 예산 배분을 확대할 수 있는가? – 특정 성이 적은 분야의 참여를 확대할 수 있는 방법은 있는가? – 대상자 선발 기준을 양성이 동등하게 충족시킬 수 있도록 변경할 수 있는가? – 사업 전달방식을 개선할 수 있는가?

■표 5. 성인지 예산사업에서 성별 수혜 분석 예시 (장애인 보조기구)

○ 사업대상자

	2007년	2008년	2009년
전체	10,968명	11,193명	11,192명
여성(비율)	4,716명(43%)	4,701명(42%)	4,477명(40%)
남성(비율)	6,252명(57%)	6,492명(58%)	6,715명(60%)

주 : 장애인 실태조사 / 09년은 추정치

○ 사업수혜자

	2007년	2008년	2009년 추경
전체	9,213명	9,001명	11,192명
여성(비율)	3,989명(43%)	3,798명(42%)	4,4779명(40%)
남성(비율)	5,224명((57%)	5,203명(58%)	7,934명(60%)

주 : 07년·08년 집행기준, 09년 추경기준 추정치

○ 예산 현황

	2007년	2008년	2009년 추경
전체	841백만원*	883백만원*	883백만원*
여성(비율)	361백만원(43%)	370백만원(42%)	370백만원(42%)
남성(비율)	480백만원(57%)	513백만원(58%)	513백만원(58%)

주 : 07년·08년 집행기준(사업운영 예산 제외), 09년 추경기준 추정치(09년 추경 1,133 백만원 중 사업운영 예산 제외 금액)

5. 지방재정과 성인지 예산제도

2011년 3월 8일자 지방재정법 개정에서 제36조 2항으로 성인지 예산서의 작성·제출 조항이 신설되었다. 이에 따라 2013회계연도부터 지방자치단체의 장은 예산이 여성과 남성에게 미칠 영향을 미리 분석하는 "성인지 예산서"를 작성해야 한다. 국가재정법은 법률 제정때부터 성인지 예산서 조항을 포함하였다. 이후 몇 년간의 준비를 걸쳐 2011년도에 정부예산안 부속서류로 성인지 예산서가 국회에 제출되었다. 그동안 지방재정 분야에서 성인지 예산과 관련한 논의가 활발하지 않았다는 점을 감안하면 이번의 지방재정법 조항은 국가재정법과 연계 차원에서 신설된 것으로 이해할 수 있다.

하지만 현실에서 법률 조항의 내용이 기대만큼 실현되지 못하여 지방재정에서 성인지예산제도의 도입과 정착이 순조롭게 진행될 것으로 낙관하기 힘들다. 무엇보다, 아직 지방자치단체 차원에서 성인지 예산제도를 모르는 경우가 많다. 추진방식과 일정 그리고 예상되는 갈등을 해결할 수 있는 정책방안들이 구체화되지 않은 상태에서 법률의 조문이 신설되었다. 현장에서 새로운 제도를 당연한 것으로 수용하는데까지 상당한 시간이 소요될 것으로 예상된다.

성인지 예산제도의 핵심은 일반예산에서 성인지적 관점을 적용하는 것인데 이것이 구체적으로 무엇을 지칭하는지에 대해 지자체의 예산 및 사업담당자들에게 설명하는 작업도 쉽지 않다. 더욱이 여성운동의 관점에서는, 여성을 위한 예산재원을 더 확보하려면 다른 예산을 줄여야 하는데 그러면 사업별로 재원 갈등이 발생한다. 지자체 사업은 현장과 보다 밀접하여 갈등의 강도가 강한 편이다.

총량적인 예산재원 보다는 예산사업을 운영하는 방식이 중요하다고 하면, 그것이 왜 필요하며 무슨 의미를 가지는지를 사업담당자에게 설득하기가 쉽지 않을 수 있다. 성인지 예산제도에는 사회적 가치가 내재되어 있어 정책관리적 속성이 강하기 때문에 지자체의 현장들은 지침이 명확해야 제대로 움직인다. 이에 따라 가치지향적인 추상성 있는 성인지 예산제도와 현장 중심의 지방재정사업 집행은 궁합이 맞지 않을 수 있다. 지방 현장의 사업은 복잡한 것을 선호하지 않는데, 성인지 예산제도는 내용과 맥락을 이해하기에 다소 복잡한 측면이 있다.

지방재정에서 성인지 예산제도가 지향하는 재정 사업 효과들이 실제 창출될 수 있을지에 대한 의문도 있다. 지방의 재정자립도가 낮아 자율로 사업 내용들을 결정할 수 있는 여지가 적다. 상당 수 사업은 국고보조금으로 수행되는데, 중앙 각 부처의 사업지침에 성인지적 특성이 반영되어 있지 않으면 지자체에서 별도의 성인지 관점을 운용할 수 없다. 지자체별 재정 여건에 따라 이 제도에 대한 인식과 노력에서 상당한 차이가 발생할 가능성이 많은데 그러한 편차를 관리하는 문제도 예상된다.

이러한 쟁점과 함께 중앙정부가 작성한 현재의 성인지 예산서가 당초의 기대를 충분히 반영하지 못하였다는 비판의 내용도 확인할 필요가 있다. 일부 예산사업에 대해 성별분리통계에 따라 예산재원을 성별로 배분한 여러 가지 수치를 나열하고 있는데, 각 부처별 혹은 사업별로 총평이 없으며 앞으로 재원배분에 대한 과거의 평가와 향후 방향성이 구체적이지 않다. 지방재정에서는 중앙정부의 사례를 그대로 수용할 가능성이 많은데, 이 경우에는 짧은 예산순기에 많은 문서들을 작성해야 하는 지방공무원들에게 보고서 작성 부담만 증대시킬 가능성이 있다.

6. 성인지 예산제도의 정착을 위한 정책 과제

1) 예산서 보다는 보고서 형식으로 접근

성인지 예산제도가 국가재정법의 조항에 포함되면서 여성을 위한 예산배분 확대와 중앙 각 부처의 재정사업에서 양성평등 가치가 급속히 확산될 것으로 기대되고 있다. 국가재정법에 법률 조항으로 명시되었으며 중앙부처 가운데 강력한 권한을 가진 기획재정부가 직접 제도 운영을 담당하기 때문에 모든 일들이 일사분란하게 추진될 것이라는 기대도 있었다. 그런데, 법적 기초와 담당 부처의 권한은 새로운 제도가 성공적으로 정착되기 위한 필수조건이지만 충분조건은 아니다.

구체적인 정책 실행 단계로 내려가면 기대만큼 성과들이 창출되지 않고 있다. 현재의 성인지 예산서는 관련 예산 숫자의 나열에 그치며 심도 있는 성인지적 분석과 평가가 포함되지 않았기 때문이다. 현행 예산서 형식과 작성 관행을 고려하면 이와 같은 쟁점들은 해결되기 쉽지 않다. 담당자의 의지와 역량이나 시행 초기 상황이라는 개별적인 문제가 아니라 우리나라 예산서 형식이 가지는 구조적 특성 때문이다.

예산서는 대부분 해석하기 힘든 숫자의 나열이며 공식적으로 표현된 내용과 실제 숫자의 이면에 담겨있는 의도가 일치하지 않는 이중성이 상당히 강한 편이다. 사업의 맥락과 상황들이 복잡할수록 관련 예산서의 형식은 지침에서 요구하는 최소 수준에서 작성된다. 더욱이 성인지 예산서는 일반 예산관련 서류를 작성한 이후 마지막으로 작성·제출하는 경우가 많아 당초 기대한 예산분석과 대안 모색들이 충실히 수행될 가능성은 더욱 낮다. 예산의 정치 경제적 특성 때문에 법정 기한 마지막까지 협상과 조정이 계속되면 성인지적 관점에서 정책의 일관성을 유지하면서 관련 예산재원을 배분하는 것은 더욱 어렵게 된다.

이와 같은 예산서 작성의 현실을 인정하면 모든 부처 혹은 많은 재정 사업에 대해 성인지 예산서를 일관성있게 작성하도록 하는 표준화 접근은 비용-효과적이지 못한 측면이 있다. 대신, 연도별로 양성평등과 관련된 주요 주제들을 설정하고 해당 주제에 대해 예산의 관점에서 심도있는 분석을 수행하고 대안을 제시하는 "정책보고서"로서 성인지 예산서를 작성하는 방안을 고려할 필요가 있다.

정책보고서에서는 거시적인 변수를 다룰 수 있지만 예산서에서는 한계가 있다. 인과관계가 불분명하거나 이해관계에서 갈등이 예상되면 그러한 쟁점들을 숫자의 이면속에 숨기려는 경향이 있기 때문이다. 애매하고 추상적인 방식으로 담당자만 확인가능할 정도로 예산서를 암호화하는 경향이 있다. 특히 해석 자체가 충분하지 않고 임의적이고 형식적 혹은 추상적으로 제시하기 때문에 예산서의 숫자 이면을 읽어내기가 쉽지 않다. 더욱이 사업담당공무원의 빈번한 보직이동 때문에 당초 예산 취지가 지속된다는 보장도 없다. 이와 같은 분절적인 점증주의 예산 체계에서 상향식 성인지 예산서를 작성하는 것은 문서 부담 이상의 의미를 가지기 힘들다.

현행 국가재정법 제26조에는 "정부는 예산이 여성과 남성에게 미칠 영향을 미리 분석한 보고서를 작성해야 한다"라고 규정되어 있다. 여기서 "보고서"를 예산서로 해석하고 있다. 하지만 예산서(Budget)와 보고서(Report)는 구분할 필요가 있다. 우리나라에서 예산서는 숫자의 나열이지만 보고서는 쟁점의 심층 분석과 논의할 가치가 있는 대안을 제시하는 서류이다. 영미국가의 예산서 형식은 숫자의 나열 보다는 분석과 해설의 비중이 크다. 예산서 형식 자체가 국가별로 차이가 있다는 점을 고려하면 세계적으로 추진되었던 여성운동에서 "Gender Budgeting"에서 "Budgeting"이 추구하였던 원래 목적을 고려하여 그것을 담아내는 형식을 재설계할 필요가 있다.

윤영진 외(2009)에서는 성인지적 예산제도의 실행방법으로 상향식, 하향식, 절충식 접근을 정리한 바 있다. 상향식은 모든 예산사업을 성인지적 관점에서 작성하는 것이고 하향식은 국가적 쟁점에 해당하는 사업만 집중적으로 분석하는 접근이다. 절충식은 예산단위 사업에 대해 성인지적 관점을 적용하여 예산서를 작성하는 동시에 주요 쟁점을 별도로 집중분석하는 방식이다. 이는 상향식과 하향식을 절충하는 것이 아니라 사실상 모두 사용하는 방식이 된다.

논리적으로는 절충식이 바람직할 수 있지만 현실적으로는 실천하기 힘든 접근이다. 현행 성인지예산제도는 상향식 접근이 적용되고 있는데, 양적인 측면만 강조하는 경향이 있다. 성인지 예산서가 실제 자원배분의 효율성이나 양성평등에 도움이 될 수 있다는 것을 실증하는 체계적 사례관리가 중요하다는 점을 감안하면 예산서 형식 보다는 주요 쟁점 중심의 보고서 방식에서 출발하는 것이 바람직할 수 있다. 보고서 체계가 정립이 되면 이후 점차적으로 대상 사업의 범위를 넓혀 예산설명서 형식을 갖추고, 마지막 단계에서 숫자의 나열인 예산서 형식을 작성하는 단계적 접근이 필요하다.

2) 성인지 예산서 작성의 기준이 되는 프로그램예산 단위 재설계

현행 성인지예산제도는 세부단위사업별로 작성되는 상향식 접근을 통해 작성되기 때문에 여성운동에서 기대하던 효과를 제대로 창출하지 못하고 있다. 프로그램예산서의 세부단위사업별로 29개 기관이 제출한 기관별 성인지 예산서를 단순 취합하였기 때문이다.

세부단위 사업별로 작성된 예산서는 미시적 운영단위인데 실제 여성정책에서 추구하는 가치들은 단순히 수혜자와 예산재원의 성별 분포를 넘어서는 거시적 측면들이 더 중요할 수 있다. 개별 사업들의 단순 합계가 거시적인 정책부문을 형성한다는 것이 논리적으로는 가능해도 현실에서는 쉽지 않다. 예를 들어 여성의 경제활동 참여라는 정책내용은 개별 단위의 예산사업의 묶음으로 설명이 힘들 수 있다.

이를 해결하기 위해서는 성인지 예산서를 단위사업이 아닌 한 단계 높은 프로그램 단계에서 작성하는 방안이 있다. 예를 들어 <표 6>에서와 같이, 단위사업에서 노인돌봄종합바우처에서 남성과 여성 수혜자의 숫자 보다는 노인의 의료보장에서 남녀 평등이 어느 정도 실현되어 있는지를 분석하는 것이다. 이는 성인지 예산 제도의 도입 취지를 보다 적극적으로 구현할 수 있는 장점이 있다. 하지만 세부 단위사업들이 프로그램과 체계적으로 연계된 목표-수단 틀이 형성되어 있지 않고 임의적으로 분류되어 있다면 프로그램 단위의 예산서 작성은 별도의 작업이 된다. 이는 현재 운영중인 성별영향평가제도와 중복될 수도 있다.

또한 프로그램 예산서를 구성하는 부문-프로그램-단위사업의 체계를 조정하는 작업이 선행되어야 하는 경우도 있다. 성과관리체계와 예산관리 단위체계가 반드시 일치하지 않는 특성이 있어 현실적으로 쉽지 않다. 정책체계는 연관성을 중심으로 비전전략과 주요 사업들을 유기적으로 연계할 수 있다. 하지만 예산은 재원관리의 투명성과 회계처리의 문서부담을 동시에 고려해야 하기 때문에 정책운영체계와 예산관리체계를 구체적으로 일체화시키기는 쉽지 않다.

정부간 재정관계의 변수를 고려하면 상황은 더 복잡해진다. 현행 사회정책에 대한 재정사업들은 지방자치단체를 일선행정기구로 활용하는 복잡한 정부간 복지재정관계의 틀에서 운용된다. 사업에 따라서는 중앙정부나 지방정부가 단독으로 수행하는 경우도 있지만 중앙-광역-기초-NGO로 연결되는 중층적인 전달체계를 형성한 사례도 많다. 따라서 사회서비스 분야의 복잡한 전달체계를 모두 고려하여 프로그램 예산서를 작성하기는 쉽지 않다. 더욱이 사업담당자들은 프로그램 구조나 정부간 관계의 전체의 틀을 고려하여 예산재원을 배분하고 사업을 관리하지 않는다. 자신이 맡은 책임과 권한의 범위내에서 단위사업을 기준으로 사업을 운영한다.

이러한 경우 단위사업의 담당자들에게 성인지예산서의 프로그램 단위에서 분석과 평가보고서를 제출하도록 요구하기는 쉽지 않다. 많은 경우 사업담당자들은 자신이 맡고 있는 개별 단위사업 관리에 충실한 편이며 정책부문이나 프로그램 전체를 이해하고 체계화시키지는 않는 경향이 있다.

▮표 6. 우리나라 프로그램 예산의 구조

<table>
<tr><th>분야
(장)</th><th>부문
(관)</th><th>(실국/과)</th><th>프로그램
(항)</th><th>(회계/
기금)</th><th>단위사업
(세항)</th><th>(세부사업)
(세세항)</th><th>편성비목
(목)</th><th>통계
비목</th></tr>
<tr><td>사회
복지</td><td>노인·
청소년</td><td>(노인정책국)</td><td>노인의료
보장</td><td>(일반
회계)</td><td>노인돌봄
종합바우처</td><td>-사업운영
-지자체보조
…</td><td>-인건비
-경상이전
…</td><td>…
…
…</td></tr>
<tr><td colspan="2">기능
(사회개발)</td><td colspan="2">조직
(보건복지부)</td><td>회계분류</td><td colspan="2">사업</td><td colspan="2">품목</td></tr>
</table>

▮표 7. 노인복지정책의 프로그램 구조(예시)

노인복지 정책 (부문)				
프로그램		단위사업		
기초 복지	건강 관리	장기요양(시설)	시설안전관리	생활체육지원
		노인건강진단비	재활요양	건강관리 상담
		치매노인상담센터	노인성질병예방	정신보건
	영양 관리	재가노인 식사배달	영양교육	
		경로식당 지원		
	권리 보호	사할린한인 지원	노인의 날 등 행사	법률구제
		노인단체지원	노인보호전문기관	노인긴급전화
		경로연금	노인복지상담원	학대방지
		노인보호전문기관	옴부즈만	
일상 생활	생활 지원	농어촌재가복지시설	지역사회시니어클럽	노인봉사활동봉사료
		노인복지시설기능	재가노인복지시설	노인문화예술제
		심부름	노인종합복지관 운영	노인교실 운영
		교통편의(이동)	경로당 운영비 지원	노인 봉사대 활동
		주택지원	노인생활시설운영	서울가정도우미운영
		가정안전	지역봉사활동참여	노인교통수당
	노인 부양자 지원	네트워크 구축	교육훈련 지원	
		정보제공	보호자휴식지원	
		가족결연		
경제 활동	노인 일자리지원	공동작업장장비보강	노인일자리 사업	연령제도개편
		공동작업장운용지원	고령자직업훈련	

결국 특정 사업들의 성과들이 균형을 이루지 못하여 상위의 정책범주에서 성과관리체계는 이빨 빠진 접시가 될 수 있다. 이러한 정책분야에서 성인지 예산서를 작성하기 위해서는 별도의 담당자를 지정하거나 외부의 전문기관에 기능을 위탁하는 방안들을 검토해야 한다.

품목별 예산 관점에서 프로그램과 성과의 차원으로 전환시켰던 성과주의 예산 혹은 성과관리제도는 10년 정도의 시간이 소요되어 기본 구조에 대한 합의가 형성되었다. 따라서, 전체 정부 부처를 대상으로 일시에 성분리 통계를 프로그램 예산서에 반영하도록 요구해서는 곤란할 것으로 판단된다. 예산배분의 기준이 바뀌어야 하고 자원배분의 효율성이 입증되어야 기존의 관행이 전환될 것이다. 예산자원은 다분히 정치적인 이해관계가 있기 때문에 기대만큼 합리적으로 개편되기 힘들다는 점을 현실로 인정해야 한다.

3) 성별분리통계 확보, 예산분류기준 개편, 그리고 유관 정책 연계

성인지 예산서를 작성할 때 현실적으로 겪고 있는 큰 애로 요인 가운데 하나는 재정사업별로 성별 분리 통계가 없다는 점이다. 국가통계법에서는 정부가 조사하는 통계를 성별로 분리하여 정리하도록 규정되어 있다. 하지만 국가통계법의 적용을 받지 않은 다양한 각종 정책통계에서는 성별 분리 자료를 확보하기 쉽지 않다. 많은 사업들이 성중립적이거나 몰성적 관점에서 수행되고 있으며 SOC와 복지시설 등과 같이 집합적인 시설투자에서는 성별 영향들이 식별될 가능성을 거의 고려하지 않고 정책이 관리되고 있다. 이러한 상태에서 성인지 예산서를 작성하고 성별 영향 효과들을 분석하는 것은 현실적으로 쉽지 않다.

지방자치단체 수준에서는 관련 통계자료 확보가 더욱 어렵다. 별도의 통계관리 부서가 있어도 규모가 크지 않고 역할은 제한적이다. 현재와 같이 중앙정부에 대한 재정의존성이 높으면 독자적으로 통계를 생성하여 정책의 성과를 관리하는 것이 특별한 의미를 가지지 못하는 지방자치의 현실적인 여건도 있다.

그런데, 재정사업의 영향을 여성과 남성의 이원적으로 구분하는 것이 쉽지 않을 뿐 아니라 바람직하지 않은 경우도 있다. 이러한 사업에 대해 인위적으로 통계를 분류하는 것은 정책의 목적을 왜곡시킬 수 있다. 예를 들면 보육과 노인돌봄 등의 예산사업의 혜택은 상당히 복합적이다. 돌봄서비스를 제공하는 부양자 뿐 아니라 서비스를 받는 피부양자에게도 재정사업의 혜택이 있기 때문이다. 가족을 위한 각종 돌봄사업에서는 이러한 예산사업들이 특히 많으며 양성평등정책에서도 중요한 정책영역이다. 따라서

성별분리통계를 작성할 때 여성과 남성의 구분이 애매한 사업에서는 현재와 같은 “남성”, “여성” 이외에 “가족”이라는 중립적 혹은 복합적인 분류항목을 추가할 필요가 있다.

다른 한편으로 현재 확보될 수 있는 성별분리 통계들이 개별 부처에서 적극적으로 일관성있게 활용되기 위해서는 예산단계 이전인 정책관리 단계에서의 각종 계획들이 유기적으로 연계될 필요가 있다. 우선적으로 양성평등정책에서 가장 중요한 국가기본계획 보고서라고 할 수 있는 ‘여성정책기본계획’에서 가능한 다양한 형태의 부문별 성분리 통계들이 활용되어야 한다. 이들 통계정보들이 실제 정책을 담당하고 있는 해당 부처의 중장기 부문 전략계획에 동일하게 반영되어 있어야 한다. 그리고 프로그램 예산의 구조와 여성정책기본계획의 세부 내용들이 일치 혹은 효과적으로 연계될 수 있도록 관련 기관들간 인식 및 정보를 공유할 수 있는 노력이 필요하다.

성별영향평가보고서에서 관련 성별분리통계를 생산·활용하여도 기본 정책이나 예산 통계로 활용되지 못하였다는 점을 감안하면 성별분리 통계의 생산 보다는 예산 프로그램에서 성 인지적 관점이 적용되어야 하는 이유와 근거가 먼저 명확히 설정되어야 한다. 이를 위해서는, 성별 분리 통계를 사용한 성인지 예산이 프로그램별로 예산자원배분에 효율적으로 활용될 수 있는 사례들을 제공해야 한다.

예산 사업의 담당자들은 대부분의 예산사업들에 대해 성중립적이라고 인식하기 때문에 성별분리통계의 활용에 의미를 부여하지 않는 경향이 있다. 정책부서에서는 성별 분리 통계를 작성해도 실제 예산부서에서는 활용하지 않을 수 있다. 따라서, 한정된 예산서의 분량 내에서 성별분리 통계가 포함되어야 하는 이유가 명확하게 정리되어야 한다. 이를 위해서는 성별분리 통계에 대한 인식이 희소한 예산자원의 최적 배분을 위해 효과적으로 사용될 수 있다는 경험과 증거가 필요하다.

소관부처별로 독립적으로 운용하고 있는 정책 및 통계관리 방식에 대한 종합적인 연계 작업도 필요하다. 예를 들어, 2005년도 성별영향평가 심층

분석 대상이었던 '취업애로중증장애인 집중지원사업'에서는 정책의 초점과 예산편성의 기준이 달라서 예산과정에서 성분리 통계가 활용될 수 있는 가능성이 크지 않다.

여성정책기본계획에서는 취업애로 중증장애인을 위한 특별한 정책통계는 없으며 다만 여성장애인 고용률 확대 속에서 포함되어 있다. 이와는 달리 성별영향평가 보고서와 보건복지부의 프로그램 예산서에서는 중증장애인의 직업재활 사업으로 구체화되어 있다.

▌표 8. 취업애로중증장애인 지원사업 관련 성분리 통계의 활용·연계 비교

	여성정책기본계획(2007)	성별영향평가(2005) (심층분석보고서)	보건복지가족부 프로그램 예산서(2008)
주요내용	2-1-3 여성장애인 권익증진 (여성장애인고용률 20.2%)	-여성장애인 605,679명(전체 35.6%) -중증여성장애인 비중(13.8%) -장애인 근로자 실태조사(5년단위 조사) -한국장애인고용촉진공단의 5개권역별 센터 프로그램 결과보고서에서 성별통계 확보 (2004년 전체616명 중 67.4%가 중증장애인, 이중 여성장애인은 156명으로 25.3%)	6. 장애인직업재활 <세부사업> -장애인생산품판매시설 지원 -장애인 직업재활시설 기능보강 (162개) (한국장애인복지진흥회) -장애인 생산품인증제
비고	중증여성장애인에 대한 독립항목은 없음	한국장애인고용촉진공단 프로그램에 한정된 성별분리통계	예산편성에서 성별분리 관점이 적용되지 않고, 시설별 예산 지원으로 이용자 개인별 뿐 아니라 성분리통계를 사용하지 않음.

자료 : 윤영진 외(2008).

전자에서의 성별 분리 통계는 장애인고용촉진공단에서 5년마다 실시하는 '장애인 근로자 실태조사'와 5개권역별 센터의 직업훈련 수료생에 대한 정보에 바탕으로 두고 통계를 작성하였다. 보건복지가족부의 예산은 한국장애인복지진흥회가 운영하는 '장애인 직업재활시설 기능보강(162개소)'을 위해 편성되었다. 즉 개인 보다는 시설 지원에 초점을 맞추고 있기 때문에 개인별 성별 분리 통계가 예산편성과정에서 사용되지 않았다. 시설별 예산 자원 배분 기준에서 이용자의 성별 통계가 고려될 수 있지만 성별영향평가에서는 그러한 정보들은 사용되지 않았다.

4) 성인지 예산제도의 담당부서 변경과 개별 법으로 독립

성인지 예산제도를 총괄관리하는 담당기관은 기획재정부의 사회예산심의관실 문화예산과이다. 기획재정부에서 여성정책을 지원하는 예산제도를 운영하는 것이 적절한 지 여부는 제도 초기부터 논쟁 거리였다. 기본적으로 중앙예산부서는 국가 재원의 관리자로서 방패의 역할을 한다. 관리 통제의 관점에서 국가 공공재원 지출을 감독한다. 이는 정책 주창과 예산지출 확대를 지향하는 개별 정책부서의 반대편에 위치한다. 중앙예산부서는 예산에서의 통제 권한은 강력해도 지출을 확대하는 기능은 약하다. 기관 고유의 속성상 가능한 지출을 축소하려는 규범을 가지고 있다.

성인지 예산제도가 국가재정법에 규정되어 있고 부처가 신속하게 재정규범으로 수용될 수 있게 전파하는 과정에서 기획재정부의 권한과 기능은 전략적으로 매력이 있었다. 하지만 정착과 확산단계에서도 여전히 유효한 지에 대한 고민이 필요하다. 여성예산의 확대를 지향하면서 기획재정부가 성인지 예산제도를 운영하는 것은 논리적으로 모순이 될 수 있다. 더욱이 사회복지예산들은 소비적 특성 때문에 가능한 축소하는 것이 바람직하다는 재정규범이 전제되어 있는 사회예산심의관실에서 사회예산에 속하는 성인지 예산제도를 통해 관련 예산재원을 확대하는 역할을 담당하는데는 한계가 있을 수 있다. 따라서 성인지 예산제도를 담당하는 주체에 대한 재설정 논의가 필요하다.

이와 아울러 국가재정법으로부터 성인지 예산서의 조항을 분리하여 별개의 독립 법으로 운영하는 방안에 대해서도 검토할 필요가 있다. 국가재정법은 중립적인 상태에서 국가의 재정을 총괄 관리하는 기본법이다. 이러한

법령에 특정한 정책 이익이 개입되어 있는 조항들이 포함되었다는 것은 정치적 타협의 산물을 스스로 인정하는 것이 된다. 이것은 중장기적으로 성인지 예산제도의 법적 정당성을 제한하는 부작용을 창출할 가능성이 있다. 여성정책의 긍정적 측면에서 해석되기 보다는 국가재정법의 혁신 입법을 위한 타협의 부산물이라는 지위 이상을 가지기 힘들게 된다. 이는 정책이 의도하는 긍정적 가치가 제대로 확보되기 못하고 필요 이상의 비판적 의견들을 양산하게 될 위험도 있다.

5) 지방재정에서의 성인지 예산제도 정착과제

성인지 예산서의 관리체계를 지방재정에서도 수용할 경우, 현재 중앙정부에서 발생하는 쟁점들을 그대로 안게 된다. 중앙예산부처와 달리 지방의 예산부서는 관련 기능을 총괄할 역량이 상대적으로 더 취약하다. 더욱이 최근의 많은 재정사업들이 복잡한 정부간 재정관계로 얽혀 있어 지자체가 주도적으로 추진하는 사업들이 점점 감소하고 있기 때문에 중앙정부의 지침을 단순히 수용만 하는 문서작업에 그칠 가능성도 많다.

이러한 상황에서 중기지방재정계획과 같이 지방재정의 성인지 예산제도 도입은 실효성이 의문시 되는 또다른 예산 문서를 만들게 된다. 성인지예산서를 지방의회에 제출하면 지방의회에서 심도 있는 예산심의 자료로 활용해야 한다. 하지만 실제 정책의 이해관계가 없는 행정안전부에서 작성하는 표준적인 지침을 수용하면 지방의회에서 관심을 가지기는 더욱 힘들게 된다. 정답맞추기식 문서 작성 이상의 수준에서 지방재정 성인지 예산서의 형식과 추진체계에 대한 고민이 필요하다.

우선 지역사회에서의 필요성 인식 확산과 공감대 형성이 중요하며 성인지 정책에 대한 지방의원들의 관심도를 높여야 한다. 예산안 심의기간에 지방의회에 부속서류로 제출했을 때, 지방의원들이 예산심의에서 의미있는 정보로 참고하지 않으면 무용지물이 된다.

둘째, 예산서 작성 단위에 대한 고민이 필요하다. 사업별 예산제도가 아직 완전히 정착되지 않은 가운데 새로운 예산단위를 추가하거나 기존의 사업별 분류 기준을 수정하는 것은 쉽지 않을 수 있다. 기존의 예산단위를 그대로 운용하면 성인지적 특성이 제대로 반영되지 않을 수도 있다. 이는 이론 보다는 현실의 문제이다.

셋째, 사회복지서비스나 농업 분야에서는 국고보조사업이 많기 때문에 중앙정부의 성인지 예산서와 정책 혹은 사업의 내용을 연계해야 한다. 그런데 중앙정부 예산서 자체가 충분하지 않다고 지적받고 있어 중앙정부의 지침과 예산재원 배분방식을 그대로 수용하는 것이 바람직한 것인지에 대한 논의가 필요하다.

7. 맺음말

양성평등 수준이 높은 뉴질랜드의 경우는 성인지 예산서가 없다. 모든 정책을 고려할 때 양성평등 요소가 당연히 반영되기 때문이다. 뉴질랜드의 사례는 우연이 아니다. 양성평등과 성인지적 정책이 일관성있게 추진되었던 역사의 산물이다. 사회적 가치에서 변화를 유도하기 위해서는 꾸준한 노력이 중요하다.

사회정책에서는 지역, 소득, 연령 등과 같은 사회지표가 고려되어 정책이 만들어지고 예산이 배분된다. 성인지 예산서는 이제 모든 재정사업에서 새로운 정책변수로 '양성평등'을 고려되어야 한다는 것을 의미한다. 그런데, 성인지 예산이 주창하는 성주류화 가치가 자연스럽게 수용되기 위해서는 이 제도가 지역사회의 생산성과 발전 그리고 주민들의 삶의 질을 높일 수 있다는 '책임'에 대한 확신이 있고 또 그것이 실현되어야 한다.

구체적으로는 지난 수십년동안 정부 정책관리의 기본 틀로 정립되어 있는 결과지향적 성과주의와 성인지 예산제도가 유기적으로 연결될 수 있어야 한다. 여기에서는 예산재원의 배분에 따른 구체적인 성과책임을 강조한다. 성과책임에서는 효율성에 대한 시장책임과 함께 성과에 따른 재원배분이라는 개인책임도 동시에 부과된다. 더욱이 조직과 인사관리를 정책과 연계시키고 마지막으로 예산재원배분과도 결합시키는 통합성과관리체계를 강조한다. 성인지 예산제도가 다양한 예산서 형식들 가운데 우선순위를 가지기 위해서는 주류 예산부문에서 작동하고 있는 통합성과관리체계에서 의미있는 위치를 차지해야 한다.

■ 참고문헌

김경희(2003). 성인지적 예산도입을 위한 시론적 연구: 지방자치단체 여성정책 예산분석 사례를 중심으로. 「한국여성학」, 19(1).

김영옥 외(2009). 「성인지 예산제도화 방안 연구(III) : 성인지 예산서 작성 모니터링 및 추진 역량강화 방안을 중심으로」. 한국여성정책연구원.

김영옥 외(2007). 「해외의 성인지 예산 : 다양성과 정책적 선택」. 한국여성정책연구원.

박노욱 외(2008). 「성인지 예산 제도화 방안 연구(Ⅱ) : 성 인지 예산서(안)의 시범작성 및 추진체계 구축방안을 중심으로-성인지 예산사업의 성과관리방안」. 한국여성정책연구원.

손병돈(2001). 성인지적 관점에서 1991-2000년간 보건복지부 예산의 변화 추이 분석. 「사회과학연구」, 5. 평택대학교 사회과학연구소.

오관영(2011). 납세자 책임과 지방예산감시운동의 성과와 과제 : 참여예산을 중심으로. 한국조세연구원 재정네트워크 세미나 발표 자료.

윤영진 외(2008). 「성인지 예산 제도화 방안 연구(Ⅱ) : 성 인지 예산서(안)의 시범작성 및 추진체계 구축방안을 중심으로-성인지 예산제도의 추진체계와 실행 방안」. 한국여성정책연구원.

윤영진 외(2011). 「사회서비스정책론」. 나눔의 집.

이재원 외(2005). 「고령화 및 미래사회 대응을 위한 재원확보 및 효율적 운용방안」. 고령화 및 미래사회위원회 보고서.

이혜경 외(2001). 「성인지적 보건복지 예산분석 및 편성 집행의 방향」. 보건복지부.

조혜련(2011). 성인지 예산의 이해와 사례. 부산여성가족개발원 강의교재.

한국여성민우회(2001)., 「지방자치단체 여성정책과 예산의 새로운 패러다임」. 심포지움 자료.

Budlender, D. ed.(1996). *The Women's Budget*, South Africa Cape Tawon : IDASA.

Elson, Diane(1998). "Talking to the Boys: Gender and Economic Growth Models". Celile Jackson & Ruth Pearson ed., *Feminist Visions of Development: Gender Analysis and Policy* (Routledge).

Sharp, Rhonda(2002). *Gender Responsive Budgets: Multiple Strategies and Guiding Goals. Gender Budget Initiatives: Concepts and Experiences,* United Nations Development Fund for Women(UNIFEM). United Nations, New York.

제3장

지방대 사회계열 졸업생의 취업 실태와 과제

- 부경대 행정학과 사례 -

이찬구

1. 서론

최근 전 세계적인 경기침체 여파로 청년실업의 문제가 더욱 큰 사회적 이슈로 부각되고 있다. 통계청이 발표한 2011년 6월 고용동향에 따르면 청년층 실업률이 7.3%로 작년 동월보다 0.9% 높아진 수치를 보여 청년층의 취업난이 심화된 것으로 보인다고 밝혔다. 이와 같이 날로 청년취업난이 심해지고 있어 학교 교육과정을 통한 학생들의 취업지원 요구도 함께 증가되고 있다. 하지만 현재 학교에서는 학생들이 원하는 만큼의 체계적인 지도가 이루어지지 못하고 있다.

부경대학교의 종합인력개발원 창업·취업지원센터가 2011년 2월에 발간한 「취업준비도 설문조사 분석 결과보고서」에 따르면 설문조사 응답자의 대부분이 취업 시기를 2~3학년부터 시작해야 한다고 답해 저학년부터 취업준비의 필요성을 인식하고 있으나, 학생들이 실질적으로 취업을 준비하는 시기는 대부분 3~4학년으로 나타났다.

청년취업난을 고려해 볼 때, 각 학년별로 부합하는 체계적인 지원 체계의 마련이 필요하나 학교의 교육프로그램은 3~4학년 중심의 구직에만 집중되어 있다. 최근 청년취업관련 연구에서 전공 몰입도가 높을수록 취업률도 함께 증가하는 것으로 보고되고 있는데 이에 따라 저학년의 경우에는 전공에 대한 뚜렷한 진로목표설정 프로그램이 마련되어야 할 것이다.

이 글은 부경대학교 행정학과가 배출한 졸업생들의 취업 현황과 경로를 분석하고, 졸업생들이 재학 중에 취업을 위해 어떠한 노력과 활동을 하였는지 알아보고자 하는 목적에서 수행되었다. 2009년 가을 졸업생부터 2011년 봄 졸업생까지를 대상으로 부경대 행정학과가 배출한 졸업생들을 대상으로 취업 현황과 경로, 배경을 분석하였다.

졸업생의 취업현황을 분석하기 위해 다음과 같은 자료를 수집하였다. 우선적으로 취업 또는 미취업 현황을 조사한 다음에, 취업자를 대상으로는 (1) 취업형태, (2) 평균 학점, (3) 인턴·봉사활동·해외연수 등의 특별활동, (4) 영어 등의 어학 성적, (5) 기타 취업에 도움이 된 활동을 조사하였다.

위와 같은 자료를 확보하기 위한 방법으로는 1차적으로 졸업생 및 그 가족을 대상으로 직접 전화 통화를 통해 취업 여부를 조사한 뒤, 2차적으로 취업자의 E-Mail을 통해 설문지를 배부한 뒤 답변을 받는 식으로 조사를 실시하였다. 이상과 같이 졸업생의 취업현황 조사를 위한 자료수집 방법과 조사일정은 <표 1> 및 <표 2>와 같이 정리할 수 있다.

▮표 1. 졸업생 취업현황 조사 일정

조사 일정 및 개요 작성	5월 19~20일 (2일간 실시)
설문지 작성	6월 10일 (1일간 실시)
조사 실시	6월 14일~7월 22일 (35일간 실시)
코딩 및 결과 분석	7월 21일~7월 22일 (2일간 실시)
최종 보고서 작성	7월 22일~7월 25일 (4일간 실시)

▮표 2. 졸업생 취업현황 조사 개요

항목	내용
조사 대상	2009년 8월 졸업생 ~ 2011년 2월 졸업생 총 179명
기간	2011년 6월 14일 ~ 2011년 7월 22일
방법	전화 통화 및 E-Mail, 인터뷰
질문 주요 내용	1. 취업 여부 2. 현재 근무처 3. 졸업 학점, 복수(부)전공 여부, 재학 중 휴학 기간 4. 어학 성적 및 자격증 보유 여부 5. 인턴 및 봉사활동 유무와 기간, 해외 연수 경험 유무와 기간 6. 그 외 학과 생활에 대한 의견

2. 부경대 행정학과 졸업생 취업현황

1) 졸업생 취업 여부

2009년부터 2011년 2월 현재까지 행정학과 졸업생은 총 179명이었다. 이들을 대상으로 전화조사를 실시한 결과 취업자 92명, 진학자 2명, 미취업자 54명으로 조사되었으며, 취업자 92명 중 설문지 응답자 46명분의 데이터를 확보하였다.

▮표 3. 2009년 8월 ~ 2011년 2월 졸업자 현황

(단위 : 명:)

	취업자	미취업자	진학자	미상	계
2009~2010	29	22	2	29	82
2010~2011	63	23	2	7	97
계	92	47	4	36	179

2) 현 근무처

설문조사에 참여한 취업자 총 46명에 대해 현재 근무처를 분석한 결과, <표 4>와 같이 공무원 17명, 중소기업 12명, 공기업 4명, 금융기관 4명, 대기업 2명, 기타(학원 강사, 진학자, 인턴) 7명으로 나타났다. 행정학과 학생들이 졸업 후 전공 관련 분야인 공무원, 공기업에 재직하는 것뿐만 아니라, 대기업, 중소기업, 금융기관 등의 다양한 직종에 종사하고 있음을 알 수 있다.

■표 4. 취업형태별 현황

(단위 : 명)

구 분		공무원	중소기업	공기업	대기업	금융기관	기타	합계
2010	신규취업	3	6	1	–	1	–	11(24%)
	기취업	3	–	–	–	–	–	3(7%)
2011	신규취업	10	4	2	2	3	7	28(61%)
	기취업	1	2	1	–	–	–	4(9%)
합계		17 (37%)	12 (26%)	4 (9%)	2 (4%)	4 (9%)	7 (15%)	46

■그림 1. 취업자 직업별 분류

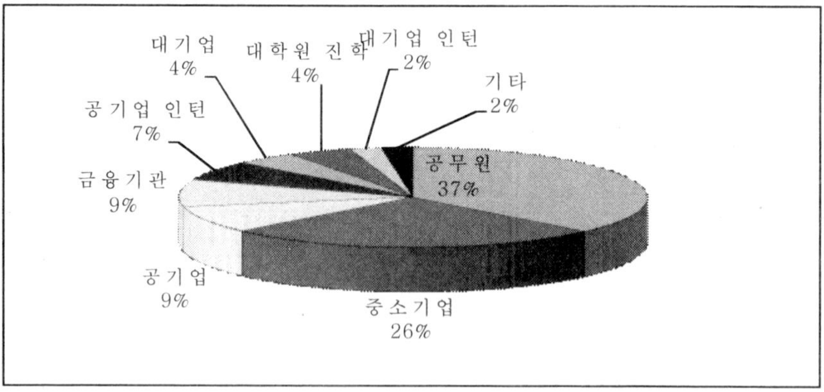

3) 졸업생 평균 학점

조사자 46명 중 졸업 학점이 2.5점미만 학생은 2명, 2.5점 이상 ~ 3.0점미만은 8명, 3.0점 이상 ~ 3.5점미만은 9명, 3.5점 이상 ~ 4.0점미만은 21명, 4.0점 이상은 6명으로 나타났다. 이들의 학점을 계산해본 결과 평균 3.49점으로 나타났다.

▮표 5. 취업별 학점 현황

(단위 : 명)

		4.0 이상	3.5이상 4.0미만	3.0이상 3.5미만	2.5이상 3.0미만	2.5 미만	합계
신규 취업자	공무원	1	7	–	3	2	13(28%)
	중소기업	1	4	5	–	–	10(22%)
	대기업 및 공기업	1	3	1	–	–	5(11%)
	금융기관	–	3	1	–	–	4(9%)
	기타	3	3	–	1	–	7(15%)
	공무원	–	–	1	3	–	4(9%)
기 취업자	중소기업	–	1	1	–	–	2(4%)
	대기업 및 공기업	–	–	–	1	–	1(2%)
합계		6 (13%)	21 (46%)	9 (20%)	8 (17%)	2 (4%)	46 (100%)

4) 복수전공

취업자 46명 중 복수전공을 이수한 학생은 총 7명(15%)으로 매우 낮은 비율을 나타내었다. 학생들이 이수한 복수전공은 경제학과(3명), 신문방송학과(2명), 일어일문학과(1명), 법학과(1명)의 순으로 나타났다. 이상과 같은 행정학과 졸업생의 복수 전공 현황은 <표 6>과 같이 종합할 수 있다.

▌표 6. 취업별 복수전공 현황

(단위 : 명)

		신문 방송학과	일어일 문학과	법학과	경제학과	합계
신규취업자	공무원	1	–	–	–	1
	중소기업	1	1	–	–	2
	대기업 및 공기업	–	–	1	1	2
	금융기관	–	–	–	2	2
	기타	–	–	–	–	0
합계		2	1	1	3	7

▌그림 2. 복수전공 유무

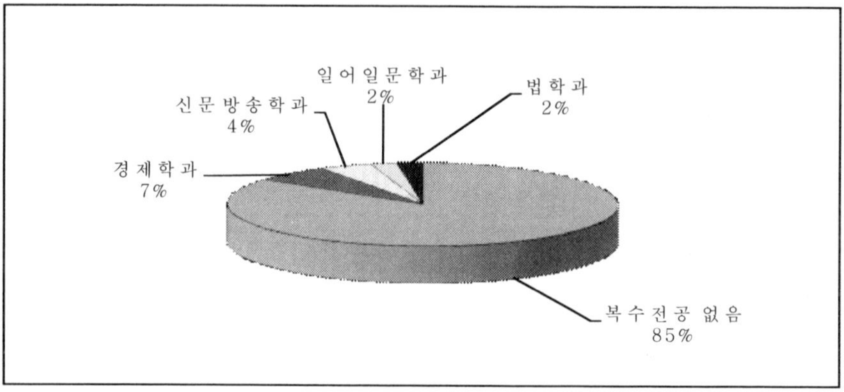

5) 재학 중 휴학 여부 및 그 사유

군 입대를 위한 군 휴학과 질병으로 인한 휴학 기간을 제외한 순수 일반 휴학 여부를 조사하였는데, 취업자들의 재학 중 휴학 여부 및 그 사유는 <표 7>과 같다. 대체로 휴학 없이 곧바로 졸업한 졸업생들이 15명으로 가장 많았으며, 그 다음으로 12개월이 12명, 36개월 7명, 24개월 6명, 6개월 5명, 18개월 1명 순으로 나타났다. 휴학 사유는 대체적으로 공무원이나 개인적인 공부를 위해 휴학하였다고 답하였으며, 해외 어학연수 및 워킹 홀리데이, 여행 등을 위해 휴학을 한 사례도 있었다.

▌표 7. 휴학기간

(단위 : 명)

		36개월	24개월	18개월 ~ 12개월	6개월	없음	합계
신규취업자	공무원	5	3	4	–	1	13(28%)
	중소기업	1	1	4	1	3	10(22%)
	대기업및 공기업	1	–	3	1	–	5(11%)
	금융기관	–	1	1	1	1	4(9%)
	기타	–	1	–	2	4	7(15%)
기취업자		–	1	–	–	6	7(15%)
합계		7 (15%)	7 (15%)	12 (26%)	5 (11%)	15 (33%)	46 (100%)

▌그림 3. 재학 중 휴학 기간

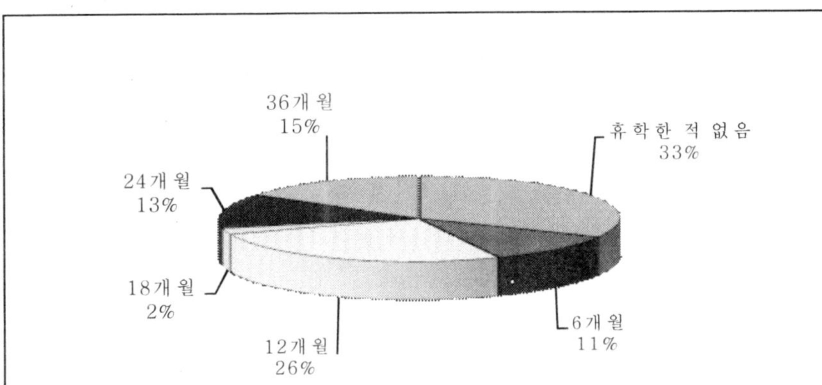

6) 어학성적 현황

조사자 46명 중 대다수인 30명이 가장 보편적인 영어 시험인 TOEIC 점수를 보유하였으며 평균은 794.83점이었다. TOEIC 점수를 보유한 졸업생 중 5명은 TOEIC Speaking 레벨도 함께 보유하고 있었는데 이들의 평균 레벨은 6.4인 것으로 나타났다. 이는 응시자들이 자신의 의견을 표현하거나 복잡한 요청에 응답할 수 있다는 능력을 지녔다는 것을 뜻한다.

TOEIC을 제외하고 IELTS, OPIC나 일본어구사능력을 나타내는 JLPT, 기타 KBS 한국어 능력시험에 응시하여 해당 점수를 보유하고 있는 학생들도 있었다. 이상과 같은 취업자들의 어학성적 현황은 <표 8> 및 <표 9>와 같이 종합할 수 있다.

▮표 8. 어학성적 현황

	TOEIC	TOEIC Speaking	JLPT	IELTS	OPIC	KBS 한국어 능력검정
보유 인원 (명)	30	5	4	1	1	1
평균 점수	794.83점	Lv.6	2.75급	8점	Lv. IH	4+급

▮표 9. 취업자별 토익성적 현황

		900점 이상	800점 이상	700점 이상	600점 이상	합계
신규 취업자	공무원	–	2	3	3	8(27%)
	중소기업	–	3	3	–	6(20%)
	대기업 및 공기업	2	3	–	–	5(17%)
	금융기관	1	2	–	–	3(10%)
	기타	1	2	1	1	5(17%)
기 취업자	공무원	–	–	–	1	1(3%)
	중소기업	–	1	–	1	2(7%)
합계		4(13%)	13(43%)	7(23%)	6(20%)	30(100%)

7) 자격증 취득현황

조사자의 대다수인 34명이 1개 이상의 자격증을 보유하고 있는 것으로 응답하였고, 자격증을 6개나 보유하고 있는 학생도 있었다. 자격증의 종류를 살펴보면 워드프로세서나 컴퓨터활용 능력을 비롯하여 컴퓨터 관련 자격증이 가장 많았으며 금융 관련 자격증과 한자 능력, 비서나 공인중개사 등 기타 자격증을 보유한 조사자들도 있었다.

▮표 10. 취업자별 자격증 보유현황

	인원	비율	평균 보유 개수	최다자격증 (개수, 비율[1])	2번째로 많은 자격증	3번째로 많은 자격증
공무원	13	34.3%	2.1	사무자동화, 워드프로세서 (7개, 24.1%)	한자자격증 (4개, 13.8%)	
중소기업	10	25.6%	2	사무자동화 (4개, 20.0%)	워드프로세서 (3개, 15.0%)	한자자격증, 부기, 컴퓨터활용능력 (2개10.0%)
금융기관	4	10.3%	3.5	각종 자산관리사 (6개, 42.9%)	증권투자상담사, 펀드투자상담사 (2개, 14.3%)	
공기업	3	7.7%	2.3	자산관리사 (2개, 28.6%)		
대기업	2	5.1%	3	자산관리사, 정보처리(기능사, 산업기사) (2개, 33.3%)		
기타	7	17.9%	2.3	사무자동화, 워드프로세서 (2개, 28.6%)		
합계	39	100%				

주 : 각 취업형태별 졸업생들이 보유한 전체 자격증 수에서 해당 자격증 수의 비율.

8) 인턴 활동 현황

조사자 중 12명(현재 근무자 포함)만이 인턴 활동 경험이 있다고 응답하였고, 근무 기간은 평균 6개월 미만으로 나타났다. 이들은 주로 행정학 전공 분야와 관련된 정부기관에서 인턴 활동을 많이 하였으며 은행 등 금융기관이 그 다음 순으로 많았다. 대부분 현 직장과 연관된 인턴 활동을 수행함으로써, 사전에 실무경험을 충분히 쌓았으며 인턴 경험을 통해 준비된 인재로서 현 직장에 종사하고 있음을 알 수 있었다.

▌표 11. 인턴 활동 현황

	정부 기관	금융 기관	민간 기업	계
인원(명)	5	7	5	17

9) 봉사활동 현황

조사자 중 39%에 해당하는 18명이 봉사활동 여부에 응답하였으며 봉사활동 내용으로는 학습지도, 각종 행사의 지원, 농촌봉사활동 등 다양하게 나타났다. 이것으로 행정학과 졸업생들이 다양한 봉사활동을 통해 높은 봉사정신을 함양하고 있음을 알 수 있었다.

10) 해외연수 현황

조사자 46명 중 해외연수를 다녀온 졸업생은 불과 7명에 그쳤으며, 대부분 취업 분야에서 '외국어 능력'을 많이 중시하는 만큼 주로 영어권 국가인 캐나다, 호주 등에 영어 능력 향상 목적으로 어학연수를 다녀온 자가 대다수였다. 그 밖에 중국, 미국 등에 교환학생으로 다녀온 학생들도 있었으며, 해외연수 기간은 평균 6개월로 조사되었다.

11) 학과 공부에 대한 만족도

조사자 중 행정학 전공에 대한 만족도 질문에서 총 46명 중 3명이 '매우 만족', 9명만이 '만족'한다고 응답했으며, '보통'이 14명, '불만족'이 18명, '모름/무응답'이 2명으로 대체로 졸업생의 과반수가 학과 공부에 대한 만족도가 보통 이상임을 나타내었다. 그러나 불만족이 18명으로 전체 응답자 중 39%정도가 학과 공부가 취업에 도움이 안 된다고 답하여 상대적으로 낮은 평가를 보였다.

▌표 12. 행정학 전공 만족도

항목	매우 불만족	불만족	보통	만족	매우 만족	모름/무응답	합계
인원(명)	0	18	14	9	3	2	46

▌표 13. 취업자별 전공 만족도

		매우 불만족	불만족	보통	만족	매우 만족	무응답	합계
신규취업자	공무원	–	2	5	4	2	–	13 (28%)
	중소기업	–	6	2	–	1	1	10 (22%)
	대기업 및 공기업	–	2	–	3	–	–	5 (11%)
	금융기관	–	3	–	–	–	1	4 (9%)
	기타	–	2	3	2	–	–	7 (15%)
기취업자		–	3	4	–	–	–	7 (15%)
합계(명)		–	18 (39%)	10 (30%)	9 (20%)	3 (7%)	2 (4%)	46 (100%)

12) 학과 공부가 현 직장에서 업무 수행에 도움 되는 정도

'행정학 전공지식이 현 직장에서 업무를 수행하는데 도움 되는 정도'에 대한 응답 결과는 <표 14>와 같다. '매우 도움이 된다'가 1명, '다소 도움이 된다'가 14명, '보통이다'가 9명으로 행정학 전공에 관한 만족도와 비슷하게 졸업생의 과반수가 학과 전공지식이 현 직장에서 업무를 수행하는데 도움이 된다고 응답하였다. 그러나 역시 '별로 도움이 안 된다'에 응답자 중 41%에 해당하는 19명이 답하여 다소 평가점수가 낮음을 알 수 있었다.

▮표 14. 학과 공부의 업무수행 도움 여부

항목	전혀 도움안됨	별로 도움안됨	보통	다소 도움됨	매우 도움됨	무응답	합계
인원(명)	1	19	9	14	1	2	46

▮표 15. 취업자별 업무수행 도움 여부

		매우 불만족	불만족	보통	만족	매우 만족	무응답	합계
신규 취업자	공무원	1	3	4	4	-	1	13 (28%)
	중소기업	-	6	1	3	-	-	10 (22%)
	대기업 및 공기업	-	2	-	2	1	-	5 (11%)
	금융기관	-	2	1	-	-	1	4 (9%)
	기타	-	3	3	1	-	-	7 (15%)
기취업자		-	3	-	4	-	-	7 (15%)
합계(명)		-	19 (41%)	9 (20%)	14 (31%)	1 (2%)	2 (4%)	46 (100%)

한편, 행정학과 졸업생들의 전공에 대한 평가 및 만족도는 졸업생들의 취업형태에 따라 상당한 차이가 있음을 알 수 있었는데, 대체로 정부기관 및 타 부문에 종사하고 있는 졸업생들의 만족도는 높은 반면 민간 기업에 취업한 졸업생들의 만족도는 이에 비하여 매우 낮은 것으로 나타났다. 다만 표본수가 많지 않기 때문에 이에 큰 의미를 두기는 어려울 것으로 판단된다. 한편 공무원 및 정부기관의 취업자의 경우 전공 자체에 대한 만족도는 높은 편이지만, 학과 커리큘럼, 수업방식 등에 대한 만족도는 낮았다.

13) 취업에 도움이 된 활동

'현 직장에 취업하는 데 도움이 된 활동'에 대한 응답은 <표 16>에서와 같이 어학연수가 전체 조사자 중 12명으로 가장 많았고, 다음으로 컴퓨터 등 각종 자격증 취득이 8명, 봉사활동 6명, PASS·모국위 등 동아리 활동 5명, 그 외 인턴경험 4명, 그밖에 기타 활동 9명, 기취업 3명, 모름/미응답자가 2명으로 조사되었다. 기타 활동으론 신문구독, 교수와의 간담회, 직장체험, 스터디 등을 들었다.

▮표 16. 취업에 도움 된 활동

		어학연수	자격증	봉사활동	동아리활동	인턴경험	기타	무응답	합계
신규 취업자	공무원	2	6	1	2	–	2	–	13
신규 취업자	중소기업	4	2	1	1	–	1	1	10
신규 취업자	대기업 및 공기업	2	–	–	–	1	–	–	3
신규 취업자	금융기관	1	–	–	–	3	–	–	4
신규 취업자	기타	3	–	1	1	–	2	–	7
기취업자		–	–	3	1	–	2	1	7
합계(명)		12	8	6	5	4	7	2	46

14) 취업형태별 종합현황

지금까지 분석한 여러 사항을 종합하여 행정학과 졸업생들의 취업현황을 종합하면 <표 17>과 같다.

▮표 17. 취업별 종합 현황

		평균 학점	복수전공	토익 평균점수	휴학기간 (월)	합계
신규 취업자	공무원	3.38	1명 (신문방송학과)	738.75	24	13
	중소기업	3.44	2명 (신문방송학과, 일어일문학과)	474.00	18	10
	공기업	3.80	1명 (법학과)	896.67	18	3
	금융기관	3.71	2명 (경제학과)	873.00	10.5	4
	대기업	3.45	1명 (경제학과)	860.00	12	2
	기타	3.8	-	818.00	5	7
기 취업자	공무원	2.93	-	640(1명)	24(1명)	4
	중소기업	3.45	-	717	-	2
	공기업	2.96	-	-	-	1

3. 맺음말

1) 요약 및 정책제언

2010년 부경대학교 단과대학별 전체 취업률 중 인문사회과학대학 졸업생의 취업률은 46.2%로 조사되었다.[1)] 그 중에서도 2010년 행정학과 졸업생의 취업률은 48.8%로 유아교육과, 영어영문학부, 디자인학부 다음으로 인사대 평균 취업률보다 높은 편임을 알 수 있다. 특히나 행정학과 졸업생들 중에는 공무원 시험 준비생이 다수 포함되어 있음을 감안한다면, 행정학과 졸업생의 취업률이 그리 낮은 편이라 하기는 어려울 것이다.

본 조사는 행정학과 졸업생의 취업을 위주로 분석하였으며, 이를 토대로 졸업생의 취업 활성화 및 다양화를 위해서 어떠한 노력이 필요한지를 검토하고 재학생의 취업진로지도를 위한 기초 자료로 활용될 수 있을 것이다.

본 조사의 주요 내용을 요약하면 다음과 같다.

첫째, 2009년 8월부터 2011년 2월까지 졸업한 행정학과 졸업생 179명 중 취업자 92명을 대상으로 취업 설문조사를 실시하여 현재 취업현황에 대한 데이터를 획득·분석하였다. 그 결과 학생들이 졸업 후 전공 관련 분야인 공무원, 공공기관 등의 정부기관에 대부분 취업하고 있음을 알 수 있었다. 뿐만 아니라 대기업, 중소기업, 금융기관 등의 다양한 직종에 종사하고 있었으며, 이들의 평균학점은 3.5점 이상이 58%이고 TOEIC 점수는 평균 794.83점으로 조사되었다. 또한 취업준비를 위해 각종 자격증을 취득하고 해외연수, 인턴활동, 봉사활동 등 다양한 대외활동을 수행하였다.

둘째, 부경대 행정학과 졸업생 중 공무원 및 정부기관의 취업자의 경우

1) "2010년 부경대 졸업생의 취업특성 및 재학생의 취업지원 수요 분석"결과에 따르면 졸업생의 취업률은 인사대 46.2%, 자연대 43.9%, 경영대 50.7%, 공과대 62.1%, 수산대 58.7%, 환경·해양대 63.3%였다.

전공 자체에 대한 만족도는 높은 편이었지만, 민간 기업에 취업한 졸업생들의 만족도는 이에 비하여 매우 낮은 편이었다. 또한 전반적으로 학과 커리큘럼, 수업방식 등에 대한 만족도는 낮은 것으로 나타났다.

셋째, 최근 다양한 취업 활동이 제기되고, 재학생 및 졸업생들의 취업 지원 활동에 대한 관심이 커져가는 상황에서 졸업생의 취업 현황을 분석하고 그 문제점을 밝혀낸 뒤, 이를 해결할 수 있는 다양한 취업 지원 프로그램을 제공하는 것이 중요하다 할 것이다.

앞으로 행정학과에서는 전공과 관련된 공무원 인재 양성뿐만 아니라 학교에서 다양한 채용정보의 입수와 이들 정보의 신속한 제공으로 다양한 직종에 구직을 희망하는 재학생 및 졸업생을 체계적으로 관리해야 할 것으로 판단되며, 학교뿐 아니라 재학생 스스로도 취업에 있어서 외국어능력 향상, 전문지식 습득과 실질적으로 원하는 것이 무엇인가에 대하여 지속적으로 학교와 소통하며 정보를 습득할 수 있도록 학교와 행정학과에서 많은 기회 제공을 해야 할 것으로 판단된다.

2) 조사의 한계와 문제점

첫째, 우선 본 조사의 가장 큰 문제점은 조사자들에게 배포한 설문지의 회수율이 낮았다는 점에 있다. 조사대상자 92명 중 46명(50%)만이 응답을 해주어, 낮은 표본 수치로 인해 조사결과를 보편적으로 적용하기엔 연구의 신뢰성이 다소 떨어지는 한계를 안고 있다.

특히나 졸업한 지 2년이 지난 졸업생의 경우, 연락처 부재 등의 이유로 연락이 되지 않는 경우가 빈번하여 조사자 선정에 애로사항이 많았으며 조사대상자들의 비협조가 가장 큰 문제점으로 작용하여 설문지 회수가 무척이나 저조하였다. 이는 졸업생들 중 어학성적·자격증 취득여부 등 지극히 개인적인 스펙을 공개하기를 꺼려하는 조사자들이 많았기 때문이며, 회신을 한 조사자들 중에서도 업무가 바쁘다는 이유로 설문지 내용을 성실히 기입하지 않은 사람들이 많았다.

둘째, 작성한 설문 문항에서도 많은 오류가 발견되었다. 설문지를 작성할 때 조사내용이나 조사도구가 중요하며 설문 문항의 순서나 질문의 표현이 그만큼 설문 결과에 영향을 끼칠 수밖에 없다. 본 조사에서는 정확한 자료 수집을 위해 명목이나 순서형 척도 등을 사용하기보다는 조사대상자가 직접 정보를 설문문항에 기입하는 식으로 진행되었는데, 이로 인해 획득한 자료를 분석하는 데 어려움을 겪었다.

셋째, 설문지의 협조를 구하기 위해 설문지를 배부한 뒤에 조사 대상자에게 뒤늦게 소정의 선물을 하는 방식으로 조사를 진행하였다. 이로 인해 반복해서 전화를 하는 시행착오를 겪었다. 또한 조사자의 업무 시간에 전화를 함으로써 업무로 바쁜 조사자들에게 불편함을 끼치게 되었다.

이상과 같은 시행착오를 토대로 하여, 향후의 지속되는 연구에서는 실질적인 조사 착수 전에 조사자들 간에 많은 토론과 사전 연구를 거쳐 체계적이고 효과적·능률적인 연구를 수행할 수 있도록 해야 할 것이다.

제4장

한국 사회자본 형성의 한계와 전망*

허용훈 · 허철행

1. 문제의 제기

최근 한국의 사회과학계를 중심으로 사회자본에 대한 관심이 증가하고 있다. 이는 사회자본의 증가가 국가나 지역사회의 발전과 밀접한 상관관계를 가지고 있기 때문이었다. 사회자본이 축적된 사회나 국가는 구성원들의 신뢰와 상호관계가 활발해져 행복감을 증가시키며, 사회적으로는 거래비용을 줄여 경제발전을 촉진시키고 아울러 정부의 효과성도 증진시킨다고 한다(Putnam:1993;박희봉,2002:5;전영평, 2002:129).

지역간 사회경제적, 문화적, 삶의 질적 차이 등에 대하여 기존 이론의 설명보다는 사회자본 수준의 차이로 설명하고 있다. 따라서 사회자본을 높은 수준으로 축적할 수만 있다면 국가와 사회의 발전이 가능하다고 설명한다.

이러한 설명이 주목받는 또 다른 이유는 이런 논의가 '범용적 일반론'이기 때문이다. 사회자본 축적의 효과는 국가, 지역, 자치단체, 조직 등 다차원적으로 적용할 수 있다고 한다. 국가와 대륙을 달리하는 지역적 차이에도 적용가능하며, 국가, 자치단체, 조직 등 규모면에서 차이가 있는 실체 모두에게도 적용될 수 있다고 한다.

---

* 이 글은 한국행정논집(2007) 제19권 제1호에 게재된 논문이다.

또 하나 지적할 수 있는 것은 한국의 정부주도형 국가발전모델의 한계의 대체할 수 있는 하나의 대안으로 사회자본론이 제시될 수 있다는 점이다. 정부주도형 국가발전모델은 한국의 산업화 초기에 있어서는 상당한 성과를 지니는 강력한 모델이었지만 고도 산업사회로 진입하고 있는 작금의 한국의 국가발전모델이 되기에 한계가 있다는 것이 일반적인 중론이다.

결국 이를 대체할 수 있는 다른 모델이 있어야 하는데 '사회자본축적론'이 하나의 대안이 될 수 있다는 것이다. 사회자본을 높은 수준으로 축적시킨다는 것은 사회적 신뢰와 높은 수준의 규범, 이를 근거로 하는 사회적 연계망이 형성되어 있다는 것을 말하는 데 이것들은 보다 높은 수준의 국가발전을 위한 원동력이 될 수 있다고 한다.

그러나 최근 제기되는 사회자본에 관한 관심은 사회자본의 긍정적 효과에만 지나치게 초점이 맞추어져 있다. 사회자본은 한국국가발전의 한계를 극복할 수 있고, 지역발전의 핵심적 요소이며, 조직효과성의 중요한 원인이기 때문에 사회자본 축적에 심혈을 기울려야 한다는 방향으로 논의가 진행되어 어떻게 사회자본을 형성할 수 있는가에 대한 논의가 대종을 이룬다.

하지만 이런 사회자본론은 이론과 실증적 검증이 충분하지 않기 때문에 '사회자본은 좋은 것'이라는 사고를 기본전제로 축적방안만을 논의하는 것은 자칫 한국사회의 발전을 위한 실용적 방안을 제시하지 못할 수 있을 뿐만 아니라 이론적인 타당성도 획득하지 못할 수도 있다. 사회자본론을 둘러싼 이론적인 한계점을 검증하지 못한다면 많은 논의에도 불구하고 한계점이 극복되지 않을 수 있다. 또한 한국적 현실에 입각한 실증적 검증을 거치지 않는다면 한국현실에 실용대안으로 가치가 퇴색하게 될 것이다.

사회자본론에 대한 무비판적인 수용은 한국의 사회자본 형성과 축적을 저해하는 요인으로 여겨질 수 있다. 따라서 본 연구에서는 최근 한국에서 논의되고 있는 사회자본론의 이론적 문제점과 사회자본 형성에 있어서 한국적 한계점을 중점적으로 논의하게 된다. 이를 바탕으로 한국 사회자본형성의 한계점을 극복할 수 있는 방안과 향후 전망을 타진하고자 한다.

2. 사회자본론의 한계

1) 사회자본론 모델의 한계

사회자본론 논의가 주목 받게 된 것은 사회자본의 형성 내지 축적에 의해서 발전이 추진될 수 있다는 가설에 입각하고 있기 때문이다(Coleman, 1988; Putnam,1993). 사회자본에 영향을 미치는 요인들은 시민들의 사회자본 참여나 개인의 사회경제적 배경, 지역특성, 인터넷이용, 공동체형성유무 같은 것들이다(박희봉, 2002:10;오홍석,2002:36;강용배, 2003:197). 이런 영향요인들은 사회자본형성에 영향을 미치고, 다시 사회자본은 거버넌스와 경제발전, 사회단체활성화, 가정과 조직의 생산성과 효과성 증진에 긍정적인 영향을 미치게 된다는 것이다.

사회자본론이 핵심적으로 가지는 이 모델의 설명력으로 말미암아 최근 사회과학계가 많은 주목을 하고 있다. 그러나 이런 설명은 설득력이 있는 부분도 있지만 어떻게 보면 논리가 충분하지 못한 부분도 있다.

먼저 지적할 점은 과연 사회자본이 경제발전이나 사회발전의 핵심적 요인으로 논의할 수 있는가 하는 점이다. 시민들의 사회단체참여, 개인의 사회경제적 배경, 지역적 특성, 인터넷이용 이런 것들이 긍정적인 사회의 규범이나 신뢰, 네트워크를 형성하고 사회자본이 형성되게 되고, 다시 형성된 사회자본이 거버넌스의 구축이나 경제사회발전에 기여하게 된다는 식의 모델을 가지고 국가나 사회의 발전이라는 현상을 설명할 수 있는가 하는 점이다. 과연 세계 각국의 경제발전이 사회자본이 주요한 요인이 되어 이룩되었는가 하는 점이다.

사회자본론의 인과관계를 다시 생각해 볼 수 있는 근거는 여러 가지 방면으로 지적될 수 있다. 먼저 고려해 볼 수 있는 것은 사회자본이 경제발전의 원인이 된 것이 아니라 경제발전으로 인하여 사회자본이 형성될 수 있다는 가능성이다. 서구의 산업화과정을 살펴보면 사회자본의 축적에 의해서 산업혁명과 경제자본이 축적되었다고 하기 어렵다. 오히려 경제적 자본주의의 발전에 의해 시민사회의 성숙이 진행되고, 이로 인하여 사회자본이 형성되어 국가사회의 균형적 발전에 기여하게 된 것이라는 설명이 더욱 설득력을 지닐 수 있다.

사회자본이 경제발전의 독립변수가 된 것이 아니라 오히려 종속변수가 되거나 상호작용적인 입장에 있다는 설명이 가능하다. 개발도상국의 경제발전 또한 사회자본으로 설명할 수 있는 부분은 한정적이다. 경제발전 과정에서 시민들의 참여에 의해 사회자본이 형성되고, 축적된 사회자본으로 산업화와 경제발전을 이룩했다고 보는 시각은 많지 않을 것이다. 오히려 권위주의 시대의 통제된 사회에서 대통령의 리더십, 발전을 위한 국민적 열망 등이 국가발전의 핵심적 요소라고 보는 것이 더 타당할 것이다.

'왜 서구지역의 자본주의적 경제발전이 다른 지역보다 선행하여 진행되었는가'하는 점 또한 사회자본론으로 설명하기 곤란하다. 이런 종류의 논의에 뚜렷한 답변이 있는 것은 아니지만 최소한 서구지역의 사회자본이 비서구지역 보다 높았기 때문에 자본주의적 경제발전이 이루어졌다는 식의 논의는 설득력이 약해 보인다. 서구 자본주의 경제발전의 결과로 사회자본이 형성되었다고 한다면 서구의 사회자본도 경제발전의 독립변수라기보다 경제발전의 산물, 종속변수라고 설명하는 것이 더욱 타당성 있어 보인다.[1)]

또 하나의 지적할 것은 사회자본이 경제발전의 핵심적 요인은 아니지만 상황변수가 될 수 있다는 점이다. 리더십론을 근거로 예를 들어 보자. 사회자본이 형성되어 있는 상황이나 환경을 지닌 사회와 국가는 리더십이 훨씬 더 잘 작동하여 국가, 사회 그리고 조직의 효과성에 효율적으로 작용할 수

1) 산업화이전에 서구사회에 이미 사회자본이 강하게 형성되어 있었다는 주장은 다분히 '서구 우월주의'에 입각한 것이다.

있다는 식의 설명이 가능하다면 사회자본은 주요 독립변수이기 보다는 상황변수로 취급할 수 있다. 최근의 많은 논의들은 사회자본을 발전의 핵심적 독립변수로 미리 전제를 하고 연구에 임하고 있어서 이런 가능성을 경험적으로 검증해 보아야 하지만 상황변수성이 고려 될 수 있는 가능성은 있다고 생각된다.

사회자본이 다양한 분야 발전의 핵심적인 요소가 아니라 상황변수나 부수적 요인이라고 한다면 최근 사회과학계에서 유행처럼 일어나고 있는 사회자본을 중심으로 발전현상을 설명하려는 경향은 재고되어야 한다.[2)]

2) 일반화의 한계

사회자본론은 아직 이론적 정리가 충분하지 않은 논의이다. 그러다보니 하나의 이론틀을 가지고 다양한 분야에 다차원적으로 사용하고 있다. 서구와 같은 고도 산업화사회와 개발도상국, 저개발국가 등 대륙과 국가를 가릴 것 없이 적용되고 있으며, 국가차원과 지방자치단체차원, 그리고 개별조직 간에 적용되어지면서 조직내부에도 설명을 시도하고 있다.[3)]

---

2) 외국 이론들에 대한 무비판적인 수용경향은 한국의 학계에 지속적으로 있어 왔다. 이는 물론 한국사회나 국가를 설명하는 자생적 이론이 충분하지 못한 탓이다. 그렇지만 외국이론을 도입할 때에는 이론의 한계점에 대한 충분한 검토를 거치고 아울러 한국적 적실성을 검토하여 조심스러운 적용을 모색해야 한다. 최근 거버넌스론이나 사회자본론은 이론에 대한 충분한 검토가 선행되지 못하였다고 생각된다. 신공공관리론, 신관리주의, 거버넌스론, 공공선택론 등의 공통적 요소는 정부불신이다. 정부에 의한 국가운영이 한계가 있으며 더 이상의 발전을 담보하지 못한다는 불신이 폭넓게 내재되어 있기 때문에 시장과 시민사회부문을 활용하는 방법론을 고려하게 된다. 사회자본론은 정부불신을 표면적으로 나타내고 있지는 않으나 시민사회에 존재하는 신뢰와 네트워크, 규범 등을 활용한다는 차원에서 본다면 정부주도적 발전모델의 대안적 성격은 지니고 있다고 하겠다.

3) Coleman(1988), 박희봉(2002) 등은 조직 내의 사회자본에 대한 논의를 시도하였으며, Putman(1993)과 후쿠야마(1995) 등은 지역간, 혹은 국가의 사회자본론을 설명하고 있다.

각 분야와 각 차원의 특성이 다름에도 불구하고 동일한 이론틀을 사용하는 것은 사회자본론의 강점이라고 할 수도 있겠으나 각 분야의 특성을 획일적으로 고려함으로써 이론의 설명력이나 적실성을 떨어뜨리는 원인이 되기도 한다. 저개발국가나 개발도상국가의 경우 사회자본을 형성하는 요인이나 조건들이 부족하기 때문에 많은 사회자본론자들이 지적하듯이 사회자본이 충분히 형성되어 있지 못하다.

따라서 그 나라들에 있어서 발전은 비관적이다. 사회자본이 발전의 핵심요소라는 사고로 판단한다면 사회자본이 형성될 때까지는 국가의 발전은 요원하기 때문이다. 사회자본의 형성에 대하여 논의를 할 수 있지만 사회자본으로 발전을 추진하겠다는 논의는 현실성이 떨어지게 되는 것이다.

마찬가지로 국가내부에서도 수도권과 비수도권지역, 또는 도시와 농촌지역간의 사회자본의 차이는 존재한다고 본다면 사회자본론으로 설명할 수 있는 정도도 다 다르게 나타날 수 있다.[4] 아울러 대륙간, 국가간, 국가 내부의 지역간 차이를 고려하지 않는 사회자본론은 설명력의 한계에 부딪칠 수 있다. 특히 조직내부의 사회자본과 국가사회차원의 사회자본을 동일한 이론적 구조로 논의하는 것은 지나친 일반화로 인한 오류발생이 우려된다. 다차원적으로 사용할 수 있는 범용적 일반론을 구성할 수 있다면 매우 바람직하고도 유용하다. 그러나 모든 부분에 있어서 구분없이 시행될 수 있는 공통적 설명변수의 존재를 전제하고 설명하는 것은 무리가 있다고 본다.

3) 개념구성의 한계

사회자본론에 대하여 지적하지 않고 넘어갈 수 없는 것은 사회자본의 개념문제이다. 사회자본을 규정한 각 학자들의 개념을 살펴보면 다음과 같다.

4) 일반적으로 사회자본은 상업자본과는 달리 자본이 상쇄되는 것이 아니라 다른 지역에 상관없이 증식될 수 있다고 보고 있다. 그러나 임정호(2001)의 연구에 따르면 사회자본이 특정 지역에 집중되게 되면 다른 지역의 사회자본이 감소될 수 있다는 주장을 하고 있어서 흥미롭다.

사회자본론이 태동하게끔 한 원류와 같은 학자가 A. Tocqueville인데 그는 19세기 미국사회 구성원 개개인이 단체를 구성하여 서로의 필요를 충족시켜 주고 공공의 이익을 추구하는 성향을 사회자본이라 칭하였다.

공동체정신, 사회규범, 공동의 문제에 대한 자발적 참여, 공공재에 대한 책무와 기회주의의 배격 등이 미국사회를 발전시키는 요소로 인식했던 것이다(이종수, 2001:68). 최근 사회자본론을 제기한 하바드 대학의 Coleman은 사람들 간의 관계에서 공통의 목적을 위해 조직 내에서 결속하고 함께 일할 수 있는 능력으로 인간관계 내에 존재하는 가치로서 조직의 생산성을 증가시키며 특정한 목표의 성취를 가능하게 하는 것이라고 규정하고 있다(Coleman, 1988:98;전영평, 2002:133).

Putnam은 사회자본을 상호간의 이익증진을 위한 조정과 협조를 용이하게 하는 네트워크, 규범, 사회적 신뢰와 같은 사회조직의 특성으로 규정하고 있다(Putnam, 1993:최창수, 2000:219). 또한 Fukuyama(1995:23)는 특정 사회에서 혹은 사회의 특정 부문에서 신뢰의 확산에서 생기는 능력을 사회자본으로 보고 있다. 세계은행(World Bank, 2000)은 사회자본은 사람들이 바람직한 목표를 성취하는 행동을 상호조정할 수 있도록 하는 사회적 구조에 간직된 규범과 사회관계라고 정의한다. 미시간대학 사회자본연구회(SCIG, 1998)는 사회자본을 다른 사람 혹은 단체에 대하여 한 개인 혹은 다른 단체가 가지고 있는 동정심과 책임감으로부터 비롯되는 잠재적 이익, 편익 및 우대(preferential treatment)로 정의하고 있다.[5)]

먼저 지적할 것은 사회자본론자들 스스로가 인정하고 있듯이 사회자본에 대한 통일적 개념이 없다는 사실이다(박희봉, 2002b:223). 사회자본이

---

5) 미국 미시간 주립대학교에 설치되어 있는 사회적 자본에 대한 학제간 연구단체로 The Social Capital Interest Group의 약자이며, 1998년 4월 사회적 자본에 대한 최초의 국제학술회의를 주관한 바 있다(소진광, 2000:100). 한국에서는 대체로 Putnam의 정의를 많이 사용하는 것으로 보인다. 약간의 변형을 시도하고 있지만 박희봉을 비롯한 많은 사회자본론자들은 네트워크, 규범, 신뢰 등을 중심으로 개념규정을 시도하고 있다.

사람들 간의 사회적 상호관계에 기초하고 있다는 점은 모두 수용하고 있지만 진작 무엇이 사회자본인가에 대해서는 학자마다 다르다.

사회자본이라는 용어는 같지만 사회자본론자 개개인이 생각하는 사회자본은 모두 다르다. 공통적 요소는 있지만 강조하는 내용은 다르다. Fukuyama는 신뢰를 강조하고 있으며, Coleman은 조직내 결속능력, Putnam은 조정과 협조를 위한 네트워크나 규범, 미시간 대학의 사회자본연구회는 동정심, 책임감으로 비롯되는 잠재적 편익 등을 강조하고 있다. 개별 학자들이 사용하는 사회자본의 개념이 다를 뿐만 아니라 강조하는 특성도 다 다르다. 말하자면 사회자본론자들은 사회자본에 대한 논의를 하면서 각기 다른 사회자본을 말하고 있는 것이다.

이와 같은 사회자본 개념의 다양성과 포괄성은 이론 구성에 있어서 개념적 혼란으로 이어져 이론적 수준이 체계화되는 데에는 많은 시간이 필요할 것으로 보인다(박우순, 2004: 96).[6)]

4) 연구 방법론적 한계

사회자본의 개념은 매우 포괄적이고 추상적이기 때문에 연구 방법론상의 한계에 직면하고 있다. 문제는 사회자본을 어떻게 실체적으로 측정해내는가에 있다. 사회자본은 다양하게 정의되고 있어서 이를 측정하기 위해서는 많은 종류의 측정도구가 필요하게 된다. 당연히 통일된 측정도구가 존재할 수 없고 각기의 측정도구나 방안으로 측정된 것 모두가 사회자본으로 불리고 있는 것이다.

국제사회나 국가간, 국가내부, 조직간, 조직내부 등 사회자본론의 연구범위는 광범위할 뿐만 아니라 각기 다른 수준으로 이루어져 있기 때문이

---

6) 박우순(2004)은 학문분야별로 사회자본을 달리 개념정의하고 있다고 주장한다. 예컨대 사회학자들은 사회관계에서 개인이 획득할 수 있는 정부, 아이디어, 지지 등을 주로 다루고 있는데 반해 정치학자들은 시민사회에 있어서 사회단체에 참여정도와 본질 등에 초점을 맞추어 사회자본을 정의한다는 것이다.

사회자본을 측정하는 것은 매우 어렵고 지난한 작업이다. 국가수준의 측정 방법을 다른 수준에 적용하기 어려울 것이며, 마찬가지로 조직내부에서 활용하는 연구방법을 국제사회수준에서 그대로 사용하기 어려울 것이다.

사회자본을 구성하는 하위요소들 또한 추상적이기 때문에 사회자본의 실체를 가늠하기 더욱 어려워진다. Putnam의 사회자본을 예를 들어 보자. 그는 주로 신뢰나 규범, 네트워크 등을 사회자본으로 포함시키고 있는데 이들 개념들은 모두 가치지향적인 성향이 있는 것들이어서 계량화하기 매우 어려운 것이다. 일부 학자들은 설문문항으로 이를 측정하려는 시도를 하고 있으나 사람 개개인에게 물어보는 주관적 측정치를 가지고 사회의 신뢰수준이나 규범의 정도, 네트워크의 정도를 측정하는 것은 매우 일부분만을 측정하게 된다는 비판을 받을 수도 있다. 즉 설문조사로 나타난 수치들이 과연 우리사회의 신뢰와 규범, 네트워크를 나타내는 객관적 측정치인가 하는 논란이 있을 수 있다.[7)]

사실 신뢰나 규범, 네트워크 등 개별 요소들이 독자적으로 중요한 연구대상이 되는 주제들이다. 그리고 이들 주제들에 대한 체계적인 이론이나 안정적이고 객관적인 측정방법이 부재한 상태이기 때문에 이들 개념들 또한 개념형성의 혼란을 겪고 있는 셈이다. 명확히 측정되지 못하는 개념들을 혼합하여 사회자본이라는 상위개념을 만들고 있는 실정이기 때문에 사회자본의 실제로 측정해 내기란 매우 곤란하게 된다. 일반적으로 인정된 측정방법의 부재는 사회자본 개념의 혼란을 가중시키는 또 하나의 주요 요인이다(오석홍, 2002: 31;강용배, 2003: 194).

7) Fukuyama(1999)는 학자들 간에 사회자본을 측정하는 방법에 대한 합의가 부족하다고 지적한다.

3. 한국 사회자본 형성의 한계

1) 미완성 시민사회

이상과 같은 이론적 한계에도 불구하고 사회자본은 한국의 국가발전을 강화시키는 요인으로 작용할 수 있다. 권위주의 시대 정부주도형 국가발전 모델은 효용성이 약화되었다는 것은 공감하고 있지만, 이를 대체할 수 있는 새로운 발전모델이 정착되지 못하고 있다. 하나의 가능성으로 고려해 볼 수 있는 것이 시민사회 중심적 국가발전모델이다. 성숙된 시민의식을 바탕으로 하는 시민사회의 발전은 한국의 정치, 경제, 사회, 행정 부문에 영향을 미치게 되고 이는 한국 국가의 미완성도를 극복할 수 있는 방안이 된다. 사회자본의 형성은 시민사회 중심적 국가발전에 핵심적 요소이다.

사회자본을 형성하기 위한 한국 시민사회의 현실은 낙관적이지 않다. 사회자본의 형성을 위해서 시민사회의 발전은 필수불가결한 요소이며, 시민사회의 발전을 표방할 수 있는 것은 자발적 결사체, 즉 시민사회단체의 존재이다.[8] 그러나 한국 시민사회단체의 현실은 매우 열악하다. 특히 시민들의 수평적 결사체에 대한 참여는 아직 미흡한 수준이다. 사회적 공익 증진을 목표로 하는 시민사회단체에 가입하여 활동하는 시민들의 비중은 매우 낮은 것이 사실이다. '시민없는 시민사회단체, 시민없는 시민운동'이 계속되고 있는 것이다(성도경·박희봉·장영철, 2004: 13).

특히 수평적 결사체에 대한 가입은 극히 미미한 수준이지만 친목회, 동창회, 종교단체와 같은 권위적, 수직적 결사체에 대한 가입은 활성화되어 있는 편이다. 아울러 수평적 결사체라 할지라도 몇 몇 소수의 엘리트에 의해 주도되어 조직 내부에서 수평적으로 운영되지 못하는 경우도 많다. 결국 이런 한국적 상황으로는 공익증진을 위한 사회자본의 형성은 한계가 있

8) 특히 정부와 수평적 관계의 사회단체의 존재가 사회자본형성의 필수적 요건이라고 한다(성도경 · 박희봉, 2004: 437)

을 수밖에 없다. 권위주의적 결사체가 많은 것은 아직도 한국사회에 전근대적 사고가 잔존하고 있다는 사실을 입증하고 있는 것이다.

혈연, 지연, 학연과 같은 연고에 입각한 전근대적인 수직적 결사체의 존재는 사회자본을 증진시키는 요인으로 작용하는 것이 아니라 오히려 사회자본을 위축시키는 요인으로 작용할 수 있다. 사회자본을 단순히 상호작용에 입각한 신뢰와 네트워크, 규범으로 규정지어 버리면 전근대적 가치관에 입각한 결사체들의 작용들도 사회자본으로 고려되어 질 수 있다. 연고주의에 입각한 결사체의 활동도 사회자본의 증가로 간주할 수 있고 연고주의가 공공부문 부패의 원인이 되어 왔다는 사실을 연계시켜 해석하면 사회자본을 축적시킬수록 한국에서는 공공부패가 증가될 수 있다는 논리가 성립될 수 있다.

시민사회단체의 존재와 역할은 중앙정부–광역–기초자치단체로 갈수록 약화되어 있다. 서울이나 수도권에 있어서는 사회단체들의 활동이 활발하게 일어나는 것은 사실이지만 광역시나 기초자치단체에 있어서는 사회단체의 활동이 충분하지 못하다. 농어촌 지역의 기초자치단체는 여전히 자발적 사회단체들 보다는 권위주의 시대 만들어 졌던 관변단체 위주로 운영되고 있는 현실이다. 따라서 이들 지역에서의 정상적인 사회자본의 형성을 기대한다는 것은 매우 어려운 일이다. 사회자본형성의 여건이 나아진다고 하더라도 도시와 농어촌지역의 사회자본 격차는 심화될 수 있다. 따라서 한국 전체 사회자본의 불균형이라는 문제도 심각히 고려해 보아야 할 과제로 떠오르게 된다.

한국의 시민사회는 민주화 이후 폭발적인 시민사회단체의 증가로 인하여 급속히 발전하고 있다고는 하나 아직도 '공고화'되기는 충분하지 못하다. 무엇보다도 시민들의 참여가 부족하여 공익을 추구하는 시민사회단체가 활성화되고 있지 못하다.[9] 시민사회단체의 존재와 활동, 시민들의 참여 등이

---

9) 한국 시민사회단체의 문제점은 시민참여부족, 엘리트 중심운영, 재정부족, 백화점식 운영, 대안부족(비판을 위한 비판), 전문성 부족, 시민적 신뢰의 부족 등이 제기되어

시민사회의 성숙도를 가늠하는 하나의 척도라고 한다면 아직도 한국은 미완성 상태의 시민사회를 유지하고 있을 뿐이다.10)

아울러 한국사회의 전근대성이 충분히 극복된 것이 아니다. 이런 환경은 자연히 사회자본의 축적을 더디게 만드는 원인으로 작용한다. 한국 시민사회의 현실을 충분히 고려하지 않고 사회자본론의 이론적 구도를 그대로 적용한다면 적실성 있는 사회자본 축적의 방안이 마련되기 어려울 것이다.

2) 사회적 신뢰의 한계

한국 사회의 전반적인 신뢰의 부족은 사회자본 형성의 중요한 한계요인으로 작용한다. 신뢰부족의 원인은 다음의 몇 가지로 정리해 볼 수 있다.

먼저 정부에 대한 신뢰의 부족이다. 서구에서 이미 정부의 능력에 대한 지속적인 논쟁이 오랜 기간 지속되었다. 정부에 의한 국가운영의 한계점을 지적하면서 이제 '정부의 시대'는 지나갔다고 말하고 있다. 시장실패를 시정하려는 정부의 노력으로 복지국가라는 국정운영을 하였지만 비효율적 국정운영으로 경제위기를 가져왔다는 비판을 받게 된다. 특히 정보화시대의 도래로 인한 전 세계화 된 경제적 무한경쟁체제에서 정부주도적 국정운영은 국가경쟁력을 상실시키는 주요한 요인으로 지적되어 정부의 역할, 기능에 대한 신뢰가 상실되어 가고 있는 실정이다(Nye, 1998).11)

한국 정부의 경우는 보다 뿌리 깊은 불신의 근거를 가지고 있다. 첫째,

왔다(김영래, 1999; 유재원, 2000; 김영, 2000;김호기, 2001;차성수,2001)

10) 최근 제기된 거버넌스론이나 사회자본론 등은 국가나 사회운영의 핵심적 요인으로 성숙된 시민사회를 전제하고 있으나 사실 한국적 현실은 그렇지 못하다. 이들 이론들이 서구사회를 설명하기 위해서 나왔기 때문에 서구 국가들 보다 시민사회의 완성도가 떨어지는 한국의 현실에 접목시키기에는 한계가 있어 보인다.

11) 신자유주의 세계화에 입각한 무한경쟁체제는 대륙, 국가, 정부, 기업, 개인 등 모든 실체에게 경쟁력을 요구하고 있다. 따라서 개별 실체들 간의 상호불신의 가능성은 어느 때 보다 커져가고 있다. 경쟁상대를 믿지 못하는 불신풍조가 형성되고 있다.

과거 권위주의 시대 고압적 정부에 대한 강한 거부감은 불신의 근거가 되고 있다. 권위주의 정부는 도덕성이나 정치적 정당성의 부재라는 한계를 가지고 있기 때문에 정부정책에 대한 신뢰는 제한적일 수밖에 없다. 최근 밝혀지고 있는 권위주의 시절 추진했던 정치사회적 압박에 대하여 시민사회가 인식하면서 정부불신의 경향이 현 정부 관료제에 까지 이어지고 있다.

둘째, 최근 정부들의 정책실패 또한 정부 불신의 근거로 작용하고 있다. 권위주의 시절 형성되었던 기득권은 김대중, 노무현 정부의 정책을 신뢰하지 않고 있는 경향을 보이고 있다. 또 이 두 정부에서 추진한 일부 정책들에 있어서 나타난 문제점[12]들은 더욱 정부신뢰를 위축시키는 요인으로 작용하고 있다. 신자유주의 세계화라는 전 세계적 정부신뢰의 위축의 경향을 배경으로 권위주의 성향과 정책실패 등 한국적 특수성이 같이 작용하면서 정부에 대한 신뢰는 한계에 부딪히고 있다.

다음으로 지적할 것은 한국정치에 대한 불신이다. 한국 정치는 오랜 기간동안 권위주의 정치권력에 의해서 억압적으로 운영되어 왔다. 정치인들의 부패와 부정선거, 파행적 정당운영 등 정치의 부정적 모습들은 정치에 대한 불신을 인식시키게 되었다. 문제는 아직도 이런 현상들이 계속되고 있어서 정치에 대한 신뢰를 회복시키지 못하고 있다는 점이다. 정치에 대한 신뢰의 한계가 중요한 이유는 정치적 작용이 한국사회전체에 영향을 미치게 되기 때문이다. 한국정치에 대한 불신은 정치권에 의해서 형성된 각종 정책이나 법안에 대한 불신으로 이어지게 된다. 따라서 우리 사회 전체의 신뢰상실의 중요한 원인으로 작용한다.

최근 심각히 고려해야 하는 부분은 사회계층간 신뢰의 약화현상이 심화되고 있다는 점이다. 한국은 권위주의 정치권력과 정부에 의해서 급속한 산업화를 추진하였다. 그러나 정당성이 결여된 권위주의 정권은 산업화의 성과로 상쇄하려 하였기 때문에 산업화나 자본주의화로 인하여 발생하는

12) 복지, 조세, 교육, 주택 등의 정책분야에서 정부는 충분히 신뢰를 획득하지 못하고 있는 것으로 판단된다.

빈부격차, 노동문제와 같은 계층간 분화현상을 충분히 고려하지 않았다. 문제는 권위주의 정부가 퇴조된 이후에도 급속 산업화로 인한 빈부 간 계층분화 현상은 충분히 시정되고 있지 않다는데 있다.

빈자와 부자간의 사회적 양극화현상, 노동자와 소유주, 경영자, 정부간 벌어지는 갈등은 심각한 수준이며 이는 계층간 신뢰상실의 근거이다. 신뢰상실로 인하여 이들 계층과 집단들 간에는 상호작용이 일어나고 있지 못하다. 네트워크가 구성되기는커녕 기초적인 규범마저 마련되기 매우 어렵다.

3) 참여의 한계

사회자본형성이 한계에 부딪치게 되는 한 원인은 참여의 한계에서 비롯된다. 참여는 사회적 상호작용을 불러일으키는 원인이 되고 상호작용과정에서 신뢰와 네트워크 등이 형성된다. 정치-행정적 참여는 자발적 결사체인 시민사회단체들의 활동의 동기요인이 되기 때문에 많은 사회자본론자들이 시민참여의 중요성을 강조해 왔던 것이다.

한국에서의 참여는 매우 제한적이다. 민주화과정에서 시민참여의 가능성이 상당 부분 열려진 것은 사실이지만 형식화되고 있어서 참여를 통하여 실질적인 이익이 실현되기 매우 어렵다. 무엇보다도 시민참여의 제도적 장치가 충분하지 않다. 시민참여를 위한 공청회나 여론조사, 만족도 조사 등이 실시되고는 있으나 아직도 형식적인 측면이 많으며 실질적인 효력을 발휘하기에는 충분하지 않다. 시민 스스로도 참여를 위하여 실질적인 작용이 일어나지 않기 때문에 적극적인 참여를 위하여 나서지 않게 된다.

시민참여의 제도적 장치가 부족할 뿐만아니라 제도가 있어도 시민들에게 공보되지 않거나 형식적으로 운영된다. 이는 무엇보다도 정치권력자들이나 행정관료들의 적극성 부족과 기득권층의 저항이 원인이다. 시민들의 상시적 참여는 정치인들의 권력과 역할을 협소하게 할 수 있으며, 관료들의 자율성을 훼손하게 된다. 특히 기득권 계층은 시민참여를 통하여 자신들의 이익이 약화될 수 있다는 우려를 하게 된다. 오랜 기간 기득권화 된 이들 집단이나 계층들은 참여의 제도를 형식화시켜 시민들에 의한 공익이 실질적으로 반영되기 어렵게 한다.

시민들의 이익이나 사회공익이 다양한 참여방법을 통하여 공공정책에 반영되고 실천되는 과정을 형성하고 있다면 사회적 상호작용과 자발적 결사체들의 활동 등이 활발히 일어날 수 있을 것이며, 또 이 과정에서 신뢰도 형성될 수 있을 것이다. 그러나 한국사회는 아직 그러한 상황이 되지 못하고 있기 때문에 사회자본의 형성은 한계에 부딪힌다.[13)]

4. 한국 사회자본 형성 전략

1) 사회자본론의 개선

사회자본론의 이론적 한계에도 불구하고 한국사회를 설명하는 일정한 효용은 지닐 수 있다고 본다. 다만 다음과 같은 점들을 고려하여 이론적 체계성을 발전시켜야 하겠다.

무엇보다도 먼저 한국의 사회발전을 고려할 때 사회자본론이 제시하는 모델에 지나치게 의존하면 곤란하다고 생각된다. 사회자본으로 한국사회의 발전을 모두 설명할 수 없다. 그러므로 사회자본이 제시하는 변수이외의 요인들도 함께 고려하여 연구의 포용력을 넓힐 필요가 있다. 즉 사회자본만이 발전을 설명하는 주요한 독립변수라는 생각보다는 사회자본이 사회발

---

13) 한국 사회자본 형성과 관련한 비관적 현실 가운데 낙관적 현상도 일어나고 있는데 이것은 인터넷을 통한 상호작용이 적극적으로 일어나고 있다는 점이다. 사이버 공간에서 의사소통이나 자료나 정보의 교환이 급속하고도 엄청난 규모로 일어나고 있다. 홈페이지나 카페공간을 중심으로 다양한 자발적 결사체들이 생성되고 있으며, 이들은 사회의 각종 주제에 관하여 여론을 형성하고 있다. 익명성으로 인하여 신뢰가 상실되는 부분도 없진 않지만 사이버 결사체들은 네트워킹을 통하여 상호작용하고 있다. 말하자면 '사이버 사회자본'이 형성되고 있다.

전이나 지역발전에 어느 정도 영향을 미치는 변수인지 또 다른 변수와 비교할 때 그 정도는 어떤지 다른 변수와의 상호관계를 통하여 발전에 어떻게 작용할지, 상황변수적 기능을 하고 있는지 등, 사회자본의 다양한 변수적 작용을 타진하는 연구노력이 있어야 한다.

둘째, 개념의 통일을 위하여 학자들 간의 노력이 필요하다. 현재와 같은 수준의 다양하고 다차원적이며 포괄적·추상적 개념으로는 사회과학적 이론성을 확보하기 힘들다. 명확한 개념적 통일이 이루어지지 않는다면 공동으로 인식할 수 있는 사회자본의 영역이나 범위를 설정하는 것이 바람직하다.

셋째, 이론의 지나친 일반화를 방지하기 위한 하나의 방안은 기존 사회자본의 모델을 다양하게 유형화하여 분석하는 것이다. 국가간 비교모델과 국가 내부의 사회발전을 위한 모델, 조직간 비교모델과 조직내부에 적용될 수 있는 모델 등으로 나누어 사회자본의 이론을 세분화시켜 연구하고 그 결과를 바탕으로 해서 일반화를 시도해 볼 수 있다고 본다.

넷째, 국가와 지역, 조직의 특성을 반영한 분석을 시도할 필요가 있다. 예를 들어 서구 국가들의 시민사회의 상태와 개발도상국, 저개발국가 등의 시민사회 수준은 모두 다르다. 따라서 시민사회의 상태와 수준에 맞게 사회자본론이 수정될 필요가 있다. 특정 국가나 사회에 맞는 변수를 추가할 수 있을 것이고, 적실성이 없는 기존의 변수들은 제외될 수 있을 것이다.

다섯째, 사회자본의 개념을 이루는 하위요소들에 대하여 보다 심층적 연구가 필요하다. 예를 들어 신뢰나 네트워크, 규범 등이 사회자본을 이루는 주요 요인이라고 한다면 이들 개별 요소 자체에 대한 연구가 보다 체계적으로 진행되어야 한다. 신뢰를 통하여 사회자본이 축적된다고는 하지만 진작 신뢰는 어떻게 형성되는지에 대하여 분석이 부족하다면 사회자본에 관한 논의는 실질적이지 못하고 공허하게 된다. 이론을 위한 이론에 불과하게 되는 것이다. 사실 신뢰나 네트워크, 규범 등의 요소들도 사회자본 만큼이나 분석하기 어려운 주제들이다. 사회자본론의 이론적 논의가 건실하게 축조되려면 신뢰나 네트워크, 규범 등과 같은 하위개념에 관한 논의 또한 충분히 이루어져야 한다.

2) 한국 사회자본형성 전략

사회자본형성을 위한 전략은 두 가지로 나누어서 생각해 볼 수 있다.

첫째는 시민사회에 의한 사회자본형성이다. 이 방안은 보다 이상적인 것이다. 시민의식의 성숙에 의해서 자발적 결사체의 수나 규모, 활동, 영역이 증가되고 기능이 활성화된다면 사회적 상호작용이 증가하고 동시에 시민참여는 적극화된다. 건전한 의식을 지닌 시민들은 자발적으로나 아니면 정치권에 영향을 미쳐 공익 증진을 위한 규범을 마련할 수 있게 된다.

그러나 이 방법은 현실성이 떨어진다. 시민의식의 성숙과 시민적 참여가 어떻게 가능할 수 있을 것인가에 대한 구체적인 대안이 없는 한 이 방안은 당위에 머무르고 만다. 자발적으로 시민사회의 의식 성숙을 기다려야 한다면 언제까지가 될 것인가? 한국사회는 이미 산업사회를 거쳐 후기산업사회, 지식정보사회로 진입하고 있다. 권위주의 시절 급속한 산업화를 추진하면서 물질적이고 경제적인 부분에 있어서는 세계의 선진국들과 견줄 수 있을 만큼 진행되어 왔다.

결국 작금의 문제는 이와 같이 산업화의 수준과 속도를 영위할 만큼 정치와 시민사회의 수준이 따라가지 못한다는데 있다. 그런데 어떠한 작위적인 조치없이 그대로 내버려둔다면 시민사회 스스로 의식수준을 높여서 자발적으로 발전될 수 있을 것인가? 전혀 발전되지 못한다고 할 수는 없지만 그렇게 되기에 너무나 많은 시간이 소요될 수 있다. 아니면 그럴 가능성을 충분히 예측하기 힘들다.

사회단체들은 많은 노력을 기울이고 있음에도 불구하고 시민들의 자발적 결사체에 대한 참여는 지지부진하다. 여전히 '시민없는 시민단체', '시민없는 시민운동'이라는 현상은 계속되고 있다. 시민사회단체에 대한 참여가 미약하기 때문에 시민권력은 스스로 생성되지 못하고 있다. 시민사회에 의한 것이 아니라 제도에 의해서 만들어진 정치권과 행정권은 시민사회에 의해 통제되는 것이 아니라 몇몇 정치적 엘리트에 의해서 운용되어지고 있다. 사실 이러한 형국은 권위주의 정부시절과 크게 다를 바 없다. 소시민들은 시민참여의 수준으로 봐서 정부 정책에 시민사회의 영향력이 적극적으로 반영되지 않는 것은 과거와 마찬가지라고 느끼고 있을는지 모른다.

두 번째로 고려할 수 있는 방안은 정부에 의한 사회자본형성이다.14) 정부에 의해서 시민사회단체가 지원되고 시민사회가 활성화 된다면 사회자본이 축적될 수 있는 토대가 형성된다. 또한 정부는 정책형성과 더불어 다양한 행정적 과정과 작용에 대하여 시민참여를 적극 유도하는 제도적 장치를 마련하고 실천하게 된다면 시민사회단체들은 이에 따라서 적극적으로 활동하게 될 것이고 사회자본이 형성될 수 있다.

정부에 의한 사회자본 형성전략의 실천을 위해서는 정치-행정 엘리트들의 시민사회와 사회자본에 대한 이해와 자각이 선행되어야 한다. 시민사회를 배제한, 사회자본의 활용을 배제한 국정운영은 정당성과 민주성이 확보되지 않는다. 공공부문의 정책수행에 있어서 민주성의 결여는 시민저항을 초래하여 결국 효율적으로 추진되지 않게 된다.

작금에 있어 시민사회의 활성화와 사회자본의 축적은 공공부문의 운영에 필수적인 요소라는 정치행정엘리트들의 인식이 매우 중요하다. 서구 국가에 있어서는 장기간의 역사적 흐름에 있어 시민사회가 생성되고, 시민사회의 요구에 의해서 시민참여체제가 구축되었지만 한국의 경우는 그러한 과정을 통하여 시민사회의 성숙을 기대하기가 어렵다. 자생적으로 일정수준의 시민사회의 성숙을 기대하기는 너무도 오랜 기간이 소요될 수 있다. 따

---

14) 황영호 · 박종관(2004) 등은 시민 스스로 사회자본형성의 주체에 대하여 정부를 가장 선호하고 있다고 분석한다. 사회자본 증진의 주체에 대한 질문에서 정부 43.3%, 시민사회단체 26.5%, 교육기관 21.3%, 언론 5.7%의 순으로 응답되었다고 한다. 박희봉(2001)도 정부의 노력여하에 따라서 사회자본의 수준이 달라 질 수 있다고 본다. Evans(1996)과 Skocpol(1996) 등도 사회자본형성에 있어서 정부의 주도적 역할을 강조하고 있다.

라서 정치행정엘리트에 의해서 시민사회의 활성화를 위한 동기부여를 자극해야 한다.

정치행정엘리트는 국가적 차원에 있어 시민사회강화를 위한 정책적 고려를 추진해야 한다. 특히 시민사회단체지원을 적극적으로 강화시킬 필요가 있다. 시민사회단체의 역할이 우리 사회의 사회자본을 어느 정도 형성시킬 수 있는가는 따로 논의해 보아야 하겠지만 사회적 신뢰를 확산시키고 사회구성원들의 합의가 전제된 규범 등을 형성된 안정적 거버넌스를 구축하여야 한다면 시민사회단체의 활동과 역할이 강화되는 것이 필요하다.[15]

이를 위한 제도나 법령의 마련을 위하여 노력해야 한다. 특히 시민단체들의 정치행정과정상에 참여를 강화할 수 있는 제도적 장치를 마련하는 것이 필요하다.[16] 공식적으로나 제도적으로 시민사회단체의 참여가 강화될 수 있다면 시민들의 시민사회단체 참여가 적극화될 수 있을 것이며 새로운 사회단체들의 생성이 활발히 일어날 수 있다. 정부주도적 발전 정책은 경제발전에만 과잉 치중하였기 때문에 경제부분과 정부부문은 거대해진 반면 정치-사회 부문은 상대적으로 경제발전을 따라 가지 못하는 불균형상태가 지속되는 원인이 되었다. 시민사회의 자생적 발전에 의해서 이러한 부분간의 과도한 격차가 시정되지 않을 것으로 생각된다. 따라서 왜소한 시민사

15) NGO를 통한 적극적 시민사회의 형성은 한국의 민주화를 공고히 하고 발전주의와 신자유주의로 인한 국가의 문제점들을 극복해가는 토대가 될 수 있을 것이다. 나아가 신자유주의 세계화에 의해서 파생되는 문제점들을 해소하고 세계화의 특성을 변화시키는 요인이 될 수 있다(허철행, 2005).

16) Putnam(1993)과 Fukuyama(1995)는 사회자본 형성에서 정부의 역할과 기능을 부정적으로 보고 있다. 정부지원으로 사회자본이 형성된다면 자발성의 부재로 사회자본이 정상적으로 작동하지 않을 수 있고, 시민사회단체의 순수성에 훼손이 가해져 오히려 사회적 신뢰가 상실될 우려도 있다. 시민사회단체에 대한 정부지원의 문제점을 극복하기 위하여 시민사회단체 지원을 위한 중립적 공공기구를 마련하는 방안도 고려되어야 한다. 서구의 경우 한국보다 사회단체에 훨씬 많은 공공적 지원을 하고 있음에도 정부 또는 편파적 정치세력에 의한 지원이라는 비판에 직면한 적이 매우 드물다. 유럽의회는 시민단체에 대한 정부지원의 적정규모를 국민총생산대비 0.3%로 권고하고 있으나 한국의 수준은 정부예산에서 조차 0.05%에 지나지 않는다.

회 부분을 강화시킬 수 있는 적극적 노력을 개진하여야 한다.

단 여기서 고려해야 하는 부분은 공적인 지원에 의해서 시민사회단체를 지원하는 정책은 시민사회단체 활동의 순수성이 왜곡될 수 있다는 우려가 제기될 수 있다는 점이다.[17] 그러나 순수성훼손이나 편향성을 극복할 수 있는 제도적 장치를 마련해서라도 정부나 공공적 운영기관에 의한 시민사회활성화 지원책은 이루어져야 한다. 시민사회 스스로 성숙되어 활성화되기 까지는 지나치게 오랜 시간이 소요될 수 있기 때문이다.

5. 전망 : 결론을 대신하여

현실적으로 사회자본의 형성전략이 실현될 수 있을 것인가? 이는 정치행정엘리트들의 시민사회와 사회자본의 중요성을 얼마나 빨리 인식하고 이를 축적하기 위한 실질적인 대안을 추진하는가의 여부에 달려 있다.

노무현 정부는 '참여정부'라는 캐치프레이즈를 내걸고 국민적 참여를 독려하여 민주적 정권으로서 정통성을 확인받으려 하였다. 그러나 '참여정부'라는 말이 무색할 정도로 현 정부의 국민참여를 위한 방안이나 정책은 제 기능을 발휘하지 못하고 있거나, 과거 정부와 같이 미흡한 수준으로 머물고 있다. 정부에게 유리한 집단의 참여는 허용되고 대통령에게 비판적인 집단에 대한 의견수렴과 참여는 제한적이라는 비판까지 나오고 있는 실정이다.[18] 편향적 참여라는 비판 속에서도 과거보다는 시민참여의 수준이 나아진 편이며, 훨씬 개방적인 자세를 견지하고 있다고 보여 진다. 따라서 노무현 정부에 있어서 사회자본의 형성가능성은 상대적으로 어느 때보다 높

---

17) 2004년 9월 1일자 조선일보는 중립을 지켜야할 시민단체가 정부 돈을 받고 낙선운동에 참여했다는 취지의 기사를 실었다.

18) 권해수(2005: 53)는 '참여정부'의 참여부족현상을 비판하면서 이념적 친화성에 따라서 참여를 수용하거나 배제한다고 주장하였다. 참여정부에 유리한 집단과 세력의 참여만 허용한다면 '참여'는 '정치적 수사(修辭)'에 불과하다는 것이다.

다고 생각된다.

사회자본과 시민사회의 성숙에 대한 정치엘리트의 이해와 자각이 결여되어 시민사회활성화에 대한 지원이 미흡하게 된다면 사회자본론은 한국을 설명하는 이론으로써 기능하지 못하게 된다. 현실사회에 있어서는 정부불신이 더욱 고조되며, 사회적 갈등은 심각한 수준으로 될 수 있다. 이럴 경우 시민사회단체는 더욱 강하게 정부를 비판하고 성향이 다른 단체들 끼리 충돌하게 된다. 한국의 국가운영상의 이러한 역동적 성향은 서구보다 빠른 속도로 시민사회의 활성화가 진행될 수도 있다.

특히 최근 인터넷의 발전은 사이버 공간 내부에서 공공 문제에 대한 시민적 참여를 이끌어내는 역할을 하고 있다. 인터넷의 단점도 제기되고 있지만 사이버 공간에서 만들어지는 시민사회나 조직의 역량에 의해서 사회자본이 형성될 수 있다. 시차가 있다고 하더라도 또 어떤 방식으로든 추진하든 사회자본의 형성은 안정적 사회운영을 위하여 필요한 요인으로 받아들여지고 있다.

■ 참고문헌

강용배(2003). 지역사회 정체성과 사회자본 형성요인 분석: 지역사회공동체 운동 사례를 중심으로. 「한국정책과학학회보」, 7(2).

권해수(2005). 참여정부의 행정개혁에 대한 비판적 고찰. 「한국사회와 행정연구」, 16(1).

김남선(2001). 사회자본의 연구동향과 측정방법의 탐색. 「지역사회개발연구」, 26(2).

김영래(1999). 한국 비정부조직의 현황과 과제. 「국회학술회의 발표논문집」. 한국정치학회.

김용학(1996). 연결망과 거래비용. 「사회비평」, 14.

김인·허용훈(1997). 지방정부의 경영개선을 위한 자원봉사관리체계. 「지방정부연구」, 창간호.

김인·류춘호(2001). 지방정부의 주민감사청구제도 운영실태와 발전방안. 「지역균형발전과 지방분권화의 정책과제」. 한국지방정부학회 2001 하계학술대회.

김일태(2001). 사회적 자본 증진을 위한 도시정부의 역할. 「도시의 사회적 자본과 문화산업」. 삼우사.

김태영(2001). 자발적 조직과 사회적 자본. 「도시의 사회적 자본과 문화산업」. 삼우사.

김호기(2001). 시민사회, 시민운동, NGO의 활성화. 한국사회학회 2001년 하계학술대회 발표논문.

남궁근(2000). Robert D. Putnam의 사회자본과 시민공동체론, 「행정학의 주요이론」. 법문사.

박우순(2004). 사회자본의 낭만적 애정에 대한 비판적 견해. 「한국조직학회보」, 1(2).

박찬웅(1998). 신뢰의 위기와 사회적 자본. 한국사회학회, 98후기 사회학 발표문요약집.

박찬웅(2000). 사회적 자본, 신뢰, 시장: 시장에 대한 사회학적 접근. 한국사회학회 2000년 춘계특별심포지움.

박형·김학노(2003). 사회자본과 지방자치: 대구 수성구와 경북 봉화군 비교. 「대한 정치학회보」, 11(1).

박희봉·김명환(2000a). 우리나라 지역사회의 사회자본 증진에 관한 연구: 사회자본측정과 분석을 위한 시도. 「한국정치학회보」, 34권 4호.

박희봉·김명환(2000b). 지역사회 사회자본과 거버넌스 능력: 서울 서초구와 경기 포천군 주민의 인식을 중심으로. 「한국행정학보」, 34(4).

박희봉(2001). 사회자본과 지방정부 경쟁력. 2001년도 추계학술세미나 발표논문, 한국행정학회.

박희봉(2002a). 사회자본이론의 논점과 연구경향. 「정부학연구」, 8(1).

박희봉(2002b). 조직 내 사회자본 형성요인에 관한 연구. 「지방정부연구」, 6(1).

배병룡(2005). 공공조직 사회자본의 영향요인과 효과. 「한국사회와 행정연구」, 15(4).

서문기(2001). 한국사회의 정부신뢰구조. 「한국사회학」, 35(5).

성도경·박희봉·장영철(2004). 사회자본과 거버넌스 증진을 위한 정부와 시민사회의 역할. 「대한정치학회보」, 12(1).

소진광(2000). 지방자치와 사회적 자본, 「한국지방자치학회보」, 12(4).

소진광(1999). 사회적 자본형성을 위한 지역사회개발논리, 「지역사회개발연구」, 24(1).

오석홍(2002). 조직의 사회자본 형성 요인에 관한 연구. 「지역사회개발학회」12(2).

유재원(2000). 사회자본과 자발적 결사체. 「한국정책학회보」, 9(3).

유춘석·장미혜(2002). 사회자본과 한국사회, 유춘석(편). 「한국의 시민사회, 연고집단, 사회자본」. 자유기업원.

이근주(1999). 「정부와 NGO간의 파트너쉽에 관한 연구」. 한국행정연구원.

이재열(1998). 민주주의, 사회적 신뢰, 사회적 자본. 「계간 사상」, 여름호.

이재혁(1998). 신뢰의 사회구조화, 「한국사회학」, 32(2).
이종수(2001). 정부에 대한 신뢰와 그 결정요인, 「사회과학논집」, 32.
이희창·박희봉(2005). 사회자본과 지역발전. 「한국행정논집」, 17(4).
임정호(2001). 사회자본과 지방자치의 관계에 관한 연구. 대전대학교 박사학위논문.
장수찬(2002). 한국사회에서 나타난 악순환의 사이클: 결사체 참여, 사회자본, 그리고 정부신뢰, 「한국정치학회보」, 36(1).
전영평(2002). 지방정부의 거버넌스 모형구축: 공익형 NGO의 형성정도와 정책참여수준을 중심으로. 2002년 추계학술대회, 한국지방정부학회.
전진석(2002). 사회자본론. 윤영진·김태룡 외, 「새행정이론」, 대영문화사.
주성수(2000a). 「시민사회와 제3섹터」. 한양대학교 출판부.
주성수(2000b). 사회자본에 대한 이해. 「NGO Zine」, 6월호. 한양대학교 제3섹터연구소,
차성수(2001). NGO의 재정문제와 도덕성, 「2001 추계학술대회 발표논문집」, 한국지방정부학회.
최창수(2000). 사회적 자본의 형성을 위한 지방정부의 역할: 미국의 교훈. 「지방정부연구」, 4(1).
황영호·박종관(2004). 지역사회자본의 실태와 형성전략: 호남·충청지역을 중심으로. 「한국사회와 행정연구」, 14(4).
허용훈(2003). 사회자본의 증진을 위한 지방정부의 역할. 한국지방정부학회 2003년 국제학술대회 발표논문.
허철행(2005). 신자유주의 극복과 NGO. 「지방정부연구」, 9(2).
Brehm, John and Wendy Rahn(1997). Indivisual-Level Evidence for the Cases and Consequences of Social Capital, *American Journal of Political Science*, 41(3).
Bullen, Paul & Onyx, Jenny(1998). *Measuring Social Capital in Five Communities in NSW,* Center for Australian Community Organizations and Management. University of Technology.

Coleman, J(1990). *Foundations of Social Theory.* Belknap Press.

Coleman, James S.(1988). Social Capital in the Creation of Human Capital. *American Journal of Sociology,* 94.

Evans, Peter(1996). Government Action, Social Capital and Development: Reviewing the Evidence on Synergy. *World Development.* 26(4).

Fukuyama, Francis(1995). *Trust: The Social Virtues and the Creation of Prosperity.* Free Press Paperbacks.

Fukuyama, Francis(1999). *Disruption: Human Nature And The Reconstitution of Social Order.* Free Press.

Jun, Jong S.(1999). Editorial Notes: Social Capital as Theory and Practice. *Administrative Theory & Praxis,* 21-1.

Lin, Nan(2001). *Social Capital: A Theory of Social Structure and Action,.* Cambirdge University Press.

Lohman, R.(1992). *The Commons: New Perspectives on Nonprofit Organizations and Voluntary Action.* Jossey-Bass.

Newton, Kenneth(1999). Social Capital and Democracy in Modern Europe, in Jan W. van Deth, Marco Maraffi, Kenneth Newton and Paul F. Whiteley(eds.). S*ocial Capital and European Democracy.* Routeledge.

Nye, Joseph S Jr.(1998). *Why people don't trust government.* Harvard University Press.

Olson, Mancur(1982). *The Rise and Decline of Nations: Economic Growth, Stagflation, and Social Rigidities.* Yale University Press.

Olson, Mancur(1965). *The Logic of Collective Action.* Schocken Books.

Putnam, R.(1993). *Making Democracy Work: Civic Traditions in Modern Italy.* Princeton University Press.

Putnam, R.(2000). *Bowling Alone: The Collapse and Revival of American Community.* Simon & Schuster.

Salamon, Lester M. & Anheier, Helmut K.(1997). *Defining the Nonprofit Sector: A Cross-National Analysis*. Manchester University Press.

SCIG(Social Capital Interest Group)(1998). *Social Capital Conference: Bridging Disciplines, Policies and Communities*. Michigan State University.

Skocpol, Theda(1996). Unsolved Mysteries: The Tocqueville Files. *The American Prospect*, 7(25).

Whiteley, Paul F.(1999), The Origins of Social Capital, in Jan W. van Deth, MarcoMaraffi, Kenneth Newton and Paul F. Whiteley(eds.). S*ocial Capital and European Democracy*. Routeledge.

World Bank(2000). *Social Capital for Development*(www. worldbank. org).

World Bank(2002). *What is Social Capital*(www. worldbank. org)

제5장

책임운영기관제도의 확대·발전 방안*

이남국

1. 서론

1997년 도래한 외환위기는 우리나라의 정부운영시스템이 급격한 환경변화의 대응에 상당한 한계가 있음을 인식시켜 주었다. 특히 정책·규제·집행 등 기관의 다양성을 감안하지 못한 획일적인 조직관리가 정부 효율성 및 생산성 제고의 걸림돌로 지적되었다. 이에 「국민의 정부」는 신공공관리론에 입각한 공공부문 개혁을 4대 부문 개혁의 일환으로 추진하였고, 책임운영기관제도는 정부조직관리시스템의 주요 개선 대안으로 도입되었다.

책임운영기관은 정부가 수행하는 기능을 정책의 수립과 집행으로 구분하고 후자를 별도 기관으로 독립시킨 후, 관리상의 자율성과 성과를 연계한 제도이다. 1980년대 후반 영국에서 성공적으로 도입·운영된 Next Steps 프로그램의 Executive Agency를 벤치마킹하였으며, 2000년 처음 10개 기관이 설치·운영된 이래 2011년 7월 현재 총 8부 8청의 38개 기관(중앙책임운영기관 포함)이 운영되고 있다. 경직적인 조직 운영과 결과측정이 어려운 정부부문의 특성을 감안할 때, 책임운영기관제도는 자율과 책임, 결과에 대한 인식 제고를 통해 정부부문의 관리방식 변화와 생산성 제고에 상당히

---

* 이 글은 2007년 한국행정학회 추계학술대회에 발표한 "책임운영기관 확대·발전 방안"을 수정·보완한 것이다.

기여한 것으로 평가된다(이남국, 2007: 17; 한창섭: 2006/2007).[1)]

본 연구는 책임운영기관제도가 도입 취지에 부합하는 성과를 제고하기 위해서는 책임운영기관 설치의 합리성 확보와 함께, 지속적 확대가 필요하다는 인식에 기초하고 있다. 즉 그동안 수행된 책임운영기관 종합평가결과에 의하면, 책임운영기관이 비핵심분야의 소규모 기관에 집중됨에 따라 소속중앙행정기관과 중앙관리기관(특히 기획재정부)의 관심과 지원이 미흡하였고 그 결과 지속적인 성과 제고에 어려움을 겪고 있다는 점을 지적하고 있다. 이러한 연구목적의 달성을 위해 먼저 책임운영기관의 선정기준, 방식 및 현행 책임운영기관의 선정 적정성을 검토하고 난 후, 국내 선행연구와 외국 사례를 기초로 향후 확대·발전 방향을 제시하고자 한다.

2. 책임운영기관제도의 운영 현황 및 성과

1) 책임운영기관제도의 운영 현황

책임운영기관의 설치 · 운영에 관한 법률(이하 책임운영기관법) 제2조 제1항에 의하면, 책임운영기관이란 "행정부가 수행하는 사무중 공공성을 유지하면서도 경쟁원리에 따라 운영하는 것이 바람직하거나 전문성이 있어 성과관리를 강화할 필요가 있는 사무에 대하여 기관장에게 행정 및 재정상의 자율성을 부여하고 운영성과에 대해 책임지도록 하는 행정기관"을 의미한다. 이를 위해 ① 기관의 주된 사무가 사업적·집행적 성질의 행정서비스를 제공하는 업무로서 성과측정기준을 개발하여 성과를 측정할 수 있거나, ② 기관운영에 필요한 재정수입의 전부 또는 일부를 자체적으로 확보할 수 있는 경우에 대통령령으로 설치한다(책임운영기관법 제4조 제1항).

---

1) 물론 도입 취지와는 달리 기관운영의 자율성이 미흡하며(김병섭외, 2001; 박희봉, 2001), 참여정부의 자율과 성과중심 개혁에 따라 다른 중앙행정기관과의 차별성이 약화되었다(김근세, 2006)는 등의 문제점이 다수 지적되고 있다.

1990년대 중반 영국의 성과를 기초로 공무원과 관련 전문가들이 도입의 필요성을 처음 제기하였고, 1998년 1월 정부조직개편심의위원회에서 정부운영시스템 개혁방안의 하나로 '책임운영기관제도 실시' 및 '1999년 국립의료원, 자동차운전면허시험장의 시범기관 운영'을 건의함에 따라 본격 추진되었다. 그 후 2000년 운전면허시험관리단 등 10개 기관이 최초 설치된 후 증감을 반복하다 가장 최근(2011년)에는 국립생물자원관이 설치되고 운전면허시험관리단이 해제된 바 있다.

▮표 1. 우리나라 책임운영기관의 설치 및 해제 추이(2000-2011)

연도 (기관수)	설 치	해 제	증감
'00년 (10개)	국방홍보원, 운전면허시험관리단, 국립중앙과학관, 한국정책방송원, 국립중앙극장, 농업공학연구소, 국립의료원, 수원국도유지건설사무소, 전주국도유지건설사무소, 해양경찰정비창	-	+10
'01년 (23개)	품질관리단, 대전충남지방통계청, 국립국제교육원, 항공기상청, 국립수의과학검역원, 국립식물검역소, 국립축산과학원, 국립산림과학원, 국립재활원, 국립목포병원, 국토지리정보원, 대구국도유지건설사무소, 대산지방해양항만청	-	+13
'06년 (45개)	지방통계청 및 통계사무소 등 11개, 경찰병원, 국립현대미술관, 국립종자원, 국립수산과학원, 농업생명공학연구원, 국립원예특작과학원, 국립자연휴양림관리소, 국립병원 6개, 울산지방해양항만청, 국립과학수사연구소, 특허청[1)]	국립수의과학검역원, 국립식물검역소, 국도유지건설사무소 3개(수원,대구,전주)	+27, △5
'07년 (47개)	통계개발원, 국립문화재연구소	-	+2
'08년 (45개)	한국농업대학	품질관리단, 농업공학연구소, 농업생명공학연구원	+1, △3
'09년 (39개)	국립과천과학관, 한국농수산대학	경인지방통계청 등 통폐합(12개→5개), 한국농업대학	+2, △8
'10년 (38개)	-	국립의료원	△1
'11년 (38개)	국립생물자원관	운전면허시험관리단	+1, △1

주: 1) 중앙책임운영기관.

자료: 행정안전부 내부자료.

▮표 2. 우리나라 책임운영기관 현황(2011년 7월 기준)

<table>
<tr><th colspan="2">유 형</th><th>기 관 명</th><th>소속중앙부처</th><th>기관장 직급</th><th>정원(명)</th><th>지정시기</th></tr>
<tr><td rowspan="16">조사
연구형
(16개)</td><td rowspan="8">조사
및
품질
관리형
(8개)</td><td>국립종자원</td><td>농림수산식품부</td><td>고위공무원 나급</td><td>180</td><td>'06년</td></tr>
<tr><td>국토지리정보원</td><td>국토해양부</td><td>고위공무원 나급</td><td>104</td><td>'01년</td></tr>
<tr><td>경인지방통계청</td><td rowspan="5">통계청</td><td>고위공무원 나급</td><td>370</td><td>'09년</td></tr>
<tr><td>동북지방통계청</td><td>고위공무원 나급</td><td>331</td><td>'09년</td></tr>
<tr><td>호남지방통계청</td><td>고위공무원 나급</td><td>377</td><td>'09년</td></tr>
<tr><td>동남지방통계청</td><td>계약직 4호</td><td>251</td><td>'09년</td></tr>
<tr><td>충청지방통계청</td><td>계약직 4호</td><td>260</td><td>'09년</td></tr>
<tr><td>항공기상청</td><td>기상청</td><td>고위공무원 나급</td><td>113</td><td>'01년</td></tr>
<tr><td rowspan="8">연구형
(8개)</td><td>국립과학수사연구원</td><td>행정안전부</td><td>고위공무원 가급</td><td>325</td><td>'06년</td></tr>
<tr><td>국립수산과학원</td><td>농림수산식품부</td><td>고위공무원 가급</td><td>533</td><td>'06년</td></tr>
<tr><td>국립생물자원관</td><td>환경부</td><td>고위공무원 나급</td><td>102</td><td>'11년</td></tr>
<tr><td>통계개발원</td><td>통계청</td><td>고위공무원 나급</td><td>43</td><td>'07년</td></tr>
<tr><td>국립문화재연구소</td><td>문화재청</td><td>고위공무원 나급</td><td>186</td><td>'07년</td></tr>
<tr><td>국립원예특작과학원</td><td rowspan="2">농촌진흥청</td><td>고위공무원 나급</td><td>323</td><td>'06년</td></tr>
<tr><td>국립축산과학원</td><td>고위공무원 나급</td><td>319</td><td>'01년</td></tr>
<tr><td>국립산림과학원</td><td>산림청</td><td>고위공무원 가급</td><td>283</td><td>'01년</td></tr>
<tr><td colspan="2" rowspan="2">교육훈련형
(2개)</td><td>국립국제교육원</td><td>교육과학기술부</td><td>고위공무원 나급</td><td>74</td><td>'01년</td></tr>
<tr><td>한국농수산대학</td><td>농림수산식품부</td><td>고위공무원 가급</td><td>82</td><td>'08년</td></tr>
<tr><td colspan="2" rowspan="6">문화형
(6개)</td><td>국립중앙과학관</td><td rowspan="2">교육과학기술부</td><td>고위공무원 가급</td><td>74</td><td>'00년</td></tr>
<tr><td>국립과천과학관</td><td>고위공무원 나급</td><td>80</td><td>'09년</td></tr>
<tr><td>국방홍보원</td><td>국방부</td><td>고위공무원 나급</td><td>162</td><td>'00년</td></tr>
<tr><td>국립중앙극장</td><td rowspan="3">문화체육관광부</td><td>고위공무원 나급</td><td>94</td><td>'00년</td></tr>
<tr><td>국립현대미술관</td><td>고위공무원 나급</td><td>100</td><td>'06년</td></tr>
<tr><td>한국정책방송원</td><td>고위공무원 나급</td><td>112</td><td>'00년</td></tr>
<tr><td colspan="2" rowspan="9">의료형
(9개)</td><td>국립서울병원</td><td rowspan="8">보건복지부</td><td>고위공무원 나급</td><td>307</td><td>'06년</td></tr>
<tr><td>국립나주병원</td><td>고위공무원 나급</td><td>184</td><td>'06년</td></tr>
<tr><td>국립부곡병원</td><td>고위공무원 나급</td><td>181</td><td>'06년</td></tr>
<tr><td>국립춘천병원</td><td>고위공무원 나급</td><td>117</td><td>'06년</td></tr>
<tr><td>국립공주병원</td><td>고위공무원 나급</td><td>131</td><td>'06년</td></tr>
<tr><td>국립마산병원</td><td>고위공무원 나급</td><td>96</td><td>'06년</td></tr>
<tr><td>국립목포병원</td><td>고위공무원 나급</td><td>71</td><td>'01년</td></tr>
<tr><td>국립재활원</td><td>고위공무원 나급</td><td>308</td><td>'01년</td></tr>
<tr><td>경찰병원</td><td>경찰청</td><td>고위공무원 나급</td><td>586</td><td>'06년</td></tr>
<tr><td colspan="2" rowspan="4">시설관리형
(4개)</td><td>울산지방해양항만청</td><td rowspan="2">국토해양부</td><td>계약직 4호</td><td>94</td><td>'06년</td></tr>
<tr><td>대산지방해양항만청</td><td>계약직 4호</td><td>74</td><td>'01년</td></tr>
<tr><td>국립자연휴양림관리소</td><td>산림청</td><td>계약직 4호</td><td>83</td><td>'06년</td></tr>
<tr><td>해양경찰정비창</td><td>해양경찰청</td><td>계약직 4호</td><td>214</td><td>'00년</td></tr>
<tr><td colspan="2">-</td><td>특허청[1)]</td><td>특허청</td><td>정무직</td><td>1,576</td><td>'06년</td></tr>
</table>

주: 1) 중앙책임운영기관.

자료: 행정안전부 내부자료.

정부조직 내에서 책임운영기관의 규모와 비중은 2000년대 중반까지 점차 증가하였으나, 2006년 5개 기관이 해제된 이래 조금씩 축소되어 현재 상당히 미미한 수준이다. 즉 2011년 7월 현재 38개 책임운영기관의 총정원 8,900명은 2000년 2,633명에 비해 약 3.38배(6,267명) 증가하였으나, 국가공무원 총정원 613,717명의 약 1.45% 수준에 머물고 있다. 그 외에도 기관의 규모별로는 200명 이상 15개 기관, 100~200명 12개 기관, 100명 미만 11개 기관으로 구성되어 있으며, 기관장의 직급은 정무직 1개 기관, 고위공무원단 31개 기관, 4급 6개 기관으로 구성되어 있다.

2) 책임운영기관의 운영 성과

앞에서 살펴본 바와 같이 책임운영기관제도의 도입을 통해 정부가 얻고자 하는 성과는 행정운영의 효율성과 행정서비스의 질적 향상이다. 2001년 이후 책임운영기관 종합평가보고서를 통해 책임운영기관이 실제로 어떠한 성과를 제고하였는가에 대해 살펴보면 다음과 같다.

먼저 책임운영기관 설치 이후 상당수 기관들은 행정서비스의 질 향상을 위한 현장 및 수요자 중심의 기관 운영과 내부 프로세스 개선, 그리고 성과중심의 관리를 적극 추진한 것으로 분석된다. 그리고 다양한 맞춤형 서비스 제공, 고객만족도 조사결과의 분석을 통한 피드백 등 외부 고객만족도 제고 노력과 함께, 사회변화 요구에 대응한 적절한 사업의 개발 및 제공과 사회적 책임 제고를 위한 노력도 상당수 수행하였다.

그 결과 각 유형별로 논문 게재 건수, 특허 등 출원 건수, 기술 이전건수 및 이전료(조사연구형), 총관람객수, 유료관객수(문화형), 유료·무료 환자수, 경영수익(의료형), 물동량, 객실가동률(시설관리형) 등 가시적 성과를 시현하였으며, 기관별 조사방법(내부, 외부위탁 등)의 차이에도 불구하고 고객만족도가 지속 상승하였다.

▌그림 1. 우리나라 책임운영기관의 주요 성과

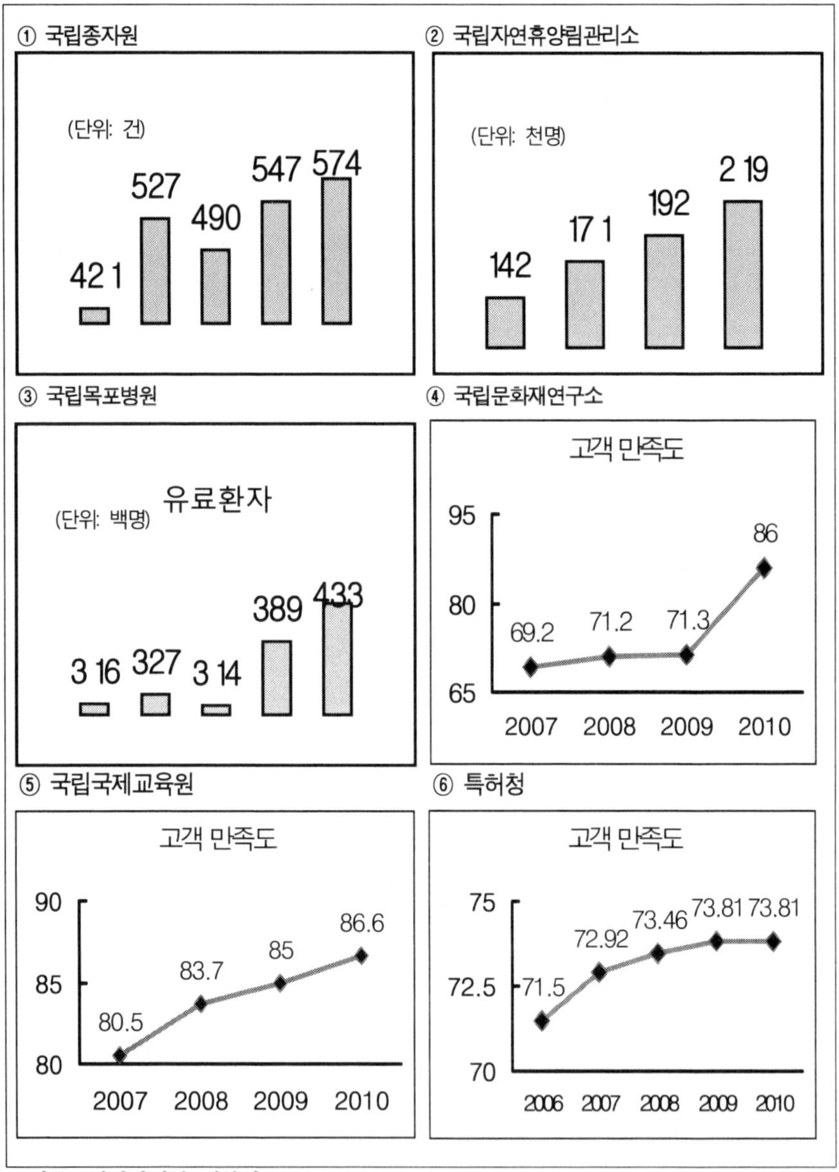

자료: 행정안전부 내부자료.

또한 고객의 신규사업 제공 요구에 부응한 적절한 사업의 개발·제공 등 수요자 중심의 행정(의료형: 발달장애·기분장애클리닉, 소아청소년 인터넷 중독 예방, 모자가정 보호시설 정신건강 지원사업, 조사연구형: 영농활용 기술 개발, 통계표 자동완성 클릭 등 통계 프로그램 개발 등)이 이루어지고 있는 것으로 나타났다.

그 외에도 성과관리제도의 도입(직무성과계약제), 조직·인사상의 자율성 확대(총액인건비제), 재정·회계 투명성 강화(복식부기·발생주의 회계) 등 정부운영시스템 개편의 주도적 역할을 수행한 바 있다.

3. 책임운영기관의 선정기준 및 방식과 적정성 분석[2)]

1) 선정기준에 대한 검토

가. 현행 책임운영기관 선정기준

책임운영기관법 제4조 제1항에 의하면, 책임운영기관은 사업적·집행적 성질의 행정서비스를 제공하고 성과측정기준의 개발과 성과의 측정이 가능한 사무를 주로 수행하거나 기관운영에 필요한 재정수입의 전부 또는 일부를 자체 확보할 수 있는 사무를 수행하는 기관중에서 선정한다. 이를 위해 행정안전부는 기본적 조건(80%), 부차적 기준(20%), 가산 기준(5%)을 적용하는 적합성 검토를 실시하며, 종합평점 80점 이상일 경우 책임운영기관으로 선정된다.

먼저 기본적 조건의 경우 ① 경쟁원리에 따라 운영하는 것이 바람직한 사무를 취급하는 기관(행정기관 내부·외부(민간)에 경쟁기관 존재시 바람직, 비중 25%), ② 사업적·집행적 사무비율이 높고(집행사무 비율이 70%

---

2) 행정안전부 2008년도 정부조직관리지침과 내부자료를 활용하였다.

이상인 기관이 바람직, 비중 30%), ③ 자율성을 부여할 경우 행정운영의 효율성 및 서비스 향상을 기대할 수 있는 기관(부처의 판단에 따라 지정 요청이 있을 경우 바람직, 25%)으로 구분된다.

그리고 부차적 기준의 경우 ① 기관장의 직급 및 기관의 인력규모가 일정수준 이상인 기관(기관장이 고위공무원단이거나 인력규모가 100명 이상인 기관이 바람직하나 최소한 5급 이상 50명 이상인 기관도 설치 가능, 비중 10%), ② 재정자립도(자체수입의 비중)가 일정수준 이상인 기관(자체수입의 비중이 10%이상일 것이 요구되나 10% 미만인 기관도 설치 가능, 비중 10%, 필수조건이 아님)으로 구분된다. 그 외에도 가산 기준(5%)의 경우 동종·동일한 성격의 특별지방행정기관 전체가 책임운영기관으로 요청된 경우에는 추가적으로 가산점을 부여하고 있다.

나. 선정기준에 대한 검토 결과

현행 선정기준의 경우 감사원의 감사결과와 외국사례들을 감안함에 따라 주요한 내용은 모두 포함하고 있는 것으로 판단된다. 실제로 외국의 경우 행정환경에 따라 국가별 선정기준이 다양하나, 대부분 서비스·집행기능, 목표명확성, 성과측정, 책임성, 업무독립성, 자체수입, 시장성, 경쟁가능성, 기관규모 등을 강조하고 있다.

그리고 행정안전부의 적합성 검토 기준에 대해 살펴보면, 먼저 기본적 조건중 '경쟁원리의 유무'는 독점적 공급이 불가피한 행정서비스 제공에 대해 책임운영기관을 설치하고 기관장의 공개경쟁채용을 통해 유사한 효과를 얻고자 하는(김재훈, 1999) 동 제도의 취지를 감안할 때 비중의 축소가 필요하다.[3] 이에 반해 '사업적·집행적 사무비율'은 동 제도의 가장 중요한 요소이므로 비중을 확대할 필요가 있다.

---

3) 물론 내외부와의 경쟁이 행정기관의 효율적 운영과 성과향상에 기여할 수 있는 장점(감사원, 2005)이 있음은 사실이다.

▮표 3. 외국의 책임운영기관 선정기준 사례

국 가	선 정 기 준
영 국	① 집행 및 서비스 기능 -부처 내에서 정책 수립과는 명확히 구분되는 집행적 기능을 수행하고 독립적으로 운영할 수 있을만한 최소한의 규모를 가지고 있으며 -업무상 부처와는 독립적인 특정한 사업목표의 설정이 가능하고 -충분한 재정적 뒷받침이 확보될 수 있는 기관, 즉 부처의 사업계획에 명시된 성과목표를 달성하는데 적절하게 재정이 지원될 수 있는 분야
뉴질랜드	< 기본적 원칙 > ① 비상업적인 집행기능을 수행하는 기관(규제·서비스기관) < 부가적 원칙 > ② 구체적인 성과계약이 가능한 경우 ③ 시장원리가 적용될 수 있는 경우 ④ 행정책임성의 위험이 적은 경우 ⑤ 부처로부터 독립이 바람직 한 경우 ⑥ 비정부부처로 운영하는 것이 바람직한 경우 ⑦ 이해당사자의 참여가 바람직한 경우 ⑧ 경쟁적 서비스 공급이 유리한 경우 ⑨ 조직규모가 일정규모 이상인 경우
캐나다	① 주로 서비스전달과 관련된 경우 ② 분명한 목적과 정책(지침)에 따라 안정적으로 운영될 경우 ③ 주무부처내에서 독자적인 책임성을 가질 경우 ④ 분명한 성과기준 개발이 용이할 경우 ⑤ 충분히 독자적인 규모를 가질 경우 ⑥ 제도를 이해하는 관리자·인력으로 구성될 경우 ⑦ 지속적인 부처의 관여를 필요로 하지 않을 경우
미 국	① 임무가 명확하고, 서비스에 대한 측정 가능성 ② 조직임무 및 진행상황을 측정할 능력이 있을 것 ③ 내부고객보다는 외부고객 위주의 업무일 것 ④ 소속장관과의 책임한계가 명확할 것 ⑤ 예측가능한 재정수입원을 확보할 것 ⑥ 성과중심조직 전환에 대한 최고관리자의 지지

자료: 감사원(2005)을 수정·보완함.

그리고 '행정운영의 효율성 및 서비스 향상 기대'의 경우 소속중앙행정기관의 지정 요청을 우선하고 있는데, 물론 정부조직관리지침에 자체기능분석을 거쳐 신청하도록 규정하고 있고 소속중앙행정기관의 판단이 중요하므로 존중되어야 할 것이다. 하지만 그동안 소속중앙행정기관의 소극적 입장을 감안할 때 동 기준은 큰 실효성이 없는 것으로 판단되며, 행정안전부 주도하에 전문성 있는 기관이 심도 있는 기능분석을 통해 적합한 기관을 선정하는 노력이 우선되어야 할 것이다.

또한 부차적 기준중 먼저 '기관장의 직급 및 기관의 인력규모'의 경우 책임운영기관의 자율적·효율적 운영을 위해서는 가능한 기관장이 고위공무원단에 속하거나 인력규모가 최소 100명이상인 기관을 선정하여야 할 것이다. 만약 이를 충족하지 못할 경우 동일한 업무를 수행하는 기관을 통합·선정하는 것이 필요하다. 둘째, '재정자립도(자체수입의 비중)'의 경우 기관의 자율성이 자체수입의 비중 10%이상 또는 미만 여부보다는 업무 성격, 소속중앙행정기관의 의지 및 조직문화 등에 더 영향을 받음을 감안할 때, 기준으로서 큰 의미는 없다고 판단된다.[4)]

2) 선정방식의 검토

가. 현행 책임운영기관 선정방식

먼저 각 부처가 적극적으로 주도하는 방식으로서, 책임운영기관법 제4조제3항에 의거 각 부처에서 자율적으로 선정·제출한 부처 요구안에 대하여 행정안전부는 기획재정부와 협의후 선정하며, 책임운영기관운영위원회의 심의를 거쳐 최종 결정한다. 그리고 행정안전부가 적극적으로 주도하는 방식으로서 책임운영기관법 제4조제2항에 의거 행정안전부가 기획재정부와 협의하여 기관 선정안을 마련하고 해당부처와 협의후 선정하며, 책임운영

4) 물론 기관 운영의 자율성 확보와 성과향상에 따른 인센티브 재원 활용 등의 측면에서 필요성이 일부 인정된다(감사원, 2005).

기관운영위원회의 심의를 거쳐 최종 결정한다.

나. 선정방식에 대한 검토 결과

원칙적으로 책임운영기관은 소속중앙행정기관장과 책임운영기관장간의 계약관계가 주된 요소이므로 각 소속중앙행정기관이 주도하는 방식이 우선되어야 할 것이다. 그러나 소속중앙행정기관이 책임운영기관의 확대에 소극적인 현 상황에서는 행정안전부가 소속중앙행정기관의 신청을 받아 산발적으로 추진하는 방식은 실효성이 없다. 그러므로 행정안전부가 국내외의 선정 사례를 기초로 책임운영기관 대상 기관들에 대한 기능분석과 관련 자료 축적 등 적극적인 발굴 활동을 수행하고, 이를 기초로 해당기관과 협의를 통해 확대하는 체계적인 접근이 필요하다.

3) 현행 책임운영기관 선정의 적정성 검토

행정자치부는 2006년 1월 최초로 감사원에서 제시한 8개 부적합기관중 해당 부처 및 책임운영기관에 대한 의견조회와 선정기준에 기초한 재검토 결과를 토대로 2개 부처 5개 기관(국립수의과학검역원, 국립식물검역소: 농림부, 수원·전주·대구국도유지건설사무소: 건설교통부)을 해제하였다.[5] 그 이후에도 품질관리단, 농업공학연구소, 농업생명공학연구원(2008년), 경인지방통계청 등 통폐합, 한국농업대학(2009년), 국립의료원(2010년), 운전면허시험관리단(2011년) 등이 해제된 바 있다. 이와 관련하여 본 연구에서는 2007년까지 선정된 책임운영기관의 적합성과 감사원의 감사결과에 따른 책임운영기관 해제의 적정성에 대해 검토하고자 한다.

---

5) 그 외에 항공기상대(기상청), 대전·충남지방통계청(통계청), 대산지방해양수산청(해양수산부)은 유지되었다.

가. 책임운영기관 선정의 적합성

먼저 박천오외 2인(2003)은 23개 책임운영기관의 선정에 관한 주요 측면과 책임운영기관의 확대 가능성 여부에 대한 실증조사[6]를 실시한 바 있다. 검토 결과, 책임운영기관들은 전반적으로 집행사무의 성격을 충족하고 있는 반면, 자체수입 비율은 대부분 충족하지 못하는 것으로 나타났다. 또한 기관 규모와 기관장의 직급에 대한 고려가 제대로 이루어지지 않아, 비용면에서 비효과적이고 자율성이 미흡한 기관이 많은 것으로 분석하고 있다. 그리고 국립지리원과 국제교육진흥원의 경우 관청예산증분이 핵심예산보다 크게 구성되어 국가의 전략적 소유이해가 없는 경우 책임운영기관보다는 민간화 정도가 높은 대안적 서비스 전달체계 유형을 고려할 수 있다고 분석하고 있다.

또한 2006-2007년 선정된 기관들의 경우, 감사원의 감사결과를 반영하여 선정기준을 정하였고 그 기준에 따라 책임운영기관을 선정함에 따라 2001년 이전 선정된 기관에 비해 부적합한 기관은 많지 않다. 다만 통계사무소의 경우 기관 규모나 기관장 직급에 상관없이 동일한 업무를 수행하는 기관을 일시에 전환함에 따라 책임운영기관으로서의 비용효과적이고 자율성을 제고하기 어려운 점이 있으며, 통계개발원과 국립자연휴양림관리사무소의 경우도 유사한 어려움이 있을 것으로 판단된다.

---

6) 객관적 자료 분석에서는 기관의 서비스 전달 과제의 성격, 예산성격, 기관장 직급, 조직규모를 분석하였고, 설문조사에서는 공무원과 전문가를 대상으로 정책연계성, 선정기준의 타당성 및 보완의 필요성, 확대 적용 대상기관의 파악을 실시하였다.

▮표 4. 책임운영기관의 선정에 대한 분석 결과(2001년 이전 설치기관)

기 관 명	집행사무 (%)	자체수입 (%)	관청예산 증분(%)	정책연계성 (통합지수)	조직규모 (정원)	기관장 직 급
국립목포병원	100	20.8	15.2	12.49	70	3급
국립수의과학검역원	84.5	0.9	1.6	10.28	480	2급
국립식물검역소	85.7	0.02	0.0	11.66	395	2급
영상홍보원	89.7	5.04	9.6	10.78	118	2급
국립의료원	89.4	82.9	4.1	12.66	689	1급
국립재활원	100.0	40.8	8.0	12.66	163	2급
국립중앙과학관	83.8	6.5	6.2	10.90	102	1급
국립중앙극장	76.0	13.0	8.7	10.14	75	2급
국립지리정보원	85.5	7.7	76.5	12.19	107	2급
국방홍보원	70.0	8.5	3.6	10.35	162	2급
국제교육진흥원	65.7	0.5	58.4	11.33	69	2급
농업공학연구소	90.9	0.6	0.0	12.78	113	3급
대구국도유지건설사무소	93.7	1.2	0.0	10.90	66	4급
대산지방해양수산청	90.8	18.2	1.2	11.07	93	4급
수원국도유지건설사무소	95.0	3.8	0.0	9.69	69	4급
운전면허시험관리단	87.2	89.1+α	2.7	15.08	1,036	경무관급
국립산림과학원	89.3	0.8	1.2	12.24	308	1급
전주국도유지건설사무소	94.7	1.3	0.0	9.83	57	5급
중앙구매사업단	82.8	47.4	0.2	12.35	92	2급
축산연구소	96.0	6.5	0.0	11.58	334	2급
대전·충남지방통계청	100.0	0.02	0.0	13.51	124	5급
항공기상관리본부	85.9	0.02	5.5	11.83	90	4급
해양경찰정비창	81.0	0.1	0.02	12.17	209	총경급

자료: 박천오외 2인(2003)을 수정·보완함.

■표 5. 책임운영기관의 선정에 대한 분석 결과(2006-2007년 설치기관)

기 관 명	기본적 조건				부차적 기준		
	집행사무 비율(%)	경쟁원리		효율성 향상 (기관 요청)	기관장 직 급	기관의 규 모	재정자립도 (%)
		민간	내부				
국립과학수사연구소	80.0	○	×	○	2급	263명	0.0
국립현대미술관	69.0	○	×	○	2급	89명	2.0
국립종자관리소	81.0	○	×	○	3급	165명	0.6
국립서울병원	82.0	○	○	○	2·3급	326명	54.9
국립공주병원	80.0	○	○	○	2·3급	136명	53.3
국립나주병원	66.2	○	○	○	2·3급	193명	50.4
국립부곡병원	96.6	○	○	○	2·3급	169명	42.9
국립춘천병원	80.0	○	○	○	3급	120명	49.5
국립마산병원	75.0	○	○	○	2·3급	99명	23.3
국립수산과학원	80.0	○	×	○	1급	645명	1.0
울산지방해양수산청	96.5	○	×	○	2·3급	114명	53.0
농업생명공학연구원	94.3	○	×	○	연구관(2급)	125명	0.1
원예연구소	87.9	○	○	○	연구관(2급)	236명	7.4
서울통계사무소	86.8	○	×	○	4급	126명	0.0
부산통계사무소	86.8	○	×	○	4급	102명	0.0
인천통계사무소	86.8	○	×	○	5급	66명	0.0
경기통계사무소	86.8	○	×	○	4급	150명	0.0
강원통계사무소	86.8	○	×	○	5급	86명	0.0
충북통계사무소	86.8	○	×	○	5급	72명	0.0
전북통계사무소	86.8	○	×	○	5급	85명	0.0
전남통계사무소	86.8	○	×	○	4급	138명	0.0
경북통계사무소	86.8	○	×	○	4급	152명	0.0
경남통계사무소	86.8	○	×	○	5급	92명	0.0
제주통계사무소	86.8	○	×	○	5급	43명	0.0
경찰병원	86.6	○	○	○	2급	463명	95.2
자연휴양림관리사무소	78.0	○	×	○	4급	59명	18.1
통계개발원	60.0	○	×	○	고위공무원	40명	10(예측)
국립문화재연구소	70.0	○	○	○	2급	276명	0

주: 집행사무 비율은 기관에서 제출한 자료에 근거하고 있으며, 재정자립도는 최근 3년간 세입·세출예산 평균 기준임.

자료: 행정안전부 내부자료를 정리·보완함.

나. 감사원의 지적에 따른 책임운영기관 해제의 적정성

2006년 1월 해제된 5개 기관의 경우, 감사원이 제시한 해제사유중 일부가 타당성을 갖추고 있기는 하나, 책임운영기관으로서 존속을 위한 다양한 대안의 검토가 미흡한 결정이 이루어진 것으로 판단된다.

먼저 국립수의과학검역원과 국립식물검역원의 경우 정부고유기능을 수행함에 따라 경쟁원리의 적용이 어렵고, 지난 5년간의 운영결과 책임운영기관으로서의 법률적 적합성, 정상적 역할 가능성, 상위목표 달성 기여도 측면에서 계속 유지가 어렵다는 점 등이 해제사유로 제시되었다. 그런데 두 기관이 규제업무를 수행하기는 하나(캐나다의 경우 식의약품업무도 책임운영기관화함) 집행사무의 비율이 높고, 기관장의 직급과 기관규모 등을 감안할 때 비용효과적이고 자율성을 제고할 수 있어 책임운영기관으로서 성과를 제고할 가능성이 높은 것으로 판단된다.

또한 국도유지사무소의 경우도 국도유지·보수 업무는 지방국토관리청이 수행하여 경쟁원리의 적용이 어려우며, 기관장의 직급과 기관 규모를 감안할 때 비용효과적이지 못하고 자율성을 제고하기 어렵다는 점 등이 해제사유로 제시되었다. 그런데 국도유지사무소의 경우 사업적·집행적 성질의 업무를 수행하고 있고, 동일 업무를 수행하고 있는 특별지방행정기관인 지방국토관리청을 선정·운영할 경우 기관장의 직급이나 기관 규모 등의 문제를 충분히 해결할 수 있었을 것으로 판단된다.

4. 책임운영기관의 확대 방안 검토

1) 책임운영기관 확대에 대한 기존 연구 및 외국 사례

책임운영기관의 확대 방안에 대해 많은 학자들이 여러 대안을 제시하였으나 전반적으로 유사한 결과를 보이고 있다.[7] 먼저 박천오외 2인(2003)

은 책임운영기관의 확대 가능성 여부에 대한 공무원과 전문가에 대한 설문조사를 통해 선정기준을 보완하고, 확대 대상으로 보건·의료기관, 교육·훈련기관, 시설·장비 등의 유지·관리기관, 문화·예술기관 등의 분야와 조달청, 철도청, 문화재청, 통계청, 기상청, 특허청 등을 제시한 바 있다.

▮표 6. 전반적 확대 적용 가능성에 대한 설문조사 결과

구 분	공 무 원	전 문 가
시험·연구기관	높음, 매우 높음(36.4%)	높음, 매우 높음(44.8%)
교육·훈련기관	높음, 매우 높음(45.0%)	높음, 매우 높음(61.4%)
보건·의료기관	높음, 매우 높음(55.5%)	높음, 매우 높음(60.0%)
검사·검역기관	높음, 매우 높음(36.0%)	높음, 매우 높음(20.4%)
국세·관세 등 세무기관	높음, 매우 높음(41.4%)	높음, 매우 높음(16.4%)
시설·장비 등 유지기관	높음, 매우 높음(46.7%)	높음, 매우 높음(57.9%)
문화·예술기관	높음, 매우 높음(53.6%)	높음, 매우 높음(68.4%)
인허가 규제기관	높음, 매우 높음(28.7%)	높음, 매우 높음(20.0%)
특별지방행정기관	높음, 매우 높음(28.1%)	높음, 매우 높음(20.4%)
기타사업적 집행기관	높음, 매우 높음(39.6%)	높음, 매우 높음(56.2%)
독립청[1)]	높음, 매우 높음(33.6%)	높음, 매우 높음(37.9%)
중앙부처 실·국	높음, 매우 높음(11.4%)	높음, 매우 높음(18.6%)

주: 독립청의 책임운영기관화 대상기관으로 철도청, 조달청(30% 이상), 문화재청, 통계청, 기상청, 특허청(15−30%), 산림청, 농촌진흥청(10−15%) 등이 지적됨.
자료: 박천오 외 2인(2003)을 요약정리한 것임.

---

7) 먼저 서필언(2002)은 정책결정기능을 제외한 사업적 기능을 가진 기관, 성과측정이 용이한 기관, 집행기관, 자체수입이 있는 기관, 공공성이 강해 조기 민영화가 어려운 기관 등을 제시하였다. 둘째, 이재원(2004)은 책임운영기관 공무원 대상 설문조사 결과를 기초로 서비스 및 연구교육기관들을 제시하였다. 셋째, 이경호·김근세(2005)는 책임운영기관을 거시적 차원의 조직 특성에 따라 유형화하고 기관유형간 성과 차이를 경험적으로 비교·분석하여, 기관 규모가 크고 청에 속한 기관, 과업기능적 측면에서 정책연계성이 낮고 재정자립도가 높으며 집행사무 및 핵심예산의 비율이 높은 전달기관들을 제시하였다. 넷째, 김상호(2006)는 중앙 부처 자체 또는 집행적 사무를 위주로 하는 실국으로의 확대, 지방자치단체에의 도입, 특히 교육관련기관의 전환을 주장하였다.

그리고 외국의 책임운영기관 운영 사례를 살펴보면, 주로 서비스 집행 기능, 교육훈련, 시험연구, 규제, 시설 관리 등의 기관을 운영하고 있다.

▮표 7. 외국의 책임운영기관 유형

구 분	영국('05)	뉴질랜드('02)	캐나다('06)	일본('07)
기 관 유 형	대민서비스 내부서비스 연구, 규제	재정법의 ·4집단(재정백서) ·5집단(성과지표) ·6집단(사업계획서) ·7집단(이윤환수)	대민서비스 내부서비스 과학기술연구 규제	시험연구 교육훈련 의료후생 작업시설 기타 공공서비스사무

자료: 행정안전부 내부자료.

2) 정부조직관리지침상의 확대 방안

정부조직관리지침상의 책임운영기관 확대 방향은 행정안전부와 각 부처는 공공성을 유지하면서도 경쟁 원리에 따라 운영하는 것이 바람직한 기관을 원칙적으로 책임운영기관화한다는 것이다. 이를 위해 행정안전부는 각 부처 소속기관에 대한 기능분석을 실시하여 교육·시험연구·문화·시설관리 등 사업적·집행적 기능을 수행하는 기관에 대해 책임운영기관 지정을 적극 추진하겠다고 밝혔다(행정안전부, 2009).

▮표 8. 책임운영기관화 검토 대상기관(예시)

○ 부속기관 : 보건의료기관, 시험연구기관, 시설관리기관, 교육훈련기관, 문화예술기관 등의 기능을 수행하는 기관을 우선적으로 책임운영기관화
○ 특별지방행정기관 : 현재 시범운영중인 기관(지방해양항만청 등)과 동일한 성격의 기관 우선 확대 전환
○ 특별회계로 운영되는 기관
○ 내부고객보다는 외부고객 위주의 업무를 수행하는 기관
○ 외국에서 책임운영기관으로 운영되는 분야의 행정기관

자료: 행정안전부 정부조직관리지침(2008).

3) 책임운영기관 확대 방안

행정안전부가 제시하고 있는 책임운영기관 확대 방안은 선행연구와 외국 사례 등을 기초로 판단할 때, 적절한 방향성을 가지고 있으나 다음과 같은 부분에 대한 보완이 필요하다.

먼저 부속기관의 경우 파급 효과가 큰 사업적·집행적 성격의 대규모 기관에 대한 설치를 우선적으로 검토할 필요가 있다. 특히 감사원(2005)에서 운영이 적합함에도 미지정된 사례로 제시한 중앙공무원교육원을 비롯한 교육·훈련기관과 국립중앙박물관, 국립중앙도서관 등 문화예술기관, 정부청사관리소, 국립현충원 등 시설관리기관 등의 선정을 검토할 필요가 있다.

둘째, 사업적·집행적 성격이 강한 독립 청단위 기관에 대한 중앙책임운영기관 확대가 필요하다. 특허청 이외에 중앙책임운영기관의 추가 선정이 이루어지지 않을 경우 동 제도가 유명무실화 될 수 있다. 이와 관련하여 선행연구에서 제시된 바 있고 소속기관이 책임운영기관으로 지정·운영되어온 조달청, 문화재청, 통계청, 기상청 등에 대한 전향적인 검토가 필요하다.

셋째, 지방자치단체의 각종 사업적·집행적 기능에 대한 확대 적용을 검토할 필요가 있다. 현재 책임운영기관법 제6조에 "교육과학기술부장관, 행정안전부장관 및 지방자치단체의 장은 이 법의 취지에 따라 지방자치단체에 책임운영기관에 관한 제도를 도입하도록 노력하여야 한다"고 규정하고 있다. 만약 지방자치단체에 책임운영기관제도를 도입할 경우 광역자치단체의 공무원교육원, 보건환경연구원, 농업기술센터 등의 직속기관이 우선 대상으로 검토될 수 있을 것이다.[8)]

마지막으로 책임운영기관의 실질적 성과창출이 이루어지지 않는 기관과 관련하여, 적합성 여부를 재검토하고 책임운영기관으로서 부적합할 경우 해제 또는 민영화 등을 추진할 필요가 있다. 도입 12년째를 맞는 우리나라

8) 이와 관련하여 서울특별시는 2009년 이후 서울역사박물관, 서울특별시립미술관, 서울특별시교통방송 등 3개 기관을 책임운영기관으로 운영하고 있다.

의 책임운영기관제도에서도 영국에서와 같이 정기적인 기관의 적정성 검토가 이루어질 필요가 있다.

5. 맺음말

선진 외국과 우리나라의 운영 경험에서 나타난 바와 같이, 책임운영기관제도는 도입 이후 우리나라 정부조직의 효율적인 운영을 위한 중요한 프로그램으로서 역할을 수행해 왔다. 최근 일반행정기관과의 차별성이 크지 않다는 논란에도 불구하고, 책임운영기관제도는 자체의 성과외에도 성과주의 예산제도, 총액인건비제도 등 다른 개혁조치의 추진을 용이하게 하는 초석으로서 활용된 바 있다. 이는 기존 관료조직에서는 도입하기 곤란하나 기관별 독립성이 보장된 조직에서 도입이 용이한 각종 개혁조치들의 성공을 위한 수단으로서의 역할을 수행하였다는 점에서 그 의의가 크다 할 것이다.

책임운영기관제도가 향후 성공적으로 정착되고 활성화되기 위해서는 앞에서 살펴본 책임운영기관의 합리적 선정기준 및 방식의 확립과 이에 기초한 적절한 기관의 선정외에도 다음과 같은 자율성 확보 제도 및 운영상의 보완이 우선되어야 할 것이다. 첫째, 책임운영기관에 대한 자율성과 인센티브의 실질적 부여를 위한 보완이 필요하다. 둘째, 책임운영기관제도를 운영하는데 관여하고 있는 중앙관리기관(특히 기획재정부)의 적극적인 참여와 협력이 이루어져야 한다. 셋째, 자율성에 상응하는 정도의 성과에 대한 엄격한 평가와 관리를 통해 결과측면에서의 책임성 확보가 이루어져야 한다. 물론 자율성이 확보된다고 해서 성과가 저절로 제고되는 것은 아니므로, 기관장을 중심으로 한 구성원들의 지속적인 노력과 함께, 소속중앙행정기관의 적절한 지원이 이루어져야 할 것이다.

■ 참고문헌

감사원(2005). 「감사결과보고서: 책임운영기관 지정 및 운영실태」.

감사평가연구원(2006). 책임운영기관 성과평가의 적절성 평가. 「공공부문평가제도 실태조사 보고서」.

국회사무처 예산정책국(2001). 「책임운영기관의 운영현황과 개선과제」. 예산정책현안분석(제2001-02호).

김근세(2000). 「책임운영기관 제도에 관한 비교분석」. 집문당.

김근세(2004). 영국 책임운영기관의 관리구조와 성과. 「한국행정연구」, 13(3).

김근세(2006). 한국 책임운영기관의 거버넌스와 성과. 「한국조직학회 2006년도 책임운영기관 특별기획세미나 발표논문집」.

김근세·이경호(2005). 책임운영기관의 조직문화와 효과성에 관한 연구: 운전면허시험관리단을 중심으로. 「한국행정학보」, 39(3).

김병섭·정진우·임보영(2001). 책임운영기관 제도운영의 평가. 「행정논총」, 39(1).

김상호(2003). 신공공관리와 책임운영기관: 한국의 책임운영기관제도를 중심으로. 「한국정책연구」, 3(1).

김상호(2006). 현행 책임운영기관의 제도적 특성과 발전방안. 한국법정책학회 「법과 정책연구」, 6(1).

김재훈(1999). 한국의 책임운영기관에 관한 소고. 「정부학연구」, 5(2).

박희봉(2001). 책임운영기관제도 도입상 문제점과 발전방향. 「한국정책학회보」, 10(2).

김　렬·권영주(2005). 책임운영기관 선정기준의 적합성에 관한 연구. 「한국행정논집」, 17(2).

박천오·박희봉·김근세(2003). 한국 책임운영기관의 선정기준 및 확대적용에 관한 연구. 「한국행정학보」, 37(2).

서필언(2002). 우리나라 책임운영기관의 효율적 운영방안. 한국행정학회 하계학술대회 발표논문집 「행정개혁과 공공영역의 변화」.
서필언(2005). 「영국 행정개혁론」, 서울: 대영문화사.
우양호·홍미영·문경주(2005). 책임운영기관의 시장지향성이 고객만족과 서비스성과에 미치는 영향. 「한국지방자치학회보」, 17(1).
윤은기(2005). 반부패의 사회인 영국과 캐나다의 책임운영기관의 분석을 통한 신공공관리론의 적실성에 관한 연구. 「한국부패학회보」, 10(2).
이경호·김근세(2005). 한국 책임운영기관의 조직특성과 성과: 조직구성원의 인식을 중심으로. 「한국정책분석평가학회보」, 15(2).
이남국(2006). 우리나라 책임운영기관 평가제도 및 운영의 개선에 관한 연구. 「한국거버넌스학회보」, 13(3).
이남국(2007). 책임운영기관제도의 활성화를 위한 제언. 「지방행정」, 56(통권 640호).
이재원(2004). 성과계약 기반의 책임운영기관 활성화 방안. 「지방정부연구」, 8(1).
임보영·류영아(2006). 책임운영기관 재정관리의 효율성 평가. 「한국사회와 행정연구」, 17(3).
한창섭(2006). 책임운영기관의 자율성과 성과제고 방안. 「한국조직학회 2006년도 책임운영기관 특별기획세미나 발표논문집」.
한창섭(2007). 책임운영기관의 성과관리체제에 대한 제도주의적 분석. 한국행정학회 하계학술대회 발표논문집 「행정학 교육, 연구 공동체의 미래와 정책 재창조」.
한국행정연구원(2002). 「책임운영기관 등 선진행정개혁사례 연구(별책)」. 행정자치부 용역보고서.
홍재환(2006). 책임운영기관평가제도의 개선방안. 「평가리뷰」, 2.
행정안전부(행정자치부)(2000-2011). 「책임운영기관 운영 및 평가지침」.
행정안전부(행정자치부)(2001-2011). 「책임운영기관 종합평가 보고서」.
행정안전부(행정자치부)(2000-2011). 「정부조직관리지침」.
행정자치부 역(2002). 「더 좋은 행정서비스를 위한 영국의 책임운영기관

운영실태 분석」.
황성돈(1999). 책임운영기관제도 도입의 문제점과 고려사항. 「자치의정」, 2(3).
황윤원외(2003). 「정부개혁론: 외국사례 중심」. 서울: 박영사.

James, Oliver(2003). *The Executive Agency Revolution in Whitehall: Public Interest versus Bureau-Shaping Perspectives.* Palgrave Macmilan.
OECD(2002). *Distributed Public Governance: Agencies, Authorities and Other Government Bodies.* OECD.
Talbot, Colin(2004). Executive Agencies: Have They Improved Management in Government?, *Public Money and Management.* April: 104-112.
Thomas, Michael(1996). *Special Operating Agencies: Audit & Evaluation.* Management Practices No.16. Canadian Center for Management Development.
Treasury Board Secretariat(1998). *Becoming a Special Operating Agency.* Canada.

제6장

협력적 정책기획의 이론과 사례*

김창수

1. 협력적 정책기획의 이해

정책기획을 협력적으로 수행한다는 것은 어떤 의미일까? 먼저 정책과 기획 개념의 혼란을 피하기 위해서는 양자를 포괄하는 정책기획의 개념에 대한 이해가 필요하다(Hambleton, 1979: 46-48; 노화준, 1995: 116; 김신복, 1993: 39-40). 정책결정은 정책이 발전되는 과정을 지칭하고, 기획은 계획이 만들어지는 과정을 지칭한다.

기획은 다양하게 분류되고 있는데, Millett(1959)는 조직의 계층에 따라 정책기획과 운영기획으로 나눈다. 정책기획은 행정조직의 상위계층, 즉 중앙정부의 고위층에서 광범위한 목표설정을 내용으로 하여 이루어지는 정책적 차원의 기획이다. 여기에는 기본적인 정치·경제·사회적 목표를 설정하는 가치판단의 문제가 내포된다. 반면 운영기획(operative planning)은 정책기획단계에서 설정한 목표를 실천에 옮기기 위한 관리 차원의 기획으로서 조직의 중간계층 이하에서 이루어진다(행정학용어표준화연구회, 1999).

이러한 맥락에서 Starling(1998: 209-216)은 정책기획을 정치적 리더십의 영향을 많이 받으면서 거시적인 목표와 목표의 우선순위를 결정하는

* 이 글은 「지방정부연구」 제13권 제1호에 게재한 논문의 일부를 수정 보완한 것이다.

과정으로 이해한다. 그리고 정책기획단계에서 설정한 목표를 구체화하는 중간단계기획(medium-range planning)을 집행과 평가 이전에 이루어지는 중요한 기획단계로 본다.

그러나 행정실무에서 정책기획이라는 용어는 중앙정부뿐만 아니라 지방정부에서도, 그리고 고위층뿐만 아니라 중간관리층에서도 광범위하게 사용하고 있다(김창수, 2005). 이때 정책기획은 결정을 준비하는 합리적이고 분석적인 절차이며 집행계획을 준비하는 과정인데, 정책기획이 잘못되면 바람직한 정책결정과 집행이 이루어지기 어렵다. 오히려 잘못된 정책과 계획의 효율적 집행은 문제를 더욱 악화시킨다(Hambleton, 1979: 47).

정책기획이란 보다 나은 수단으로 정책목표를 달성하기 위하여 장래의 행동에 관한 일단의 결정을 준비하는 과정이다. 정책기획은 정책분석과 선택은 물론 선택된 정책을 구체화시키는 기획과정을 포괄하는 의미로 사용된다.[1] 즉 정책기획이란 정책의 개념과 기획의 개념을 포괄하는 개념으로서 바람직하다고 생각하는 목표를 설정하고 그러한 목표를 달성할 수단들을 설계하며, 이들 양자 간의 관계를 구체화하는 목적지향적이며 동태적인 활동이다(노화준, 1995: 121).

일본학자들은 'Policy Planning'을 정책분석으로 번역하고 있다(九州大學出版會, 2004). 일부 행정학자들이 기획 부문을 정책분석과 정책결정에 포함하여 생략하는 이유도 여기에 있다(정정길, 1997). 그러나 정책기획은 정책분석보다는 훨씬 넓은 개념으로서 최종적인 정책과 계획의 선택을 위한 포괄적인 활동이다.

결국 정책기획은 바람직한 정책결과를 얻기 위하여 의견을 개진하고 집약하는 매체인 포럼, 정책이 경쟁하는 무대인 입법기관과 위원회 그리고

1) 그런데 Hambleton(1979: 288-290)은 정책결정과 정책기획을 거의 동일한 개념으로 인식하고 있으며, 정책설계가 정책집행과 분리되지 않고 연계되어야 함을 강조한다. 그러나 정책기획은 정책결정을 준비하고 계획의 작성과 집행을 준비하는 과정으로서 정책분석, 정책설계 그리고 정책결정보다 훨씬 포괄적인 개념이다.

분쟁조정기구인 법정을 설계하고 활용하며 그 결과로서 소망하는 정책계획(policy plan)을 산출해 내는 과정으로 정의할 수 있다. 나아가 본 연구에서 정의하는 협력적 정책기획은 정책주도자가 유리병같이 투명한 정책과정을 보증하는 것은 물론 다양한 참여자들 역시 단순한 고객이나 방관자가 아니며 파트너로서 책임감 있게 정책과정에 참여할 것을 요구한다.

서로 다른 전문성과 견해를 가진 참여자들이 편협성을 극복하고 좀 더 크고 새로운 그림을 함께 그리는 것이 협력적 정책기획이다. 이때 중요한 것은 참여자들의 협력의 시점이 정책집행단계가 아니라 정책과 계획이 결정되는 정책기획단계부터라는 점이다. 정책과정을 설계할 때 무엇(what)도 중요하지만 언제(when) 할 것인가도 중요하기 때문이다. 이는 적절한 시기 선택과 순서(timing and sequence)의 문제이다.

정책시간표가 진행될 때 분리된 요소들이 연결되지 않거나 시간적 순서가 잘못되면 정책효과에 심각한 영향을 미치기 때문이다(Pierson, 2004: 54-78). 그리고 정책과 계획의 설계를 집행과 분리시켜 생각하면 치명적인 재난을 초래할 수 있다. 왜냐하면 이와 같은 분리로 인해 방향감각을 상실한 맹목적인 집행이 될 수도 있기 때문이다(Pressman and Wildavsky, 1983). 뿐만 아니라 이해관계자의 협력과 공적인 참여를 통해 상호 작용이 이루어지면, 이를 통해 목표를 공유함은 물론 집행에 대한 헌신까지 높여 정책계획이 집행과정에서 지지를 받으면서 효과적인 실행이 가능하다(Margerum, 2002a; 2002b).

결국 협력적 정책기획은 폭넓은 이해관계자와 전문가의 공정한 참여를 허용하여 면대면 상호 작용을 통해 합의를 형성하고 함께 정책계획을 만들어 가는 과정으로 정의할 수 있다. 본 연구에서는 먼저 협력적 정책기획 이론을 검토한 후 1990년대 이후 민주화된 우리 사회를 전제로 협력적 정책기획의 성공과 실패 경험에 대해서 논의하고자 한다.

2. 협력적 정책기획의 이론

1) Healey의 협력기획을 위한 제도설계 이론

Healey(1997: 284-314)는 협력기획을 위한 체계적인 제도설계에 관심을 가졌다. 먼저 그는 관련된 모든 이해관계자들이 자기 목소리를 내고 영향력을 행사할 수 있는 폭넓은 권리, 모든 당사자들이 자기 이해관계를 밝히고, 양질의 정보를 공유하고, 공식·비공식 기관에 실패의 책임을 물을 수 있는 권리를 강조했다. 그리고 이에 상응하여 구성원들에게 주의를 기울이고, 합의한 정책과 프로그램을 효과적으로 실행하고, 공개적으로 동의한 원칙을 준수할 의무와 책임을 강조했다.

둘째, 자원의 통제와 분배 문제를 강조했다. 공동체 구성원들에게 최소한의 삶의 질을 보장하고, 법적 권리를 행사하여 참여할 수 있는 자원을 부여하고, 기반사업에 투자할 자원을 확보하고, 다수의 정책주도자들에 의해 역으로 피해를 보는 자들을 보상할 자원을 확보하고, 양질의 정보자원을 공유하는 것을 강조했다.

셋째, 도전에 대응하는 기준을 구체화하는 것인데, 다양한 요구와 이견에 대해 합리적인 이유와 근거를 제시하는 포용적 논변 접근법(inclusionary argumentative approach)을 사용하는 것이다.

넷째, 역할을 분담하고 참여를 확대하고 행정적·기술적 전문성을 활용하여 관리역량을 제고하고, 법원의 설계는 물론 시간과 비용을 절감할 수 있는 대체적 분쟁해결수단을 이용하여 분쟁해결기제를 조직화함으로써 협력적 관리 역량을 강화하는 것이다. 결론적으로 그는 협력기획의 모델이 이상적이라서 현실적인 제도적 제약을 갖기도 하지만, 협력적 기획의 경험을 통해 제도적 역량을 구축해 나갈 것을 강조하고 있다.

2) Mason의 참여적 기획 이론

Mason(2008: 72-77)은 협력기획에서 유역이나 생태지역과 같은 지역에 기초한 기획(land-based planning)이나 수요에 기초한 시민참여(civic engagement on demand)가 중요한 기반이 된다고 한다. 그러므로 다양한 이해관계자들은 지역 현안을 확인하고 대응하는 데 함께 일해야만 한다. 왕성한 전통적 기획 접근방법(conventional planning approach)보다 불완전한 협력적 접근방법(collaborative approach)에 의해 더 많은 것을 얻을 수 있다는 것이다. 그러나 협력적 기획에서 딜레마는 기획과정에 관계자들을 참여시켜야 하는데, 이에 근본적으로 반대하는(fundamentally opposed) 참여자들이 협력과정에 위협이 될 수 있다는 점이라고 한다.

그럼에도 불구하고 이들이 기획과정에 참여하여 시간을 투자하게 되면, 결국에는 지지하게 될 것이라는 것이다. 비록 이러한 반대자들이 진정한 담론을 경험하지 못할지라도, 의미 있는 참여를 통해 비타협적인 태도를 완화하면서(relaxing intransigence) 건설적으로 협력할 무한한 잠재력을 가지고 있다는 것이다.

3) Conley와 Moote의 협력적 기획 평가이론

Conley와 Moote(2003: 376)는 기존 연구를 정리하면서 협력적 자원관리의 평가기준을 <표 1>과 같이 폭넓게 제시한다.

▮표 1. 협력적 자원관리 평가기준(Typical Evaluation Criteria)

평가영역	평가기준
과정평가 (Process criteria)	폭넓게 공유된 비전(Broadly shared vision)
	명확하고 실현가능한 목표(Clear, feasible goals)
	다양하고 포괄적인 참여(Diverse, inclusive participation)
	지방정부의 참여(Participation by local government)
	1차적 관계를 초월하는 개인과 집단의 참여(Linkages to individuals and groups

	beyond primary participants)
	공개되어 접근 가능하고 투명한 과정(Open, accessible, and transparent process)
	명확하게 문서화된 계획(Clear, written plan)
	합의에 기초한 의사결정(Consensus-based decision making)
	공정한 결정(Decisions regarded as just)
	현존 법과 정책에 대한 부합도(Consistent with existing laws and policies)
환경결과 평가 (Environmental outcome criteria)	개선된 서식지(Improved habitat)
	개발로부터 보호된 토지(Land protected from development)
	개선된 수질(Improved water quality)
	변화된 토지관리 관행(Changed land management practices)
	보전된 생물학적 다양성(Biological diversity preserved)
	토양과 수자원의 보존(Soil and water resources conserved)
사회경제적 결과평가 (Socioeconomic outcome criteria)	구축된 혹은 강화된 관계(Relationships built or strengthened)
	증가된 신뢰(Increased trust)
	지식과 이해가 높아진 참여자(Participants gained knowledge and understanding)
	증가된 고용(Increased employment)
	개선된 분쟁해결 역량(Improved capacity for dispute resolution)
	현존제도의 변화와 새로운 제도의 도입(Changes in existing institutions or creation of new institutions)

출처: Conley and Moote(2003: 376)

4) Margerum과 Whitall의 협력적 기획 성공요인에 관한 이론

Margerum과 Whitall(2004)은 협력적 기획의 성공요인과 문제해결과정 그리고 딜레마에 관한 연구를 수행했다. 그들은 협력을 하나의 과정으로 보고 문제의 서로 다른 다양한 측면을 바라보는 당사자들이 그들의 차이점을 건설적으로 탐색하고 그들의 제한된 시야를 넘어서는 가능한 해결책을 탐색하는 것으로 본다(Gray, 1989: 5).[2]

다수의 이해관계자들에 의해 유도되는 협력적 기획과정은 몇 가지 요소로 구성된다(Margerum and Whitall, 2004: 407-427). (1) 공통된 목적에

2) Selin and Chavez(1995: 189-195) 역시 과정 지향적 협력모형에 관심을 보이면서 참여자를 존중하는 기획, 공동 합의, 대화 그리고 협상을 통한 문제해결 구조를 설계한다.

동의하는 것, (2) 포용적이고 투명한 과정을 보증하는 것, (3) 참여자들이 과정을 설계하도록 허용하는 것, (4) 함께 사실관계를 확인하고 창의적인 문제해결책을 제시하는 것, (5) 책임감을 강조하는 것, (6) 실행계획을 발전시키는 것, 그리고 (7) 협력적 리더십을 발휘하는 것이다.[3] 이러한 협력기획의 성공요인들은 복잡하며, 분산되고 그리고 논쟁적인 자원관리 문제들을 설명하는 데 사용되고 있다고 한다. 그들은 또한 협력적 기획의 표준적 문제해결과정을 제시한다.

그들은 이처럼 협력적 기획은 폭넓게 옹호되지만, 역설적으로 몇 가지 딜레마에 직면하게 되고 약점도 발견된다고 한다. 첫째, 유역 차원에서 협력관리에 관한 의사결정의 분권화에 관한 것이다. 지난 수십 년 동안 정책결정자들은 자연자원관리와 환경정책은 국가목표와 일관성을 위하여 집권적으로 관리해야 한다고 생각했다. 그러나 그럴 경우 지역의 독특한 수요나 상황에 적합한 창의성을 발휘하기가 어렵게 된다.

둘째, 전문가적 지식과 지역의 평범한 지식과의 긴장이다. 협력적 접근은 지역을 지식의 원천으로 삼고 지역의 지식으로부터 학습하는 능력을 강조한다. 이는 지역 상황에 맞는 지식을 옹호하면서 과학적 지식을 희생한다는 비판을 받을 수 있다.

셋째, 협력적 의사결정의 규모와 범위(scale and inclusiveness)에 관한 것이다. 지방 수준에서 중요한 사항이 지역이나 국가 수준에서는 적절하지 않을 수 있는 것이다. 지방의 상황에 초점을 맞춘 의사결정이 자칫 자연자원을 즐기면서 이에 간접적으로 의존하는 도시 거주자들의 관심과 차이가 있을 수 있기 때문이다.

넷째, 생태적·과학적 시간 프레임과 관리적·구성적 시간 프레임의 긴장이다. 협력모델은 과정에 과학을 통합할 것을 강조하지만, 생태계 실험에는

3) 이러한 맥락에서 Baker(2004)는 캘리포니아 북부 Humboldt County의 자연자원 복원과정에서 네트워크를 구성하는 다양한 행위자들이 공통된 목표에 동의한 것이 가장 중요한 성공요인이라고 했다.

수십 년이 걸리기 때문에 정부 정책은 종종 선거에 의해 바뀐다.

다섯째, 협력적 의사결정에 소요되는 비용과 기관자원에 대한 염려이다. 협력은 결정과정에서 시간의 증가를 통해 거래비용을 증가시킨다. 동시에 많은 기관들은 재정지출을 줄이게 되면 더 적은 자원으로 꾸려 나가야 한다. 그러나 거래비용을 줄이기 위해 결정시간을 줄이게 되면 역설적으로 더 많은 거래비용을 초래할 수 있다.

5) 종합검토

이러한 선행연구들을 검토할 때 협력적 정책기획의 성공을 위해 어떤 조건들이 검토되어야 할지 몇 가지 공통점을 발견할 수 있다.[4] 첫째는 정책참여자들이 정책목표를 공유해야 한다는 것이다. 처음부터 모든 정책참여자들이 정책목표를 완전히 이해하고 받아들이기는 어렵지만 정책결정시간이 지체되더라도 목표에 대한 합의는 성공적 정책기획을 위해 반드시 선행되어야 할 조건이라는 점이다.

둘째는 정책과정에서 반대자들을 포용하고 유리병 속에서 논의되는 것처럼 모든 이해관계들이 정책추진과정을 투명하게 들여다볼 수 있어야 한다는 것이다.

셋째는 정책참여자들이 단순히 정책을 반대하거나 안락의자에 앉은 고객의 입장에서 방관해서는 안 되고 함께 정책을 만들어 가고 결과에 대해서

---

4) 구리시의 자원회수시설 성공사례를 연구한 박용치 등(2004: 756-774)은 정책순응에 영향을 미치는 중요한 요인들로서 정책집행수단의 적절성, 집행기관의 신뢰성, 집행기관의 의사전달의 정확성, 지역주민의 참여를 들고 있다. 이강웅(2008)은 혐오시설 입지갈등 관리문제에 대해 현실적 대안을 제시하거나 영향을 미칠 수 있는 관련 집단의 의견을, 주관적 인식을 객관화하는 설문분석 기법인 Q방법론을 이용하여 분석하였다. 여기서 그는 시설 자체의 특성이나 환경적 요인보다도 시설설치자로서 정부와 해당 지역주민이 가장 중요한 요인이라는 분석결과를 제시한다. 따라서 그는 매우 폭넓은 실질적 주민참여와 당사자 간의 직접 협상 그리고 적절한 보상체계를 대안으로 제시하는데, 이는 본 연구의 협력적 정책기획의 성공조건과 일정 부분 맥락이 닿아 있다고 본다.

함께 책임을 지는 책임감이 요구된다는 것이다.

넷째는 반대의견에 귀 기울이고 반대세력을 포용하는 리더의 협력적인 자세이다. 협력적 리더는 아무리 자기 의견이 옳다고 판단했더라도 정책참여자의 반대의견이 있다면 정책일관성 상실에 따른 부분적인 정책혼란을 감내하면서도 이견을 수용하는 자세가 요구된다.

3. 협력적 정책기획의 성공과 실패 사례

1) 구리시 자원회수시설 입지선정 성공 경험

구리시 자원회수시설은 1991년부터 시작하여 지역주민을 배려하는 민주적인 의사결정과 1998년 9월 17일 착공 그리고 2000년 12월 20일 남양주시와 환경빅딜(Big Deal: 구리시는 자원회수시설을, 남양주시는 자원회수시설에서 나오는 소각잔재를 매립하는 시설을 각각 건립하는 협약을 체결)을 거쳐 2002년 4월부터 비교적 성공적으로 가동되고 있다(이종열 등, 2007: 22-55).[5] 하루 200톤의 각종 쓰레기를 처리할 수 있는 소각동에는 구리와 남양주에서 배출되는 쓰레기 160~170톤이 매일 들어온다.

총 500억 원의 사업비를 들인 자원회수시설 건설로 구리시는 213억 원의 건설비와 함께 매년 21억 원의 운영비를 절감하는 효과를 얻었다. 환경빅딜에 따라 국·도비 지원 비율이 30%에서 50%로 상향되었고, 남양주시와 건설·운영비를 분담했기 때문이다.[6]

---

5) 구리시는 애초에 통상적으로 사용되는 소각시설과 소각장이라는 용어를 사용하다가 시민에게 친근한 이미지를 제공하고자 1999년 5월 7일 내부적으로 연돌(煙突, 굴뚝)이용 환경타워 건설 제안이 있었고, 5월 31일 계획안에 대한 의회 설명회 개최를 거쳐 구리타워라는 명칭을 사용하게 된다. 자원회수시설이란 공식명칭 역시 환경친화적 이미지 제고를 위한 용어 선택으로 평가된다. 따라서 이 글에서는 맥락에 따라서 용어의 혼용이 이루어지고 있다.

6) 소각장 건설비는 구리시가 50%, 남양주시가 50%를 부담했다. 매립장 건설비는 구

구리시는 1991~1995년에 구리시 내 입지대상지역의 생태·교통·환경 등을 조사했다. 그리고 1995년 6월 23일부터 8월 14일까지 예비조사를 거쳐 3곳의 후보지를 확정하고(사노동 37번지, 토평동 9-1번지 그리고 토평동 465-43번지), 12월 15일 주변 300m 이내에 주거시설이 없는 토평동 9-1번지 2만 3,000여 평 그린벨트 지역을 최종 선정했다.

이때 3개의 예비 후보지가 결정되자 1995년 9월 19일 입지선정위원회를 구성하여 총 4회에 걸친 의견수렴과 자문 그리고 협의를 거쳐 12월 15일 입지선정위원회의 전원일치로 입지선정을 확정하였다. 1996년 8월과 12월에는 사업추진과 관련된 환경영향평가 사항에 대하여 주민설명회를 개최하였다. 소각장 건설에 앞서 1998년 초 다이옥신 배출량을 허용기준치 이하로 줄이는 과학적 합리성을 보여주었고, 주민간접보상 차원에서 체육시설 등의 건립을 약속했다. 그러나 소각장 시설과 500~600m 인접한 아파트 주민들이 2001년부터 입주하면서 기존에 이행된 절차는 무시하고 무조건적인 저항을 시작했다. 기피시설인 소각장 건설에 따른 집값 하락, 유해물질 관리에 대한 불신, 그리고 남양주시의 쓰레기까지 소각하여야 한다는 것 때문이었다(주재복·한부영, 2006: 74).

이에 대해 구리시는 다이옥신에 대한 안전성을 입증하고 주변의 지가 하락에 대비하면서 합의에 이르게 되었다(김창수, 2008: 68-70). 구리타워를 찾는 시민들은 석양에 물든 도봉산의 장관을 보며 발아래 소각장은 개의치 않는다. 전국에서 매일 공무원 등 50여 명씩이 견학을 온다. 타이완·중국 등에서도 견학을 다녀가는 구리시의 자원회수시설은 '혐오시설의 친환경적 운영'의 대표적 성공사례로 평가받고 있다(경기일보, 2007. 4. 20).

2) 남양주시 소각잔재매립장 입지갈등 경험

리시 29.7%, 남양주시가 70.3%(도시계획인구기준)를 부담하기로 하였다(주재복·한부영, 2006: 72).

남양주시는 「폐기물관리법」 제4조에 따라 1992년부터 별내면 광전리 일대 28만 4,000㎡에 쓰레기매립장 사업을 추진했다. 그러나 이에 반대하는 주민들이 10건의 소송을 제기해 공사 중단과 재개가 반복됐다. 특히 「폐기물처리시설 설치 촉진 및 주변지역 지원 등에 관한 법률」에 의해 이루어진 사업승인이 입지선정위원회를 구성하지 않은 절차적 흠 때문에 법원에 의해 무효화되었다(수원지법, 2000. 7. 12; 서울고법, 2001. 5. 1. 판결).

이때는 1995년 택지개발 이후 1997년부터 매립지 인근에 6,300여 가구가 입주한 상태였는데 남양주시는 대법원에 항고를 포기하는 대신, 입지선정위원회를 구성하지 않아도 되는 「폐기물관리법」을 적용해 사업의 재승인을 받았다. 2000년 12월 20일 환경빅딜 이후 에코-랜드라는 명칭으로 하루 71톤 규모의 소각잔재매립장 건설을 추진하던 남양주시는 지역주민들의 반대로 인해 공사가 계속 지연되었다(이종열 등, 2007: 57-118).

2005년 9월 29일에 겨우 공사를 재개하였으나 지역주민들의 반대로 공기가 지연되고 있는 상황에서 2006년 4월 3일에는 주민들과 건설회사 용역직원들 간의 폭행사건이 발생했는데, 공중파를 타면서 전국적인 사건으로 부각되었다(중앙일보, 2007. 1. 30). 2007년 5월에 들어와 대상지역의 산지 절개면적이 20만㎡ 이상임에도 불구하고 환경영향평가를 받지 않았기 때문에 환경부의 요구로 공사가 중단된 상태에서 반대주민들이 경기도지사를 상대로 제기한 '폐기물처리시설 설치승인처분 무효 확인소송'에 직면했다(김창수, 2008: 82-83).

그런데 2008년 2월 18일에 이 소송이 수원지법에서 기각됨에 따라 중단된 공사를 2008년 4월부터 재개하여 2009년 말 완공할 방침이었다. 주민들은 소송에서 '경기도와 남양주시가 환경영향평가를 실시하지 않았고, 도시계획 변경결정을 경기도지사가 아닌 남양주시장이 했기 때문에 설치승인은 무효'라고 주장했다. 그러나 재판부는 '에코-랜드는 규모가 30만㎡ 이하로 환경영향평가 대상이 아니며, 도시계획 변경 결정권자에 대한 하자는 사업계획을 무효로 할 만큼 중대하지 않다.'고 밝히고 소를 기각하면서 공사가 재개된 것이다(조선일보, 2008. 2. 19).

2008년 10월 10일 서울고법 항소심에 이어 10월 23일에는 대법원의 확정판결로 지루한 법정공방이 대단원의 막을 내리면서 남양주시 관계자는 법적 정당성을 바탕으로 2010년 하반기 공사 완공까지 시민들의 협력을 요청했다.[7] 2008년 12월 11일 남양주시 K시의원은 시의회에서 관련 예산이 통과된 후 공사반대 단식농성에 돌입한다. 그러나 2009년 3월 31일에는 일부 주민들의 반대 속에 3년 만에 공사가 재개되어 2010년 말에 완공 예정이었으나(조선일보, 2009. 4. 20), 실제는 2011년 6월에야 완공되었으나 부실시공으로 인해 8월에는 수해를 입기도 했다.

3) 하남시 광역화장장 입지갈등 경험

2006년 9월 하남시장은 3,000억 원을 공사비로 집행하고, 2,000억 원의 인센티브를 지역발전의 모티브로 삼겠다며 광역화장장 건설을 추진하겠다고 밝힌다(김창수, 2008: 80-81).[8] 하남시 광역화장장 건립추진은 당초 경기도가 가평군에 건립비용 외에 1,200억 원의 인센티브를 제공하는 조건으로 추진하다가 주민반대로 무산되면서 시작됐다.

이에 따라 하남시장은 비록 공약사항은 아니었지만 취임 직후 하남시 발전방안의 일환으로 광역장사시설 유치계획을 구상하여 경기도에 인센티브 지원을 건의했고, 경기도는 서울시와 하남시 간의 빅딜을 전제로 하남시의

7) 2007년 5월 18일 환경부에서 에코-랜드 조성사업과 관련하여 「환경·교통·재해 등에 관한 영향 평가법」 제2조 제3항에 따른 환경영향평가대상(산지전용면적 20만㎡ 이상) 여부에 따른 공사중지를 남양주시로 통보하였으나, 2008년 10월 23일 대법원판결에 따라 환경영향평가대상이 아님이 결정되어 공사중지요청을 해제함을 2008년 11월 5일 남양주시로 알리게 된다(http://www.nyj.go.kr/eco-land/).

8) KBS 시사기획 쌈(2007. 10. 1)에서 '하남 반란을 꿈꾸다'라는 제목으로 당시 찬성 측과 반대 측의 의견대립과정을 상세하게 묘사했다. KBS 시사기획 쌈(2007. 12. 17)은 이어서 '투표, 갈등의 끝인가?'라는 제목으로 2007년 12월 12일 하남시의 주민소환투표 과정을 담았다.

요구를 수용하면서 사업이 진행되어 왔다(동아일보, 2008. 4. 28).[9] 2006년 10월 9일 경기도지사의 발표에 이어 10월 16일 하남시장은 하남시의회에서 지역발전을 위해 경기도 광역화장장을 유치하겠다고 밝힌다.

그러나 10월 23일 주민설명회가 주민반발로 무산된 후 11월 21일에는 '하남시 광역화장장 유치반대 범시민대책위원회'가 꾸려져 대규모 반대집회가 열린다(서정환, 2007: 80-81). 2007년 6월 12일에는 용역결과를 바탕으로 최종 후보지를 발표(상산곡동 산 145번지 일대 30만 평)하는데, 6월 26일 열린 공청회에 반대 측은 불참하고 공청회장 앞에서 농성한다.

한편 2007년 5월 11일 「주민소환에 관한 법률」이 시행되는데, 이를 근거로 7월 23일에 화장장을 반대하는 주민들이 하남시장과 시의원 3명 등 선출직 4명에 대해 주민소환을 추진하는 사태가 발생하였다. 이는 법률 시행 이후 처음 발생한 사례였다. 2007년 9월 20일 주민소환 투표가 실시된다는 내용이 8월 31일에 공고됨에 따라 시장의 직무가 정지되었다. 우리 사회의 민주화가 상당히 진척되어 주민들의 권리의식이 제고된 상태에서 기피시설 입지와 관련하여 이해관계자인 지역주민들이 자기의견의 개진기회를 갖지도 못하고 일방적으로 결정을 통보받으면서 분노를 표출한 것이었다(김도균, 2007: 31). 하남시장은 뚜렷한 개발의지가 있었고 합법적으로 업무를 추진하였지만, 지방의회의 소수의견과 대다수 주민들의 의사를 무시한 결과 주민소환의 위기에 직면했던 것이다(국민일보, 2007. 8. 5).

하남시 선거관리위원회에서 2007년 9월 20일을 주민소환투표일로 결정하지만, 청구요건인 유권자 15%를 넘긴 서명부에 허위·대리 불법 서명이 70% 이상이라서 무효라는 시장 측의 주장이 수원지방법원에 일정 부분 받아들여지면서 9월 13일에 주민소환투표 일정이 무산된다. 당시 수원지방법

9) 「장사 등에 관한 법률」 제2조에 의하면, 화장시설이란 시체나 유골을 화장하기 위한 시설을 말한다. 그리고 장사시설이란 묘지·화장시설·봉안시설·자연장지 및 장례식장을 포함하는 넓은 개념이다. 따라서 본 연구에서 사용하는 화장장은 통속적인 의미로 사용되고 있다.

원은 청구사유 기재 불이행이라면서 3만 명 이상이 서명한 서명용지를 무효화한 것이다. 시장은 직무정지 20일 만에 시장실로 돌아왔다.

그러나 선관위에서 주민소환을 재추진할 수 있다는 유권해석을 받은 후 주민소환추진위원회는 소환청구서류를 접수하고 재추진 과정을 밟게 된다. 2007년 12월에는 대통령선거와 주민소환 투표가 뒤엉킨 하남시의 거리에는 대선후보들과 주민소환투표 찬반세력의 유세차량과 현수막이 뒤덮였다. 2007년 12월 12일 주민소환투표 결과 지방의원 2명이 소환되고, 하남시장은 투표율이 3분의 1에 미달하여 38일간의 직무정지를 끝내고 직무를 계속하게 된다.

이런 와중에 2008년 4월 4일 경기도가 「장사 등에 관한 법률」 제5조 개정을 통한 장사정책의 변화를 이유로 인구 10만 명당 2~3기의 화장로를 갖춘 화장장을 시·군별로 마련하는 '1시군 1화장장 건립사업'을 추진한다면서 약속한 건설비와 인센티브를 주지 않겠다고 포기선언을 하면서 하남시의 반발을 샀다(연합뉴스, 2008. 4. 10). 이처럼 장사법 개정으로 광역화장장이 무산된 상황에서 4월 28일 하남시장은 광역화장장을 포기하는 대신에 '경기도의 하남시 발전지원 합의'를 이끌어 내면서 화장장 건립계획을 공식 포기한다(한국일보, 2008. 4. 28). 하남시의 2008년 주요 업무계획에서는 열린 행정을 강조하고 있다.

4) 한국전력의 송전철탑 경과지 선정 실패와 성공 경험

기장군 장안읍과 울주군 서생면에는 2010년 12월 신고리원전 1호기가 완공되었고, 2011년 12월에는 신고리원전 2호기가 완공될 예정이다. 그리고 이에 맞추어 기장군 정관면과 경남의 양산 그리고 밀양을 거쳐 창녕군의 북경남변전소에 이르는 90.5㎞의 765kV 고압 송전철탑 162기 건설계획이 추진되고 있다. 그런데 이처럼 한전이 2008년 8월 첫 삽을 뜬 뒤 2011년 5월 준공을 목표로 하던 고압 송전선로 공사와 관련한 갈등이 예사롭지 않게 진행되면서 2012년 4월로 완공목표를 연기하였다.

현재 부산광역시 기장군 정관신도시에 765kV 송전선로와 17기 송전철탑 건설이 추진되고 있다. 물론 한국전력이 2000년 확정된 정부의 장기 전력 수급계획에 따라 2002년부터 총사업비 5천억 원을 투입하여 합법성을 충족하고 보상을 완료하였다. 그런데 2009년 초부터 입주를 시작한 정관신도시 입주민들은 인근에 고압 송전선로가 들어선다는 사실을 전혀 몰랐고, 부산시가 정관신도시를 '생태환경도시'로 대대적으로 홍보해 입주를 결정했다고 한다. 8개 아파트단지 5천 세대 1만 5천명의 입주민들은 송전탑과의 이격거리가 800m에 불과해 전자파와 재산권 피해 그리고 경관훼손의 비용을 고스란히 떠안게 되었다며 송전선로 계획의 철회를 요구하고 있다. 정관 산업단지 입주기업들도 고압 송전선로 전자파로 인한 정밀기기 오작동, 품질관리 피해 등을 우려하고 있다.

기장군 정관면의 이장, 상인연합회와 정관 산업단지 대표들로 구성된 '765kV 송전선로 백지화대책위원회'는 2010년 4월부터 주민서명을 받고 있고, 국회와 중앙정부에 탄원서를 제출하고 부산지방법원에는 '공사 중지 가처분신청서'를 제출했다. 2010년 9월 4일부터는 주민궐기대회를 추진하면서 거칠게 가시를 세우고 있다. 한편 2010년 9월 9일에 이르면 한전은 주민협의체를 구성하여 대안을 모색하자는 제안을 하지만, 대책위원회는 받아들이지 않았다. 2011년 3월 1일 한국전력은 정관면 765kV 송전탑 공사 강행 입장을 기장군청에 전달한 후 다음날 공사를 위한 벌목 작업에 나서면서 기장군청은 물론 지역주민들과 갈등을 빚고 있다.[10)]

---

10) 이해관계자들이 진정한 담론(authentic discourse)을 추구하면 갈등해결의 실마리를 풀 수 있다. 담론 참여자들 사이의 신뢰가 바탕이 되어 자신만을 고려하는 원자화된 의도성과 이기심을 배제하고, 상대방의 얘기를 상대방의 입장에서 존경심으로 경청하며, 저명한 과학 공동체에 의해서 과학적 합리성에 대한 실질적인 공헌이 이루어진다면 가까이 다가갈수록 문제해결의 가능성은 더 높아지기 때문이다. 이때 진정으로 중요한 것은 공사주체인 한전뿐만 아니라 지역주민에게도 진정한 담론형성의 무거운 책임이 동일하게 적용된다는 점이다. 물론 2000년 전력수급계획 단계에서 관련 당사자들이 함께 고민했다면 좀 더 원만하게 갈등이 해결되었을지도 모른다. 여하튼 이제 집행단계에서 진정한 담론을 통해 함께 문제를 해결해야 하는 국면에 이르렀다. 그러므로 한전은 일단 800m 이격거리에 있는 주민들에게 전자

이처럼 전원개발사업 실시계획 승인 후에 이를 사후에 인지한 지역주민들의 반발로 사업이 지연되어 전력사업에 큰 차질을 빚던 문제점이 지적되어 왔기 때문에 정부는 2003년 12월 30일「전원개발촉진법」제5조의 2를 신설하여 주민 등의 의견청취를 규정한다. 실제로 정관신도시 송전철탑 건설계획은 이미 2002년에 주민의견수렴 규정이 생기기 전에 이루어진 것이다. 나아가 정부는 2009년 1월 30일에는 전원개발사업자(電源開發事業)는 실시계획의 승인 또는 변경승인을 받으려는 경우에는 승인 또는 변경승인을 신청하기 전에 사업시행 계획의 열람 및 설명회를 통하여 대상사업의 시행으로 영향을 받게 되는 지역의 주민 및 관계 전문가 등의 의견을 들어야 하도록 개정한다.

정부에서 협력기획을 제도화한 이후 성공적인 경과지 선정사례가 등장하고 있다. 2010년 한국전력은 세종시의 전력공급을 위한 송전철탑 경과지 선정과정에서 이전과는 다른 접근을 시도하였다. 송전철탑 입지선정 단계에서부터 이해관계가 있는 유성구 통장협의회 회장, 금남면 이장협의회 대표, 현도면 이장협의회 대표를 참여시키고 사회갈등연구소 소장인 박태순 소장이 조정자(facilitator)로서 참여시켰고, 이때 회의결과를 현장에서 주민들이 반대하면 무용지물이 될 수 있다고 생각하여 해당 마을을 4차례 찾아가 답사하고 주민들의 의견을 수렴하였다. 이를 통해 2010년 9월 고성이

파의 안전성에 대한 과학적 증거를 제시하는 것이 급선무이다. 그리고 편익과 비용이 공정하게 배분되도록 테이블에 마주 앉자 입씨름 비용을 지불할 각오를 해야 한다. 유럽에서 방사성폐기물처분장 입지선정 등 갈등사례를 깊이 연구해온 런던대학교 Rydin(2003) 교수는 소통(communicative rationality)을 통해서만 과학적 안전성은 물론 경제적 합리성까지 확보할 수 있다고 강조한다. 따라서 한전이 주민협의체를 만들자고 하는 제안을 지역주민들과 대책위원회는 거부하지 말고 일단 협상 테이블에 앉아 대화를 시작해야 할 것이다. 위험사회를 지혜롭게 살아가기 위해서는 모든 당사자들이 안전성과 위험성은 물론 지가하락에 따른 보상의 공정성에 대한 사회적 합의를 위해 진정한 담론에 임해야 한다. 매년 전력사용량이 증가하고 있는 영남지역 전기 공급을 위한 기간산업의 맥락에서 보면 정관주민들은 지역이기주의에 빠진 것으로 볼 수도 있다. 그러나 이제는 시민들의 안전과 삶의 질에 대한 권리의식이 제고된 상태이기 때문에 더 이상 이러한 공리주의적 주장은 타당하지 않다.

오간 첫 회의 시작 이후 2년이 예상되던 경과지 선정 작업을 5차례 회의를 거쳐 9개월 만에 완료하였다. 한국전력은 3차원 시뮬레이션으로 주민들에게 선정된 경과지의 모습을 보여주었다. 관계자들에 의하면, 송전탑 경과지 선정에는 법정소송까지 포함하면 통상 4년 이상의 기간이 소요된다고 한다. 한국전력은 상대방에 대한 이해(understanding)를 바탕으로 당사자들이 모두 이기게 하는 방법, 즉 양보를 통해 갈등 해결책을 찾았다. 이는 정책이견 단계에서 갈등이 조정되어 민주적인 합의형성과정이 오히려 더 경제적임을 입증한 좋은 선례로 남았다.

4. 협력적 정책기획의 성공조건

사례의 비교분석 결과에 의하면, 경기도에서 한강을 끼고 인접한 3개 지방정부의 기피시설 입지과정과 한국전력의 세종시 송전철탑 경과지 선정과정에서 보여준 정책기획의 모습은 판이하게 달랐다.[11] 이러한 4개 사례의 분석결과를 바탕으로 협력적 정책기획의 성공조건을 논의해 볼 수 있다. 첫째, 정책기획과정에 이해관계자들이 참여할 때 정책목표에 먼저 동의하는 것이 매우 중요하다는 것이다. 일단 목표에 동의하게 되면 세부적인 계획을 조율하면서 원만한 정책집행이 가능할 수 있기 때문이다.

그러나 현실적으로 참여자들이 처음부터 정책목표에 온전히 동의하는 것은 매우 어렵고, 참여과정에서 서로 다른 의견이 조율되면서 사회적 합의를 도출하게 된다. 구리시의 경우 정책목표에 합의하기 위해 지속적인 노력을 기울인다. 한국전력의 세종시 송전철탑 경과지 선정과정에서 지역주민들은 세종시의 전력공급이라는 정책목표에 크게 이의를 달지 않았다. 반

11) 유재원·소순창(2005)은 우리나라 지방정부의 정책과정이 협력과 협상으로 특징지어지는 네트워크보다 명령과 복종으로 특징지어지는 계층제가 더 일반적인 현상임을 실증적으로 규명한다. 이런 입장에서 보면 구리시의 사례는 통계학적 의미에서 극단치(outlier)에 해당하는지도 모른다.

면 남양주시나 하남시의 경우 원래 의도했던 계획을 강요할 뿐 서로 양보하고 합의하는 노력을 제대로 기울이지 못했다. 목표에 대한 합의는 역지사지(易地思之)를 바탕으로 해야 한다.

포스트모더니즘(postmodernism)은 나와 다른 사람을 인식적 객체로서가 아니라 도덕적 타자(moral other)로 인정한다(他者性, alterity). 공동체에 대해 모든 결정과정을 공개할 것을 요구하며 다양한 이견(異見)을 존중하고 심지어 무질서를 허용할 것을 강조한다(Farmer, 1995: 227-245). 개발을 통해 이득을 보는 사람과 보전을 통해 이득을 보는 사람은 서로 매우 다른 입장에 서 있다. 그런데 일방이 타방에 대해 한 가지 주장만을 강요하게 될 때 결코 합의점을 찾을 수가 없다.

나 아닌 다른 사람을 도덕적 타자로 인정하고, 과학적 합리성을 바탕으로 성실하고 능동적으로 담론에 임할 때 목표에 대한 합의의 가능성은 높아진다(강신택, 2002: 183-187).[12] 이러한 관점에서 남양주시가 지역공동체 구성원들에 대해 합법성으로 무장하고 폭력을 행사한 점은 비판받아야 한다.

둘째, 반대자를 포함한 모든 이해관계자들의 의견이 공정하게 대표되는 포용성과 더불어 모든 과정이 공개되는 정책기획이 요구된다는 것이다. 구리시는 3개 후보지를 놓고 최종 입지선정을 위해 입지선정위원회를 구성하여 정책과정을 투명하게 보증하였기 때문에 협력적 정책기획에 성공하였다. 한국전력의 경우에도 세종시 송전철탑 경과지 선정과정에서 공정하고 투명한 협의체를 구성하였다. 그러나 남양주시와 하남시의 경우 입지선정위원회 구성을 회피하고 일방적으로 입지선정을 함으로써 정책과정의 투명성

12) Dukes(2004: 165-187)는 서로 적대적인 관계에 있는 미국 남부의 담배농장주들과 공익보건단체가 포럼을 형성하면서 생산적인 대화를 하고, 담배농장주들은 담배제조회사와 미디어의 건강에 대한 왜곡보도에 시달려 오다가 공익보건단체와 면대면 대화를 통해 새로운 학습을 허용하고, 결국 감정이입을 통해 공통가치와 목표를 인식하게 되는 과정을 상세하게 묘사했다. 그래서 여전히 약간의 차이와 공통관심사를 모두 인정하면서 2001년 이후 대통령 소속의 연합위원회를 형성하고 있다.

확보에 실패하였다.

Lindblom과 Woodhouse(1993: 126－138)는 엘리트의 영향력을 배제하고 소수의 견해를 반영하기 위해서는 다양한 전문가 그룹들과 아이디어 경쟁을 할 것을 제안하는데, 이견이 반영될 수 있도록 전문가와 반대세력이 포함된 구리시의 입지선정위원회는 앞으로 지방정부의 기피시설 입지과정에서 시금석이 될 것으로 평가된다. 그런데 <그림 1>과 같이 사례분석을 통해 확인할 수 있었던 사실은 정책기획 순서(temporal ordering)에서 정책과정의 투명성 조건이 먼저 충족되어야 참여자들의 정책목표에 대한 합의 조건의 충족이 가능하다는 것이다. 정책과정을 은밀하게 진행하면서 목표의 합의를 강제하면 진정한 협력은 어렵다.

▮그림 1. 협력적 정책기획의 구조 (1)

		정책목표 합의(t_2)	
		높음	낮음
정책과정 투명성(t_1)	높음	구리시 자원회수시설 세종시 송전철탑 경과지 선정	
	낮음		남양주시 소각잔재매립장 하남시 광역화장장

셋째, 정책주체가 지역주민들이 파트너로서 함께 책임을 지고 정책기획과정에 처음부터 참여할 수 있도록 허용하는 것과 더불어 지역주민들도 일방적인 반대자가 아니라 문제해결자로서 적극적인 책임감을 보여야 한다는 것이다. 구리시는 지역주민과 전문가를 포함하는 입지선정위원회 구성원들과 함께 입지선정을 하고, 시범운영과 모니터링을 함께함으로써 신뢰관계를 구축하였다. 한국전력의 경우에도 세종시 송전철탑 경과지 선정과정에서 이해관계 있는 통장과 이장 대표는 물론 현장의 지역주민들도 참여하여 적극적으로 의견을 개진하는 책임감을 보였다. 그러나 남양주시와 하남시

는 입지선정과정에 반대하는 주민들의 참여를 철저하게 배제함으로써 불신의 골이 깊어졌다.

Conyers(1982: 102-139)는 기획과정에서 시민과 공동체의 참여를 매우 중요하게 생각하였다. 그녀는 참여기획에서 시민참여가 중요한 이유는 중요한 현장정보의 획득, 사업에 대한 일체감과 지지의 확보, 가장 기본적인 민주적 권리의 부여 측면 때문이라고 한다. 가령 현장조사, 인터뷰, 공청회 개최는 현장정보의 획득을 위해 매우 중요하다. 그러나 그녀는 참여를 유도하는 것이 지극히 어렵고, 또 참여가 기획과정을 복잡하게 만들 수 있음을 강조한다. 그럼에도 불구하고 공동체 수준의 참여가 많은 사람들의 직접적인 참여를 이끌어 내는 데 중요하다고 한다.[13)]

이처럼 협력에는 다양한 비용이 수반되지만, 참여하는 구성원의 도덕성(morality)의 수준이 높으면 오히려 편익으로 전환될 수 있는 것이다(Pellikaan and Veen, 2002: 197-209). 시민사회 역시 반대를 위한 반대를 하기보다는 책임감과 도덕성의 수준을 높여야 하는 이유가 여기에 있다.

넷째, 민선자치시대에 시장의 협력적 리더십이 결정적으로 중요하다는 점이다. 시장주도로 반대자들을 끌어안은 구리시장의 협력적 리더십은 정책기획을 성공으로 이끌었다. 한국전력의 경우에도 최근 세종시 송전철탑

---

13) 결정에 참여하는 사람의 수가 증가할수록 결정비용이 증가한다는 명제는 직관적으로 그럴듯하다. 의사결정자의 수가 여럿일수록 조정과정은 더 어려워진다는 것은 상식적인 가정이다. 그러나 Lindblom(1965: 156)은 점진적이고 단속적·비연계적인 의사결정에서는 더 적은 수보다 더 많은 수의 의사결정자들이 조정을 더 용이하게 한다고 한다. 만일 각자가 서로 다른 이익을 대표한다면, 그리고 그들이 문제를 서로 다르게 바라본다면, 상호 조절의 가능성은 훨씬 더 커진다. 조정을 이룩하기 위하여 의사결정자의 다수성에서 오는 다양한 에너지와 관심과 지성을 활용할 수 있기 때문이다(김영평, 1995: 33-34). 무엇보다 다수의 이해관계자가 관련되어 복잡하고 논쟁의 여지가 있는 공적 이슈에 대해서는 소통을 통한 합의형성(consensus building)이 유일한 대안이다(Innes, 1996: 460-472). 결국 정책기획에서 중요한 열쇠는 참여자의 수가 아니라 다양한 참여자들이 얼마나 공정하게 참여하여 수평적인 면대면 상호 작용(face-to-face encounter)을 할 수 있느냐이다(Fox and Miller, 1995: 111-159).

경과지 선정과정에서 협력적 리더십을 보여준 것으로 평가된다. 그러나 남양주시의 소각잔재매립장과 하남시의 광역화장장의 경우에는 시장이 시민사회의 반대세력을 철저하게 배제함으로써 갈등과 분쟁을 증폭시킨 사례로 평가된다.

Fox와 Miller(1995: 159)는 그의 저서 마지막 장에서 귀 기울여 듣는 것(傾聽: listening)이야말로 자기기만에서 벗어나게 하는, 담론이론이 함축하는 적극적 책임감(proactive responsibility)이라고 강조한다. 이는 동양에서 얘기하는 이청득심(以聽得心)의 지혜와 상통한다. 즉 귀 기울여 들어야 사람의 마음을 얻을 수 있다는 것이다. 상대방의 말을 경청하기보다는 자신을 주장하는 일에 더 골몰하고, 마음의 문을 열고 상대방의 말을 받아들이기보다는, 편견과 아집으로 상대의 말을 끊어 버리는 일을 경계하는 것은 진정한 담론의 가장 중요한 조건이다.

▮그림 2. 협력적 정책기획의 구조 (2)

		정책참여자 책임감 (t_2)	
		높음	낮음
협력적 리더십 (t_1)	높음	구리시 자원회수시설 세종시 송전철탑 경과지 선정	
	낮음		남양주시 소각잔재매립장 하남시 광역화장장

그런데 <그림 2>와 같이 사례분석을 통해 확인할 수 있었던 사실은 협력적 리더십 조건이 먼저 충족되어야 참여자들이 안락의자에 앉은 고객으로서 불평만 하지 않고 책임감을 가지고 협력할 수 있다는 점이다.[14)]

14) 물론 예외적인 경우이지만, 반대의 상관관계가 나타난 사례도 있다. 1992년부터 천안시 백석동에 쓰레기소각장을 은밀하게 추진하던 지방정부에 대해서 시민사회와 지역주민들이 파트너로서 끝까지 성숙한 책임감을 보이면서 1998년 협력에 성공한 사례가 있다(배응환, 2004).

5. 맺음말

삼성경제연구소의 「한국의 사회갈등과 경제적 비용」에 관한 2009년 보고서에 의하면, 우리나라의 사회갈등지수가 0.71로 나타나 경제협력개발기구(OECD) 27개 회원국 가운데 4번째로 높은 것으로 나타났다. 이 보고서는 우리나라 사회갈등지수를 OECD 평균인 0.44로 줄이면 1인당 GDP가 27% 증가할 것이란 분석을 내놓고 있다. 본 연구는 협력적 정책기획의 지혜를 통해 우리사회의 정책갈등을 저감하고자 하는 의도에서 추진되었다.

협력적 정책기획은 정책과 계획이 이미 결정된 상태에서 지역주민이 협력자로 나서라는 것이 아니라 정책과 계획이 결정되는 과정에서부터 파트너로서 함께 참여하여 결정하고, 집행과정에서도 협력하라는 것이다. 이는 전통적인 정책기획의 개념을 해체(deconstruction)하는 중대한 도전이다.

1990년 이후 협력적 정책기획의 지혜를 발휘한 정책주체와 그렇지 못한 정책주체의 정책성과는 확연히 차이가 났다. 본 연구에서 분석한 경기도의 3개 인접 도시들과 한국전력의 정책과정이 상이했고, 이에 따라 정책성과가 상이하게 나타난 점은 주목할 만하다. 구리시가 정책기획단계에서부터 적극적이고 공정한 입지선정위원회를 구성한 것은 기피시설 입지를 위한 협력적 정책기획의 모범사례로 평가된다. 한국전력의 세종시 송전철탑 경과지 선정과정 역시 협력기획의 모범사례로 평가된다. 반면 남양주시의 경우 1990년대에 이미 첫 단추를 잘못 끼워 미궁 속으로 빠져들었으며 민선자치시대에도 입지선정위원회 구성을 끝까지 거부하고 일방적인 정책추진을 하면서 심한 후유증을 남겼다. 무엇보다 하남시의 경우 이미 수많은 지방정부에서 시행착오를 경험한 상태인 2006년의 시점에서 시장이 일방적으로 사업추진을 발표하고, 최종후보지를 선정하는 독선적 일처리 때문에 주민소환의 위기에 직면하기도 하였다.

이러한 연구결과의 일반화 가능성도 조심스럽게 내다볼 수 있다. 이는 방사성폐기물처분장과 같은 국가적 위험시설의 입지과정에서도 타당성을 보였기 때문이다. 먼저 북구유럽의 방사성폐기물처분장 입지성공 사례들이 그러하다. 1995년부터 15년간 부지선정 과정 거친 스웨덴 포스마크 고준위 방사성폐기물처분장 입지성공 사례는 협력기획의 모델을 제공하고 있다.

스웨덴은 1995년에 고준위방사성폐기물처분장 부지선정에 들어가 15년 동안 이해관계주민 2만 5천 명을 모두 만나는 설득작업 끝에 2009년 부지 선정에 성공한 것이다. 물론 스웨덴 방사능 안전국은 5년간의 과학적 심사 끝에 안전성을 검증하였고, 웨스트 함마르의 시의회 산하 3개 위원회에서 검토를 하면서 투명성을 확보하였다. 그리고 매년 70억 원 상당을 폐기물 기금에서 지원하고 있다.

핀란드 '고준위 방사성 폐기물 처분장' 입지선정 성공사례 역시 마찬가지이다. 핀란드는 무려 37년에 걸쳐 사용 후 핵연료를 영구처분하기 위한 로드맵을 세운다. 핀란드는 전 국토를 대상으로 17년간의 정밀조사 후 2000년에 최종 부지를 선정했고 2020년부터 영구처분을 할 수 있도록 하기 위한 작업을 진행 중이다. 최종부지 선정과정은 우선 지역의회의 결정을 거쳐 정부에 유치신청하고 정부는 진행과정상 문제가 없는지를 검토해서 의회에 제출하고 의회 동의를 거쳐 영구처분 부지를 최종 확정하였다. 이는 후쿠시마 원전 사고 이후 고리원전 사고를 포함한 안전운전에 대한 정부와 ㈜한국수력원자력의 바람직한 대응방안을 모색하는 데 있어서 많은 시사점을 준다. 여기서 NIMBY를 YIMBY(Yes In My Back Yard)로 전환시키는 지혜를 배울 수 있다.

실제로 20년간 표류하던 방사성폐기물처분장이 경주에 입지할 수 있었던 중요한 배경은 2005년 3월 31일 「중·저준위 방사성폐기물 처분시설 유치지역 지원에 관한 특별법」이 제정되어 절차와 내용이 명문화되고 명확하게 되었다는 점이다. 그리고 2005년 6월 16일 '중·저준위 방사성폐기물 처분시설 후보부지 선정 등에 관한 공고'를 통해 주민투표에 의한 부지선정, 부지적합성 평가 그리고 경제적 지원방안 등 획기적인 내용의 새로운 입지정책을 발표하게 되는데, 이는 국가 차원에서 협력적 정책기획의 성공 가능성을 보여준 사례로 평가된다. '공공기관의 갈등 예방과 해결에 관한 규정'(대통령령 제21185호)이 2009년 1월 1일부터 시행된 것도 이러한 맥락에서 이해할 수 있다.

결론적으로 민주주의는 지역주민의 동의를 얻지 못한 정책은 추진하지 않는 것이 더 낫다는 사실을 입증한다. 권위주의 시대에는 위정자가 정책을 추진하면 지역주민들은 말없이 따를 수밖에 없었다. 그러나 민주주의는 설사 위정자의 뜻이 아무리 선할지라도 지역주민이 동의하고 합의하지 않은 정책을 무리하게 추진하는 것은 독선과 아집이라면서 거부한다. 우리나라 지방정부를 포함한 정책추진주체가 협력적 정책기획에 귀 기울여야 하는 이유가 여기에 있다. 이제 지역주민은 위정자의 복종자가 아니며 위정자의 뜻을 거스르는 폭도도 아니며 위정자의 정책에 협력하는 동반자인 것이다. 동반자는 뜻이 맞지 않거나 옳지 않다고 판단하면 거부할 권리를 갖고 있다. 그리고 위정자의 정책을 자신의 정책으로 받아들이고 함께 책임지고 함께 만들어 가고 싶어 한다. 이것이 21세기 지방정부를 포함한 정책추진주체의 파트너로서 지역주민이며 국민인 것이다.

그러므로 정책을 추진하는 리더들은 이러한 상황변화를 인식하고 협력적 리더십을 발휘할 수 있도록 많은 노력을 기울여야 한다. 계획의 입안단계에서부터 반대하는 이해관계자들과 전문가를 참여시키면서 함께 만들어 가는 지혜를 발휘해야 한다. 조급함으로 합의를 하지 못한 설익은 정책을 추진하다가 지역주민들의 반대로 곤욕을 치르는 것보다는, 입안단계에서 지역주민과의 합리적 대화와 협상을 통해서 사회적 합의를 도출하는 것이 민주적일 뿐만 아니라 효율적이기도 하기 때문이다.

■ 참고문헌

강신택(2002). 「행정학의 논리」. 박영사.

김도균(2007). 지방자치시대 시민들의 권리 찾기 운동: 하남시 광역화장장 유치반대범시민대책위원회 김근래 공동대표 면담. 「월간 말」, 통권 250호

김신복(1993). 「발전기획론」. 서울: 박영사.

김영평(1995). 「불확실성과 정책의 정당성」. 서울: 고려대학교 출판부.

김창수(2005). 점진주의 정책기획의 지혜: 지방정부 감사사례의 분석. 「한국행정학보」, 39(2).

김창수(2008). 「환경정책의 구조와 논리: 갈등과 협력의 대위법」, (주)한국학술정보.

노화준(1995). 「정책학원론」. 박영사.

박용치·윤순진·신동주(2004). 환경정책집행 대상집단의 정책순응에 관한 연구: 구리시 자원회수시설의 사례를 중심으로. 한국행정학회 춘계학술대회 발표논문집.

배응환(2003). 거버넌스의 실험: 네트워크조직의 이론과 실제. 「한국행정학보」, 37(3).

배응환(2004). 협력적 로컬거버넌스의 대두: 천안시 환경기초시설 정책사례를 중심으로. 「한국행정학회 하계학술대회 논문집」.

서정환(2007). 하남시 광역화장장 유치갈등으로 본 지방자치단체장의 역할. 「월간 말」, 통권 251호.

유재원·소순창(2005). 정부인가 거버넌스인가? 계층제인가 네트워크인가? 「한국행정학보」, 39(3).

이강웅(2008). 혐오시설 입지갈등관리의 우선순위 모색: 사회적 인식분석을 중심으로. 「지방정부연구」, 12(2).

이종열·강문희·김창수·서진완·소순창. (2007). 「구리시-남양주시 간 폐기물처리시설 광역화 사업 사례」. 중앙공무원교육원.

주재복·한부영(2006). 「갈등유형별 협력적 로컬 거버넌스의 구축방안」. 한국지방행정연구원.

행정학용어표준화연구회(1999). 「행정학용어사전」. 서울: 새정보 미디어.

九州大學出版會(2004). 「政策分析2003: 政策·制度への歷史的接近の視軸から」.

Baker, Mark(2004). *Socioeconomic Characteristics of the Natural Resources Restoration System in Humboldt County, California.* Forest Community Research/Sierra Institute.

Conley, A. & Moote, M.A.(2003). Evaluating Collaborative Natural Resource Management. *Society and Natural Resources,* 16(5).

Conyers, Diana(1982). *An Introduction to Social Planning in the Third World.* John Wiley & Sons, Ltd.

Dukes, Frank(2004). From Enemies, to Higher Ground, To Allies: The Unlikely Partnership Between the Tobacco Farm and Public Health Communities in the United States, in Lovan, W. R. et al. (eds.). *Participatory Governance: Planning, Conflict Mediation and Public Decision-Making in Civil Society.* Ashgate.

Farmer, David John(1995). *The Language of Public Administration: Bureaucracy, Modernity, and Postmodernity.* The University of Alabama Press.

Fox, C. J. & H. T. Miller(1996). *Postmodern Public Administration: Toward Discourse.* Sage.

Gray, B.(1989). *Collaborating: Finding Common Ground for Multiparty Problems,* Jossey-Bass.

Hambleton, Robin(1979). *Policy Planning and Local Government.* Allanheld, Osmun & Co. Publishers, Inc.

Healey, Patsy(1997). *Collaborative Planning: Shaping Places in Fragmented Societies,* Palgrave Publishers Ltd.

Innes, Judith. E.(1996). Planning through Consensus Building, *Journal of the American Planning Association,* 62(4).

Lindblom, Charles. E.(1965). *The Intelligence of Democracy: Decision through Mutual Adjustment.* The Free Press.

Lindblom, Charles E. & Edward J. Woodhouse(1993). *The Policy-Making Process(3rd ed.).* Prentice Hall.

Margerum, Richard. D.(2002a). Evaluating Collaborative Planning: Implications from an Empirical Analysis of Growth Management, *Journal of the American Planning Association*, 68(2).

Margerum, Richard. D.(2002b). Collaborative Planning: Building Consensus and Building a Distinct Model for Practice. *Journal of Planning Education and Research,* 21(3).

Margerum, Richard. D. & Debra Whitall(2004). The Challenges and Implications of Collaborative Management on a River Basin Scale, *Journal of Environmental Planning and Management,* 47(3).

Mason, Robert J.(2008). *Collaborative Land Use Management: The Quieter Revolution in Place-Based Planning,* Rowman & Littlefield Publishers, Inc.

Millett, J. D.(1959). *Government and Public Administration.* Mc Graw-Hill.

Pellikaan, Huib & Robert J. van der Veen(2002). *Environmental Dilemmas and Policy Design,* Cambridge University Press.

Pierson, Paul(2004). *Politics in Time.* Princeton University Press.

Pressman & Wildavsky(1983). *Implementation(3rd ed.).* Univ. of California Press.

Rydin, Yvonne(2003). *Conflict, Consensus and Rationality in Environmental Planning: An Institutional Discourse Approach.* Oxford Univ. Press.

Selin, Steve and Deborah Chavez(1995). Developing a Collaborative Model for Environmental Planning and Management, *Environmental Management*, 19(2).

Starling, Grover(1998). *Managing the Public Sector(5th ed.).* Harcourt Brace College Publishers.

제7장

지방행정체제개편 논의의 평가와 이슈 그리고 전망

개편추진위원회의 시 · 군 · 자치구 통합기준을 중심으로

서재호

1. 서론

2000년대 이래 지방행정의 가장 뜨거운 이슈는 지방행정체제개편이다. 지방행정체제는 국가의 지역적 근간이며 법인격을 가진 지방자치단체와 지역주민의 존재기반이다. 따라서 지방행정체제 개편은 국가와 지방정부 간 균형을 재조정 하는 것이며, 지방행정체제개편 기준은 균형의 내용이다.

우리나라는 2009년 중앙정부 주도로 전국차원에서 그리고 근본적인 차원에서 지방행정체제 개편을 시도하였다. 이때는 2계층의 지방행정체제를 1계층으로 개편하면서, 시·군·자치구의 기초자치단체를 통합하여 전국을 60-80여개의 광역자치단체로 재구성 하는 것이었다. 중앙정부 주도의 개편시도는 다양한 비판을 불러일으켰고 그 결과 근본적인 수준의 지방행정체제 개편에서 한발 물러선 '자율통합'을 천명하면서 전국의 28여개 기초자치단체에서 자율통합이 논의되었다. 초기에는 자율통합을 통하여 전국적 통합 분위기를 조성한듯하였으나 정작 통합에 성공한 지방자치단체는 통합 창원시가 유일했다.

이러한 결과는 이미 오랫동안 하나의 지리적·행정적 공동체로 주민들이 인식하는 법인격 있는 지방자치단체들에 대한 중앙앙정부의 획일적인 통합 추진은 지역사회를 혼란에 빠뜨리고, 바람직한 방식의 지방행정체제개편을 이루지 못한다는 것을 증명하는 것이라고 할 수 있다. 또한 지역주민과 관련학계로부터 어떤 기준으로 체제개편을 추진할 것인가라고 하는 '내용적 합리성'과 어떤 절차로 개편을 추진할 것인가라는 '절차적 합리성'을 얻지 못한 지방행정체제개편은 불가능하다는 것을 증명하는 것이었다.

이에 따라 국회는 중앙차원의 무리한 지방행정체제개편을 지양하고 통합의 주체가 되는 지방자치단체가 주도하는 체제개편을 위하여 '지방행정체제개편특별법(2010년)'을 제정하였다. 또한 비교적 중립성이 보장된 외부기관을 통해 개편논의를 이어가기 위하여 정부인사와, 중립적으로 체제개편을 논의할 수 있는 학계의 전문가, 지방자치단체협의회의 추천인사들로 구성된 지방행정체제개편추진위원회를 구성하고 이를 중심으로 개편을 추진하고자 하였다.

법에 따라 대통령위원회로 2011년 출범한 지방행정체제개편추진위원회(이하 '개편추진위원회'라 한다)의 활동 결과 2011년 9월 시·군·자치구 통합건의 관련 매뉴얼 작성을 통해 시·군·자치구 통합의 절차와 기준이 제시되었다. 개편추진위원회의 통합기준과 절차는 금명간 지방자치단체와 행정안전부, 개편추진위원회간에 이루어질 지방행정체제개편의 중요한 가늠자가 될 것이다.

이러한 배경 위에 이 글에서는 개편추진위원회가 제시한 지방행정체제개편을 위한 기준과 절차의 의미를 평가하고, 관련 이슈를 점검하며, 향후 지방행정체제개편을 전망하고자 한다.

2. 지방행정체제개편의 의미

1) 지방행정체제의 의의

지방행정체제가 무엇인가에 대한 합의된 정의는 없으나 논의의 범위에 따라 세가지로 구분할 수 있다. 넓은 의미에서 지방행정체제는 지방행정을 구성하는 제 요소를 포괄하며, 지방정부, 주민, 재원, 기능, 공무원, 사무, 계층과 구역 등을 포함한다. 보다 좁은 의미에서 지방행정체제는 계층과 구역, 그리고 정부간 관계를 지칭하는 용어로 사용되기도 한다. 가장 좁은 의미로는 지방행정체제가 계층과 구역만을 가리키는 것으로 사용된다(이승종·서재호, 2009).

일반적으로 체제는 구조와 기능으로 이루어진 하나의 행위단이이다(Collins, 1988:47-48). 특히 개방체제는 외부환경과 상호작용을 하면서 투입-전환-산출과정을 지속적으로 유지하면서 생장해 가는 유기체로 인정받는다. 정치체제가 사회적 가치를 권위적으로 배분하는 과정(Easton, 1955) 즉, 정책을 결정하고 집행하는 과정이라고 할 때, 지방차원의 정치체제인 지방행정체제를 단순히 구역이라거나, 구역과 계층으로 축소하여 규정하는 것은 지나치게 제한적인 이해이다. 지방행정체제란 구역과 계층, 그리고 그와 밀접하게 연관되는 관련 요소로서의 정부간관계, 또는 기능배분 등을 포함하여 규정하는 것이 정당해 보인다.

그러나 현실적으로 우리나라에서 지방행정체제에 대한 논의는 어떻게 하면 행정구역을 현실화하고 다계층의 지방행정계층을 조정할 것인가에 초점이 맞추어져 있으며, 정부간 관계나 기능조정과 배분은 부수적으로 논의되어 왔다. 따라서 이 글에서는 지방행정체제의 의미를 행정체제의 여러 개념차원 중 가장 좁은 구조를 중심으로 논의하며, 따라서 지방행정체제(구조)는 지방행정계층과 지방행정구역으로 구분된다.

(1) 지방행정계층

지방행정계층의 개념은 조직학의 계층(Hierarchy)을 통해 이해할 수 있다. 조직에서 계층(Hierarchy)이란 조직구조의 상태를 설명하는 개념으로, 업무, 권한 등을 기준으로 다른 수준의 업무와 권한을 가진 층과 구분된 수직적 차원의 단위를 말한다(Hall, 1977: 145). 조직이론에서는 권한과 책임의 배분, 명령복종과 지휘감독 체계 확립을 통한 조직구조 설계를 위하여 계층 개념을 활용하는데(Daft, 2007), 계층은 업무의 성격, 통솔의 범위, 업무의 곤란성과 책임성을 기준으로 구분되고 여러 수준의 계층으로 구조화 되며 이는 조직의 수직적 복잡성을 결정한다.

조직이론에서 계층의 개념을 지방행정에 적용하면 지방행정계층은 국가라는 전체 조직구조에서 지방자치단체간에 업무의 성격, 통솔의 범위, 권한과 책임이 구분되는 하나의 단계로 지방자치단체의 구조를 설명하는 개념이다. 지방자치단체가 여러 계층으로 이루어졌다는 것은 업무성격과 지위가 다른 여러개의 계층으로 지방자치단체들이 구조화 되어 있음을 의미한다. 한편, 국가를 하나의 단위조직으로 상정할 때 지방자치단체는 중앙정부와 계층으로 구분된다. 이 경우 지방자치단체를 국가의 하위 행정계층으로 이해하게 되며, 지방자치단체의 계층을 지방자치단체와 중앙정부간의 연결구조로 보기도 한다(이승종·서재호, 2009; 정일섭, 2007: 142 재인용).

지방행정체제에서 계층은 자치계층과 행정(관리)계층으로 구분되기도 하는데, 자치계층은 각 계층별로 자치권이 부여된 자치단체간의 계층인데 비해 행정계층은 수직적 지휘와 감독의 관계를 갖는 행정 관리상의 계층을 의미한다. 우리나라는 지방자치법에 따라 지방자치단체가 국가와 구분되는 별도의 독립된 법인격을 가지고 있기 때문에 지방행정체제에서 자치계층은 명령통일, 지휘감독을 받는 일반적인 조직의 계층제와 달리 지방행정에 대한 민주적 통제와 주민참여의 용이 및 공공서비스의 성격에 따른 합리적 공급을 기준으로 하는 '행정사무'를 중심으로 구분된다(김병국, 외, 1998).

일반적으로 지방행정계층의 구성방식은 단일 계층으로 이루어진 단층제와 2개 이상의 계층으로 이루어진 다층제, 단층제와 다층제가 결합된 혼합계층제로 구분된다. 우리나라의 지방행정계층은 광역자치단체와 기초자치단체라는 2단계의 자치단체 계층을 가지지만, 행정적으로는 '광역자치단체-기초자치단체-(행정시)-읍면동'이라는 3-4단계의 행정계층을 가진다고 하는 것이 일반적이다. 따라서 우리나라는 자치계층과 행정계층간 불일치가 문제라는 지적도 있다. 그러나 이러한 자치계층과 행정계층이 반드시 일치해야 하는 지는 의문이다. 자치계층과 행정계층은 설치목적과 준거가 다르고 각각 기능이 다르기 때문이다.

(2) 지방행정구역

지방자치단체의 구역은 지방자치가 실시되고 있는 나라에서 하나의 지방자치단체의 자치권이 미치는 지역적 범위를 말한다(조창현, 2005). 일반적으로 중앙집권체제에서 지방의 행정구역은 지방자치단체의 자치구역과 개념적으로 구별되지만, 대개의 경우 지방행정구역은 지방자치단체의 자치권이 미치는 구역과 일치는 것이 현실적이다(이승종·서재호, 2009). 우리나라의 지방자치법은 제4조에서 지방자치단체의 구역을 정하면서 '종전의 예에 의한다'고 규정하고 있기 때문에 특별히 법률로 기존의 지방자치단체의 행정구역을 변경하지 않는 한 지방자치단체의 구역은 종전의 범위와 동일하게 출발하였다.

지방자치의 구역은 지방자치단체의 존립 기초로 지방자치단체의 장소적 구성요소이기 때문에, 자치구역이 없는 지방자치단체는 존재할 수 없다고 보는 것이 일반적이다(조창현, 2005; 139, 강용기, 2008; 142). 중앙정부와 지방정부에게 있어 지방행정구역은 지방자치단체의 자치권이 미치는 범위이기 때문에 국가와 지방사무를 처리하는 행정적 단위공간으로서 성격을 가지며, 지방자치단체의 법적 지배 공간의 성격을 가진다. 자치단체에 거주하는 주민들에게 구역은 주민의 지리적 거주공간으로, 심리적 안정감과 일체감을 주는 사회심리적 집단화의 공간으로 공동체 의식 형성의 준거가 되는데(Murphy et al, 2006: 3-6; MacQueen et al, 2001), 특히 구역이라는 공간적 일체감은 지역공동체라는 개념으로 광범위하게 활용되고 있다.

2) 지방행정체제 개편의 의미

지방행정체제를 구조와 기능의 결합으로 이해할 경우 지방행정체제의 개편은 지방행정의 구조와 기능상 변화라는 두가지로 이해할 수 있다. 다만, 여기서는 구조를 중심으로 논의하기 때문에 구조의 두가지 변화인 계층의 개편과 구역의 개편으로 나누어 지방행정체제개편의 의미를 살펴보았다.

(1) 지방행정계층의 개편

지방행정계층의 개편은 단일 계층으로 구성된 단층제, 2계층 이상으로 이루어진 다층제, 단층제와 다층제가 결합된 혼합계층제간의 변화를 의미한다. 자치계층의 변화는 한 국가의 자치계층 전체를 단층제에서 다층제로, 혹은 다층제에서 단층제로 변화하도록 하는 계층의 변화와, 개별 자치단체의 계층의 성격을 변화시키는 것으로 구분할 수 있다. 예컨대, 우리나라에서 전자의 계층개편은 광역시와 도를 없애고 국가의 모든 지방자치단체를 시·군·자치구의 단층제로 개편하는 것이라고 할 수 있다(2006년 국회 지방행정체제개편 특별위원회가 제시한 안). 후자의 계층개편은 서울시의 관할하에 있는 몇몇 자치구를 분할하거나, 제주특별자치도 처럼 기초자치단체의 법인격을 폐지하고 광역특별자치도를 탄생시키는 것이 그 예이다.

한편, 지방행정체제는 일차적으로 법인격이 있는 지방자치단체로서 광역자치단체와 기초자치단체로 구분되지만, 법인격이 없는 행정시와 행정구, 최일선의 행정조직인 읍·면·동을 포함하면 4계층이 된다. 행정시와 행정구, 읍·면·동의 개편은 법령의 개정사항이 아니고 지방정부의 결정에 의하기 때문에 개편이 비교적 자유롭다. 다만 주민자치가 강화될수록 최일선의 읍·면·동의 주민자치회에 자치권이 부여되고 행정권한이 위임될수록 최일선의 읍·면·동 행정체제 개편의 중요성이 부각될 수 있다.

(2) 지방행정구역의 개편

지방행정구역개편은 지방정부간 경계조정에서부터 지방자치단체간 구역통합에 이르기까지 지방정부의 경계변경을 초래하는 모든 개편을 의미한다. 지방행정구역 개편은 물리적인 경계조정에서 출발하지만, 그 결과는 고도의 정치적·사회경제적 지형의 변화를 초래하기 때문에, 지방자치단체의 행정구역 변경은 특정한 공간을 준거로 경제 및 사회생활을 영위하는 사회정치적 세력의 이해관계를 조정하고 반영하는 것으로 이해된다(이승종·서재호, 2009; 안용식 등, 2007:100-101 재인용).

지방행정구역의 개편과 관련하여 경우 어느 정도 규모의 행정구역이 적정한지에 대해서는 분절(fragmentation)화된 행정구역보다 통합(consolidation)하여 확장된 행정구역이 보다 바람직하다는 상반된 입장이 오랜기간 존재했다(이승종·서재호, 2009: 24-30). 이들의 논쟁은 현재 진행형이기는 하지만, 두 주장을 종합하면 양 주장의 장단점은 거의 대척관계에 있다. 우선, 통합하여 구역이 확장하는 것이 바람직하다는 통합론자들의 주장에 의하면 효율성차원에서는 규모의 경제를 달성할 수 있으며, 수평적 형평성 차원에서 제 사회계층간 조정과 통합이 용이해지며, 민주성면에서는 책임소재를 명확히 할 수 있다는 점이 장점으로 지적되고 있다(ACIR, 1974; Barlow, 1991; Keating, 1995).

반면 분절화 하는 것이 바람직하다는 분절론자들에 따르면 구역을 작게 분절화 할수록 경쟁으로 인한 효율성과 자원배분의 효율성을 확보할 수 있으며, 수익자부담과 연계할 수 있기 때문에 형평성을 확보할 수 있고, 다양한 주민의 요구와 서비스수요를 충족시킬 수 있어 민주성을 확보할 수 있다는 점이 장점이다(Ostrom et al, 1988; Parks and Oakerson, 1989).

(3) 지방행정체제개편의 네가지 수준

구역과 계층개편 개념을 종합하면 지방행정체제개편의 의미는 네 가지 수준으로 구분할 수 있다. 우선, 행정계층의 개편은 법인격이 있는 지방정부의 광역자치단체와 기초자치단체간 계층의 개편으로, 지방행정체제의 계층제도 자체에 대한 근본적 변화와 계층제도는 변함이 없지만 개별 자치단체간에서 이루어지는 계층의 조정으로 구분된다. 법인격 없는 행정계층이라고 할 수 있는 행정시·행정구와 최일선의 행정계층인 읍·면·동 계층의 개편은 계층의 개편이라기 보다는 구역변경인데, 이들의 개편은 법인격의 변동을 초래하지 않고 법률의 개정도 요구하지 않기 때문이다.

▌그림 1. 지방행정체제개편의 네 가지 개념 수준

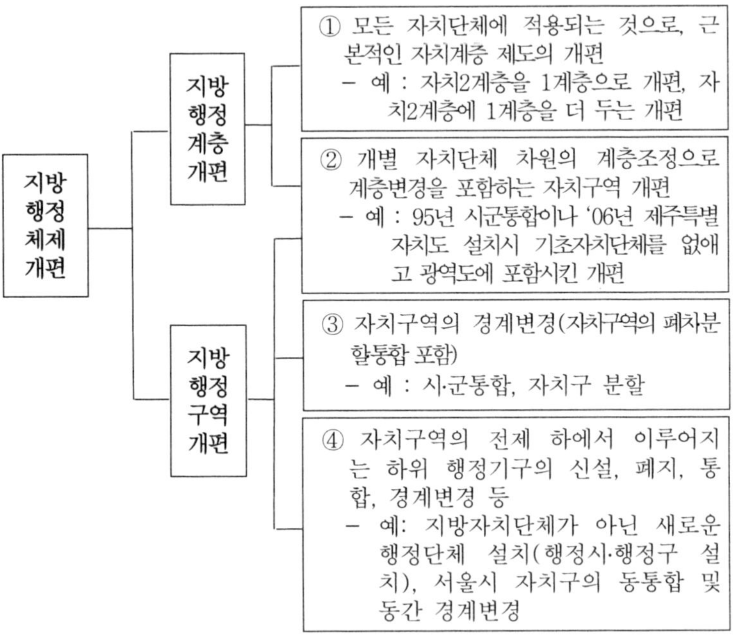

자료: 이승종·서재호, 2009: 19 참조

행정구역의 개편은 자치단체인 광역자치단체간, 기초자치단체간, 그리고 하위 행정기관인 행정시·행정구와 읍·면·동 간의 경계변경이 주된 방식이다.

다만 법인격이 있는 동일한 수준의 행정계층내의 자치단체간 통합과 폐지는 행정구역개편의 형식을 가지면서도 계층개편의 효과를 나타낸다. 따라서 이러한 차원의 행정계층은 구역개편과 계층개편이 복합되어 있는 체제개편에 해당된다.

3. 지방행정체제 개편에 대한 법적 규율

1) 지방자치법[1]

지방자치법은 지방자치 계층의 개편, 즉 자치계층의 수 변화, 또는 특별시·광역시·도·시·군·자치구라는 지방자치단체 유형의 변화에 대한 명문의 규정을 두고 있지 않다. 근본적인 차원의 자치계층 변화는 헌법이 입법자들에게 위임한 입법재량의 행사로 간주되어 기존의 법률을 집행하는 것이 아니라 입법재량을 행사하여 지방자치법 자체를 개정하거나 특별법을 제정하는 형태로 구현되어야 하기 때문이다.

자치계층 하나를 없애 단층화 하거나 추가하여 3계층화 하는 거시적 차원의 자치행정계층의 개편은 개별 자치단체에 대한 조정을 중심으로 하는 '특별법'의 형식으로 추진하는 것은 무리가 있다. 일본의 경우 도주제 개편을 위한 논의과정에서 특별법을 통하여 광역자치단체인 부・현을 통합하는 전략이 제시되고 있지만(채원호, 2008), 일본의 도주제는 어디까지나 지방자치의 2계층을 전제로 하는 것이기에 '각 자치단체별 통합을 위한 지방자치법에 대한 특별법'을 통하여 추진이 가능하다. 그러나 거시적 차원의 자치행정계층의 개편으로 기초자치단체의 구역을 모두 조정하여 광역시로 단일계층화 하고 도와 군·구를 폐지하는 경우에는 예외사항을 규율하는 특별법으로는 가능하지 아니하며 지방자치법에 대한 전면적인 개정을 통하여

---

1) 이 절의 내용은 지방자치법을 주석한 것으로 저자의 2009년도 저서인 '지방행정체제개편론'의 내용을 참고로 작성하였다.

추진하여야 한다.[2)]

강기홍(2007)도 지방자치계층의 변화를 초래하는 행정체제개편은 지방자치법 제4조가 정하고 있는 구역개편이 예견하고 있는 사안에 해당되지 아니한 '전면적 재구획'에 해당되기 때문에 이 경우 지방자치법 제4조를 적용하지 못한다는 문제가 발생함을 지적하고 있다. 따라서 이 경우에는 지방자치법의 전면개정을 통하여 지방자치단체의 종류를 조정하고 지방자치법 제9조가 정하고 있는 자치사무를 재조정하여야 한다.

■표 1. 지방자치단체의 구역 변경의 주체와 법적 수단

구역변경	법적 수단
자치단체의 폐지, 설치, 통합, 분할 및 명칭변경	법률(지방자치법 제4조 제1항)
시·군·자치구의 관할구역 경계변경	대통령령(지방자치법 제4조 제1항)
자치구가 아닌 구, 읍·면·동의 폐지, 설치, 통합, 분할 및 명칭변경	행정안전부 장관의 승인을 얻어 자치단체의 조례로 시행(지방자치법 제4조의2 제1항)
자치구가 아닌 구, 읍·면·동의 관할구역 경계변경	자치단체의 조례로 시행하되 그 결과를 특별시장·광역시장·도지사에게 보고(지방자치법 제4조의2 제1항 단서)

자료 : 안용식 등, 지방행정론, 2007:114. 참고로 수정

2) 한편, 광역자치단체인 도 전체를 폐지하여 2단계의 지방자치 계층구조를 단층으로 개편할 경우 지난 2004년 관습헌법 위반을 근거로 노무현정부의 수도이전의 위헌을 판시했던 헌법재판소의 논리가 여기에 적용되어 위헌의 가능성이 있다는 지적이 있다(김성호 외, 2009). 이 견해에 의하면 우리나라의 광역자치단체인 도 역시 관습헌법상의 지위를 인정받을 수 있는 여지가 있다는 점을 지적한다. "도의 역사성 · 문화성 등을 고려한다면 관습헌법의 성립요건 중 ①관행 내지 관례의 존재와 ②반복 · 계속성을 인정할 수 있을 것이다. 또한 우리나라 지방행정체계는 약간의 변경은 있었지만 큰 틀은 변하지 않은 채로 유지되어 왔고 특히 도는 정권의 부침(浮沈)과는 상관없이 고려시대부터 있어왔던 구역이다. 따라서 ③의 항상성의 요건도 만족하며 우리 국민 정서 그리고 정체성을 나타내는 가장 큰 특징이 도경계로 인하여 지방색을 드러내고 향토색이 짙어진다. 이러한 점으로 미루어 보아 도의 존재문제도 관습헌법으로 인정될 여지가 있어 입법자가 자의적으로 이를 폐지할 수 없다고 판단된다."

계층제의 근본적인 개편이 아닌 지방행정구역의 개편은 지방자치법이 직접 규율하고 있다. 지방자치법은 여러 가지 조문을 두어 구역조정의 과정과 결과에 대한 조치사항을 정하였다. 지방자치단체의 구역개편 유형은 자치단체의 ① 폐지, ② 설치, ③ 통합, ④ 경계변경으로 구분되어 규율된다. 지방자치법 제4조는 지방자치단체인 광역시·도와 시·군·구의 구역개편 중 폐지, 설치, 통합 및 명칭변경의 경우 법률, 관할구역의 경계를 변경할 경우에는 대통령령으로 하도록 규정하고 있다. 다만, 자치구가 아닌 구·읍·면·동의 명칭과 구역변경은 행정안전부 장관의 승인을 득한 후 자치단체조례로 하도록 되어 있다(<표 1> 참조).

지방자치단체의 폐치(廢置)·분합(分合)과 경계변경시 지방자치단체는 주민투표법에 의한 주민투표를 실시하거나, 관계지방자치단체의 의회의 의견을 듣도록 되어 있다(동법 제4조 제2항). 이 때 관계지방자치단체는 해당 지방자치단체의 의회와 그 상급지방자치단체의 의회이다(이기우 외, 2007: 73). 이는 지방자치단체 폐치분합과 구역변경은 해당 자치단체에 중대한 이해관계를 갖기 때문에 이에 대한 의견청취 절차를 명문화 한 것이다. 만약 지방자치법이 정하고 있는 의견청취절차 없이 특별법을 제정하거나 대통령령을 제정할 경우 위법한 것으로 무효가 된다(이기우 외 2007: 73).

의견청취와 관련하여 주민투표법은 제8조에 국가정책에 관한 주민투표 규정을 두고 중앙행정기관의 장으로 하여 지방자치단체의 폐치(廢置)·분합(分合) 또는 구역변경, 주요시설의 설치 등 국가정책의 수립에 관하여 주민의 의견을 듣기 위하여 필요하다고 인정하는 때에는 주민투표의 실시구역을 정하여 관계 지방자치단체의 장에게 주민투표의 실시를 요구할 수 있도록 하고 있다(제1항).[3] 이 경우 중앙행정기관의 장은 미리 행정안전부장관과 협의하여야 한다. 지방자치단체의 장은 제1항의 규정에 의하여 주민

3) 주민투표법의 입법자들은 지방자치단체의 폐치분합, 구역조정은 지방자치단체의 주요결정사항이라기 보다는 국가정책에 관한 사항으로 인식하고 있음을 추론할 수 있다. 이러한 법규율은 지방행정구역개편과 관련하여 중요한 시사점을 준다.

투표의 실시를 요구받은 때에는 지체없이 이를 공표하여야 하며, 공표일부터 30일 이내에 지방의회의 의견을 들어야 하고(제2항), 지방의회의 의견을 들은 지방자치단체의 장은 그 결과를 관계 중앙행정기관의 장에게 통지하여야 한다(제3항).

2) 지방행정체제개편에 관한 특별법

지방행정체제개편에 관한 특별법(이하'지방행정체제개편특별법'이라 함)은 현재의 지방행정체제를 개편하기 위한 기준과 절차 등을 규정하기 위하여 지방자치법의 특별법의 지위를 가진 법률로 2010년 제정되었다. 지방행정체제개편특별법에서 규율하는 지방행정체제는'지방자치 및 지방행정의 계층구조, 지방자치단체의 관할구역, 국가와 지방자치단체 및 특별시·광역시·도(이하"시·도"라 한다)와 시·군·구 간의 기능배분 등과 관련한 일련의 체제'를 의미한다. 특히 이 법은 지방자치단체간 통합에 매우 큰 비중을 두고 있으며 지방자치단체의 통합은'「지방자치법」 제2조 제1항 제2호에서 정한 지방자치단체 중에서 2개 이상의 지방자치단체가 통합하여 새로운 지방자치단체를 설치하는 것'으로 정의하였다. 이 경우 2개 이상의 지방자치단체가 통합하여 설치된 지방자치단체를 '통합 지방자치단체'로 지칭된다.

지방행정체제개편특별법은 국가가 추진하는 지방행정체제 개편의 기본방향을 크게 네가지로 제시하였다. 첫째는 지방자치 및 지방행정계층의 적정화이다. 둘째는 주민생활 편익증진을 위한 자치구역의 조정이다. 셋째는 지방자치단체의 규모와 자치역량에 부합하는 역할과 기능의 부여이다. 넷째는 주거단위의 근린자치 활성화이다.

구체적인 규율사항으로 특별시와 광역시의 과소 구의 통합이 있다. 우선, 특별시 및 광역시는 지방자치단체로서 존치하되, 특별시 및 광역시의 관할구역 안에 두고 있는 구 중에서 인구 또는 면적이 과소한 구는 적정 규모로 통합한다(제12조). 시·군·구 개편의 경우 국가는 시·군·구의 인구, 지리적 여건, 생활권·경제권, 발전가능성, 지역의 특수성, 역사적·문화적 동질성 등을 종합적으로 고려하여 통합이 필요한 지역에 대하여는 지방자치단체 간 통합을 지원하여야 한다. 그리고 시·군·구의 통합에 있어서는 시·도 및 시·군·구 관할구역의 경계에 제한을 받지 아니한다고 규정하고 있다(제15조).

통합 지방자치단체는 「지방자치법」 제2조 제1항 제2호에 따른 시·군·구로 설치한다. 통합 지방자치단체는 통합으로 인하여 폐지되는 지방자치단체의 구역에 관계 법령으로 정하는 바에 따라 자치구가 아닌 구 또는 출장소 등을 둘 수 있다. 통합 지방자치단체에는 도시의 형태를 갖춘 지역에는 동을 두고, 그 밖의 지역에는 읍·면을 두되, 「지방자치법」 제3조 제3항에도 불구하고 자치구가 아닌 구에 읍·면·동을 둘 수 있도록 하였다(제16조).

지방행정체제개편특별법이 정하고 있는 시·군·구의 통합절차는 다음과 같다(법 제17조). 개편위의 기준에 따라 지방자치단체의 장, 지방의회 또는 「주민투표법」 제5조에 따른 주민투표권자 총수의 100분의 1 이상 50분의 1 이하의 범위에서 대통령령으로 정하는 일정 수 이상의 주민은 인근 지방자치단체와의 통합을 개편위원회에 건의할 수 있고, 행정안전부장관은 제4항에 따른 시·군·구 통합방안에 따라 지방자치단체 간 통합을 해당 지방자치단체의 장에게 권고할 수 있다. 이 경우 행정안전부장관은 제5항에 따른 지방자치단체 간 통합 권고안에 관하여 해당 지방의회의 의견을 들어야 한다. 다만, 행정안전부장관이 필요하다고 인정하여 관계 지방자치단체의 장에게 주민투표를 요구하여 실시한 경우에는 그러하지 아니하다.

주민투표를 실시한 경우에는 「주민투표법」 제8조에 따라 주민투표를 실시한 것으로 본다. 지방자치단체의 장은 이 법에 따른 시·군·구 통합과 관련하여 주민투표의 실시 요구를 받은 때에는 「주민투표법」 제8조 제2항·제3항 및 제13조제1항제1호에도 불구하고 지체 없이 이를 공표하고 주민투표를 실시하여야 한다.

4. 지방행정체제개편의 기준

1) 일반적인 개편기준

행정체제개편의 기준을 계층개편의 기준과 구역개편의 기준으로 나눌 때 계층개편의 기준은 별도로 제시된 바가 없다. 행정계층의 전면적인 개편은 신생국의 설립이 아니면 거의 이루어질 수 없는 것이고, 법인격 있는 지방정부는 역사성을 가지고 있기 때문에 스스로의 결정에 따라 체제개편이 이루어지게 되기 때문이다. 다만 행정구역개편의 기준에 대한 논의는 1936년 Millspaugh의 연구 이후 다양하게 진행되었다.[4] 우리나라에서도 1980년대 이래 행정구역개편의 기준과 관련된 다양한 연구가 진행되었다(최창호, 1981; 최상철, 1985; 김안제, 1984; 정세욱, 1986; 박종관, 1999 등)

기존의 연구에서 제시된 행정구역개편의 기준들은 연구자마다 차이를 보이고 있으나 종합하면 ① 행정능률, ② 공동체의 사회의식, ③ 주민참여 및 통제, ④ 주민생할이 편의를 도모하는 영역, ⑤ 지역개발의 용이성, ⑥ 지방정부간 협력의 촉진, ⑦ 자주재원의 확보수준, ⑧ 경제적 조건으로 산업분포 등, ⑨ 교통통신의 연계, ⑩ 지리적 조건, ⑪ 면적과 인구 등으로 구분할 수 있다.[5]

다양한 연구자들이 제시하고 있는 구역개편의 기준을 검토하면 초기의

---

4) 대표적인 연구들은 Millspaugh(1936), Lipman(1949), Fesler(1994), UN(1964), Leemans(1970), Smith(1985) 등이다.

5) 제시된 구역개편의 기준을 몇가지 상술하면 행정의 능률성은 최소의 비용으로 최대의 효과를 내는 지방행정의 지역규모가 제시되었다. 공동체 사회의식은 일정한 지역에 거주하고 있는 주민들이 인식하는 자연발생적 공동체와 지방행정구역이 일치되어야 한다는 것이다. 주민참여와 주민의 행정통제는 지방행정을 수행하는 과정에서 주민이 참여가 이루어지고, 주민에 의한 행정의 통제가 이루어질 수 있는 범위가 행정구역의 기준이 되어야 한다는 주장이다. 재정자립의 기준은 지방정부의 재정자립을 가장 잘 확보할 수 있도록 하는 적정한 관할권의 규모가 기준이 된다. 주민의 행정편의성은 주민들에게 행정서비스 제공의 편의성이 확보될 수 있는 영역기준이다.

논의라고 할 수 있는 1930-50년대 까지는 인구, 면적, 교통 및 산업분포 등과 같은 사회경제적이고 지연적인 조건들이 매우 중요한 요인들로 제시되었음을 알 수 있다. 그러나 1960년대 이후 사회의 복잡성과 경제적 상호의존성이 증대되면서 자연지리적인 조건의 중요성이 줄어들면서, 행정능률, 공동체사회의식, 주민의 참여 등 지방자치의 이념적 차원이 중요한 기준으로 활용되고 있다(이승종·서재호, 2009).

구역설정의 기준들은 세 가지로 재분류 할 수 있다. 첫째는 지방자치의 이념과 관련된 것이다. 지방행정의 이념은 전국적인 행정의 능률적인 수행이라는 관점과 주민의 직접민주주의를 구현하는 기반이된다는 민주성이 혼합되어 있다. 기존에 제시된 구역개편의 기준 중 행정능률, 공동체 사회의식, 주민참여 및 통제가 이념차원의 기준에 해당된다.

▮표 2. 구역개편 기준

연구자	지방자치의 이념차원			자치행정 운영차원				사회경제지리적 조건차원			
	행정능률	공동체사회의식	주민참여 및 통제	편의구역	지역개발	지방정부간 협력	자주재원	경제조건 (산업분포)	교통통신	면적 (인구)	지리적 조건
Millspaugh(1936)	○	○		○	○		○				
Lipman(1949)		○						○	○	○	○
Fesler(1949)			○					○	○		○
UN(1964)	○	○	○								
Leemans(1970)	○	○	○				○				
Smith(1985)	○	○	○								
최창호(1981)	○	○	○	○	○						
김안제(1984)	○	○	○	○	○	○			○		○
정세욱(1986)	○	○	○	○	○	○			○		

자료 : 박종관, 1999: 25의 표를 재구성

둘째는 지방행정의 운영에 관련된 것이다. 지방정부의 운영은 주민의 행정에 대한 접근의 편이성을 구현해야 한다. 그리고 지역개발에 적합하고 정부간 협력에 적합한 수준이 되어야 하고, 지방정부의 자주재원 확보에 적합해야 한다.

셋째는 지방정부의 경계조정 판단기준으로서 사회경제·지리적 조건에 해당되는 기준이다. 이는 지역사회 공동체의 기준을 사회경제적 관련성을 통해 판단하는 것으로, 경제적 조건으로서 산업의 분포, 교통과 통신의 연계정도, 인구(인구밀도) 등이 기준이 된다. 그리고 자연적·지리적 조건으로 큰 강, 산맥 등 지방정부가 터잡은 지리적 특성도 이에 해당된다.

2) 지방행정체제개편의 개념과 개편기준의 수준구분

지방행정체제개편의 여러 가지 기준들을 지방행정체제개편의 개념범주에 연계하면 보다 체계적으로 개편기준을 논의할 수 있다. 우선, 가장 근본적인 지방행정체제개편은 지방행정계층의 개편이다. 이는 지방자치의 가치와 이념차원의 개편 특성으로 하고 있으며, 구체적인 개편기준은 공동체의 사회의식, 주민참여 및 통제라고 하는 민주주의 가치와 행정능률이라는 능률성의 가치를 기준으로 하게 된다.

둘째는 자치단체 운영차원을 고려한 개편기준으로 주민의 편의성, 지역개발, 지방정부간 협력이 얼마나 잘 이루어질 것인가, 자주재원 등을 기준으로 하고있다. 자치단체 운영차원의 개편은 주로 행정계층의 개편이 수반된 구역개편의 기준으로 활용될 수 있다.

셋째는 경계변경을 포함한 지방행정구역개편의 기준으로, 주로 사회경제적·지리적 조건에 따른 지방자치단체의 경계변경과 폐치분합이 목적이 된다. 세부 개편기준으로는 지리적 조건, 면적(인구), 경제적 상황(산업분포 등), 교통 및 통신등 생활권이 포함된다.

▮표 3. 행정체제개편 기준의 수준

구분	개편기준 1수준	개편기준 2수준	개편기준 3수준
지방행정 체제개편의 개념	① 지방행정계층개편	② 행정계층 개편이 수반된 구역개편	③ 지방행정구역개편(경계변경 포함)
개편의 차원	지방자치의 가치와 이념 차원	자치단체 운영 차원	사회경제적·지리적 조건에 적용 차원
세부 개편기준	-공동체 사회의식 -주민참여 및 통제 -행정의 능률성	-주민의 편의성 -지역개발 -지방정부간 협력 -자주재원	-지리적 조건 -면적(인구) -경제적 조건 -교통 및 통신(생활권)

5. 지방행정체제개편추진위원회의 통합기준 및 절차

1) 통합기준

우리나라는 1992년 지방의회가 구성되고 1995년 민선자치단체장을 주민이 직접 투표를 통해 선출하여 본격적인 지방자치를 실시한 이후 부분적인 지방행정체제의 개편을 단행하였다. 그 중 가장 큰 규모로 이루어진 개편은 1994년부터 1995년, 1998년에 기초자치단체인 시와 군을 통합하는 도농복합시의 설치이다. 이후 1998년 여수시와 여수군, 여천군의 통합, 2006년 제주특별자치도 설치 및 가장 최근에는 2010년 창원시와 마산시, 진해시가 통합된 통합 창원시의 설치 등으로 이어졌다. 특히 2010년 통합창원시의 설치는 전국적인 지방행정체제개편에 대한 본격적인 논의 이후 이루어진 첫 통합이라는 점에서 의미를 가지고 있다.

2000년대 이후 국회는 본격적으로 지방행정체제 개편을 추진하기 위하여 제17대와 제18대 국회에 지방행정체제개편 특별위원회를 설치하였고, 2010년에는 「지방행정체제 개편에 관한 특별법」을 제정하였다. 특별법은 특별시 및 광역시의 개편, 도의 지위 및 기능 재정립, 시·군·구의 개편, 읍·

면·동 주민자치, 통합 지방자치단체 및 대도시에 대한 특례, 지방분권의 강화를 주된 내용으로 하고 있었다.

특별법은 대통령위원회인 지방행정체제 개편추진위원회를 설치하여 지방행정체제개편을 본격적으로 추진하도록 하고 있는 바 개편추진위원회는 체제개편의 기준을 제시하기 위하여 다음의 세가지 기본방향을 천명하였다. 첫째는 지역주민의 자율적 의사를 최대한 존중한다. 둘째 지방행정체제개편에 관한 특별법에 제시된 통합취지를 최대한 반영한다. 셋째 지역특성을 융통성 있게 반영할 수 있는 개괄적인 기준이 제시되어야 한다. 이러한 기본방향 하에 개편추진위원회는 시·군·구 통합기준으로 1차적 기준과 2차적 기준의 두가지 기준을 제시하였다.[6)]

(1) 1차적 기준

1차적 기준은 인구 또는 면적이 과소한 지역이다. 인구 또는 면적이 과소한지역이란 다음의 네 가지를 기준으로 판단 된다.

① 해당 지방자치단체의 주민이 인구 또는 면적이 과소하다고 느끼는 경우, ② 인구 또는 면적이 전국 시·군별 평균에 상당히 못 미치는 경우, ③ 인구가 최근 10년간 상당히 감소하는 경우, ④ 자치구의 경우 인구 또는 면적이 해당 특별시·광역시의 자치구 평균에 상당히 못 미치는 경우.

이러한 1차적 기준의 배경에는 우리나라의 시·군·자치구별로 인구와 면적에서 격차가 많이 벌어지고 있음에도 불구하고 법적 지위가 동일한 자치단체가 많이 존재한다는 것을 고려한 것이라고 할 수 있다.

(2) 2차적 기준

2차적 기준은 1차적인 기준을 충족하는 지역 중에서 아래 조건의 일부 또는 전부를 충족하는 지역에 대하여 통합을 추진하기 위한 기준이다. 2차

---

6) 여기서 제시된 두가지 개편기준은 지방행정체제개편추진위원회에서 2011년 9월에 발표한 '지방행정체제 개편에 관한 특별법에 의한 시·군·구 통합건의 관련 매뉴얼'에 제시된 것이다.

적 기준의 구체적인 내용은 다음과 같다.

① '지리·지형적 여건상 통합이 불가피한 지역'의 의미

- 시·군간 경계가 상당히 연접하여 통합하면 시너지 효과가 크게 기대되는 경우
- 수계, 산 등의 지형적 조건으로 인해 통합이 불가피한 경우

② '생활·경제권이 분리되어 주민생활의 불편을 초래하거나 지역발전을 저해하는 지역'의 의미

- 통근·통학, 생활편의시설 이용 등 하나의 생활권을 이루고 있는 경우
- 행정구역의 분리로 인해 주민생활의 불편, 행정비효율을 야기하고 있는 경우
- 행정구역의 분리로 지역산업의 연계 발전을 저해하는 경우

③ '역사·문화적으로 동질성이 큰 지역'의 의미

- 오랫동안 동일한 행정구역으로 인접 지방자치단체의 주민 간에 공동체 의식이 강한 경우

④ '통합을 통하여 지역경쟁력이 강화될 수 있는 지역'의 의미

- 2개 이상 시·군·구에 걸친 대규모 사업의 목적 달성을 위하여 통합이 불가피한 경우
- 동일한 발전권역에 속하나 행정구역이 분리되어 지역경쟁력 강화를 현저히 저해하는 경우

2) 통합절차

원칙적으로 1차와 2차 기준을 충족하는 자치단체는 통합대상이 되며, 시장·군수·구청장, 지방의회, 주민(주민투표권자 총수의 1/50 이상의 주민 연

서)은 통합을 건의할 수 있다. 그러나 이러한 1차·2차 기준을 충족하지 않는 자치단체라도 지역주민, 지방자치단체장, 지방의회가 지방행정체제개편추진위원회에 통합을 건의할 수 있다.

▮그림 2. 지방자치단체 간 통합 절차

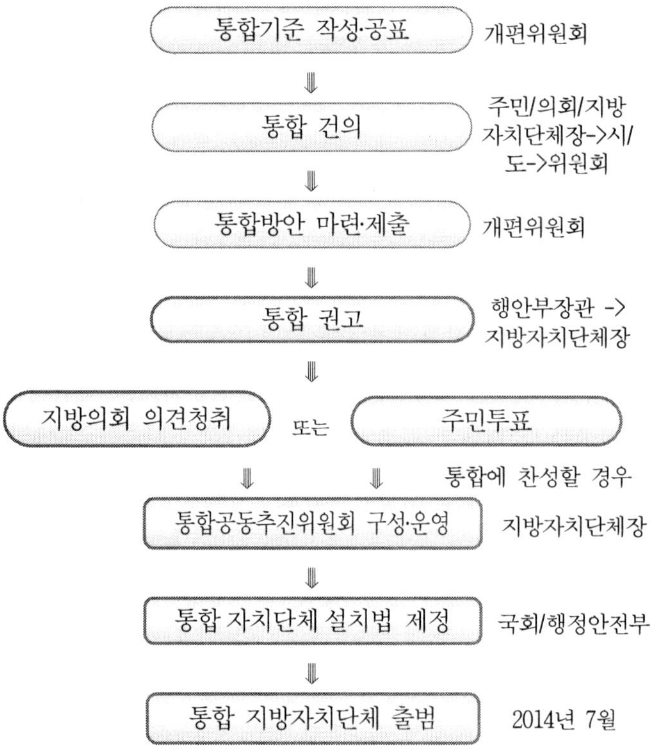

통합건의서는 시장·군수·구청장, 시·군·구의회, 주민투표권자 총수의 1/50의 연서를 받은 주민이 해당 시·도지사에게 제출하면 시·도지사는 의견서를 첨부하여 이를 개편추진위원회에 제출하게 된다. 통합을 건의받은 개편

추진위원회는 시군구에서 작성·제출한 통합건의서 토대로 통합방안을 수립하고 이를 '지방행정체제 개편에 관한 종합 기본계획'에 포함하여 대통령과 국회에 제출하고, 행정안전부장관은 개편추진위원회가 작성한 '시·군·구 통합방안'에 따라 지방자치단체 간 통합을 해당 지방자치단체의 장에게 권고할 수 있다.

통합을 권고받은 지방자치단체는 지방의회의 의견을 청취하거나 주민투표 등을 통해 지방자치단체간 통합의사가 확인 될 경우 통합대상인 지방자치단체가 공동으로 통합추진공동위원회를 구성하고, 통합에 관한 세부사항을 심의하게 된다. 통합추진공동위원회는 통합지방자치단체의 명칭, 청사소재지 등을 심의·의결하는데, 이를 토대로 통합지방자치단체 설치를 위한 법령을 제정하여 2014년에 새로운 통합지방자치단체가 출범하게 된다.

6. 통합기준과 절차에 대한 평가와 전망

1) 평가

개편추진위원회가 제시한 기준을 정리하면 일차적으로는 인구와 면적이, 이차적으로는 지형, 생활경제권, 역사문화적 동질성, 지역경쟁력이 제시되었다. 이들 기준을 앞 <표 3>의 자치구역 개편기준간 관계를 기준으로 보면 이들은 개편기준 2수준과 3수준에 해당된다. 현재 개편추진위원회의 개편기준은 지방행정계층 전반의 개편을 위한 기준(개편 1차원)이 아닌 행정계층 개편이 수반된 구역개편과 지방행정구역개편을 위한 기준이다.

따라서 현재 개편추진위원회의 개편기준에 따른 지방행정체제개편은 지난 2006년 허태열의원 등이 주도한 국회 지방행정체제개편특별위원회에서 제시한 전국 60-70개 광역시의 단층제 개편안과는 다른 차원의 접근으로, 현재 우리나라의 지방행정의 2계층제의 근간을 유지한다는 전제하에 자치단체간 통합 등으로 논의의 범위를 제한하고 있다고 평가할 수 있다. 또한 추진위원회가 보고한 매뉴얼에서 개편기준은 '시·군·구 지방자치단체간 통합'을 위한 기준임이 분명히 제시되어 있기 때문에 단순한 지방자치단체간 관할구역을 현실화한다는 차원인 단순한 경계조정 보다는 한단계 더 나아간 체제개편을 염두에 둔 것이다.

2) 이슈

개편추진위원회는 통합건의의 판단기준을 제시하면서 기준에 합치되지 않는 자치단체라도 지방자치단체장 또는 지방의회, 지역주민은 개편추진위원회에 통합을 건의할 수 있도록 하고 있다. 이는 개편추진위원회의 통합건의가 경직적으로 반드시 적용되어야 하는 절대적 판단기준이 아닌 상대적인 판단기준이라는 의미와 함께, 통합기준 보다 지방자치단체의 판단이 더 우선한다는 것을 의미한다. 이러한 점을 전제로 개편기준과 절차에 대하여 다음과 같은 이슈가 있다.

첫째는 개편추진위원회가 제시한 통합기준의 모호성에 대한 논란이다. 개편위의 통합기준발표 이후 제시된 통합기준이 모호하여 기준의 실효성에 대한 논란이 제기되었다.[7] 특히 일차적인 개편기준 중 '전국 평균에 상당히 못 미칠 때' 등의 예시는 주관적이라는 지적이 있었다(하혜영, 2011).

개편추진위원회는 통합기준과 함께 통합절차를 제시하면서 통합기준에 해당하는 지역의 자치단체와 주민의 건의에서 통합을 출발시키고 있다. 이는 개편추진위원회의 통합기준은 일차적으로는 지방자치단체의 장 및 지방의회, 지역주민의 자신의 자치단체의 통합여부를 판단하는 기준에 해당되는 것이며, 결국 '명확한 기준의 적용'의 문제가 아닌 '주관적 판단의 준거'로 활용되는 것이라 할 수 있다.

다만, 각 지방자치단체의 통합건의에 대하여 개편추진위원회가 기준의

7) 조선일보, 2011.9.7일자 기사, 서울신문, 2011.9.7일자 기사, 동아일보 2011.9.8 기사 등은 모두 시군구 통합기준의 모호성을 지적하였다.

적절한 적용 여부를 판단할 수 있는바, 이 경우에는 절대적 합리적 기준의 적용여부를 판단하기 보다는 지방자치단체의 통합건의와 개편추진위원회가 통합방안을 마련하는 과정에서의 절차적 합리성에 초점을 맞추는 것이 매우 중요하다.

둘째, 개편추진위원회에 의하여 발표된 기준이 모든 기초지방자치단체에 보편적으로 적용되어야 할 기준인지 여부에 대한 문제가 있다. 만약 이 기준이 보편적 기준이 될 경우 인구와 면적에서 차이가 발생하는 대도시 자치구와 시, 군간의 특성 차이가 간과될 우려가 있는 것이다. 따라서 인구밀도는 낮지만 면적이 상대적으로 넓은 '군'지역의 통합판단기준과 대도시 자치구의 통합판단기준, 수도권 대도시와 도농통합시의 통합판단기준은 상대적인 차이로 인하여 보편적인 기준이 적용되기 보다는 시군구 유형별 가중치를 별도로 두어 판단할 필요가 있다. 다만 이러한 별도의 세부적인 판단기준은 통합을 건의하는 시군구에서 활용하기 보다는 통합방안을 마련하여 제출해야 하는 개편추진위원회가 구체적인 방안을 내부적 판단기준으로 수립해 운영해야 할 것이다.

셋째, 일차적인 개편기준을 충족하는 자치단체에 적용되는 개편의 2차적 기준은 모두 충족되어야 하는 판단기준인가, 각각 독립적인 요건으로 하나 이상의 기준만 충족되면 되는가? 이 이슈는 세부개편기준의 관계를 통해서 판단할 수 있다.

세부 개편기준의 예시 항목들 간의 관계가 이질적이라는 점은 이들 기준이 모두 적용되어야 하는 기준이라기보다는 개별적인 사유만 있어도 통합을 권고 할 수 있다는 것을 반증하는 것이라고 생각된다. 개편추진위원회의 시군구 통합권고 기준으로 지리·지형적 여건상, 생활·경제권의 분리, 역사·문화적 동질성은 비교적 유사한 기준이다. 지리·지형적 여건에 의하여 생활권과 경제권이 분리되다 보면 역사 문화적 동질성이 생기기 때문이다. 그러나 통합을 통한 지역경쟁력 강화는 이들 예시와는 비교적 다른 차원의 기준이다. 따라서 이들 기준이 동시에 적용되기를 바라기 보다는 일차적인 기준인 인구와 면적 기준이 충족될 경우 하나 이상의 이차적인 기준이 적용될 수 있는 지방자치단체는 통합을 건의할 수 있게 된다.

넷째, 부수적인 이슈로 2개 이상의 다른 광역자치단체의 관할 하에 있는 기초자치단체간 통합은 어떻게 추진 할 것인가? 하나의 광역자치단체에 있는 두 개 이상의 기초자치단체가 통합을 건의할 때 현재의 통합기준과 절차 적용은 큰 논란이 제기되지 않을 것이다. 그러나 두 개 이상의 광역자치단체의 관할구역에 있는 기초자치단체간 통합(예컨대, 전라북도 군산시와 충청남도 서천군의 통합논의)에 통합기준과 절차가 어떻게 적용 될 것인가는 통합기준과 절차에서 논의되지 않았다. 이 경우 특히 관할 광역자치단체간의 의견 등이 서로 다를 때 이를 조정하는 문제 등이 추가적으로 논의되어야 한다.

다섯째, 개편기준은 기초자치단체인 시·군·자치구의 통합에만 적용되는 기준이다. 그렇다면 향후 광역자치단체인 특별시·광역시·도간의 개편에 적용하는 기준을 새로이 제시할 수 있을 것인가? 현재의 기준과 논의를 통해서 보면 개편추진위원회는 광역자치단의 개편은 고려하지 않고 있는 듯 한 인상이다. 그러나 보다 근본적인 차원인 광역자치단체 수준의 개편도 중요하게 다루어 져야 한다. 이는 광역시와 광역도간 격차 및 수도권과 비수도권과의 격차가 기초자치단체간 격차 못지않게 심하기 때문이다. 따라서 개편의 기준에 대한 논의 기회가 주어질 경우 어떤 식으로든 광역자치단체간 통합이 논의되고 가능하면 광역자치단체 구역 개편의 기본방향도 제시되어야 할 것이다.

3) 전망

우리나라는 이미 2009년에 중앙정부 주도로 전국의 기초자치단체를 통합하고 광역자치단체를 폐지하는 개편1차원의 행정체제개편을 시도하였다. 그러나 중앙정부 주도의 자율통합 시도에 대하여 지방자치단체와 학계의 비판이 거세지면서 지방행정계층의 개편 대신 시군구 기초자치단체간 경계조정의 일환인 자율통합을 추진한 바 있다. 이 때 28개의 기초자치단체가 통합을 논의하였으나,[8)] 통합논의 과정에서 자치단체간의 갈등이 일어났고, 각 자치단체 내부에도 지역주민간, 지방의회 의원간 극심한 갈등을 경험하였다. 통합에 성공한 기초자치단체는 통합창원시로 새출발하게 된 마산·창원·진해시가 유일하고, 통합추진 1년 4개월이 지난 현재까지도 통합시청사 소재지 문제 등으로 많은 갈등을 빚고 있다.

지난 2009년의 무리한 통합추진 실패 이후 정부는 '지방행정체제개편특별법'을 제정해 통합의 법적 근거를 마련하였고, 개편추진위원회를 정부와 학계, 지방자치단체협의체 등이 추천한 인사들로 공정하게 구성하고자 하였다. 또한 개편추진위원회가 개편기준을 수립하는 과정에서도 외부의 전문가집단에 의뢰하여 기준을 개발하도록 하였고, 전국에서 권역별 공청회를 개최하여 지역과 관계자의 의견을 최대한 수렴하고자 하였다. 또한 개편위가 제시한 통합절차는 통합주체의 의사를 최대한 반영하면서도 과거 2009년 통합과정에서 있었던 '행정구역 자율통합 대상지역은 지방의회의 의결을 거쳐야 하며, 한곳이라도 반대를 하면 주민투표 절차를 거쳐야 한다'는 헌법재판소의 결정(2009헌마635)을 충실하게 반영하여 지역에 의한 의사결정을 최대한 존중하고 있다. 이러한 일련의 과정은 지방행정체제개편의 절차적 합리성과 정당성을 확보하면서 지역의 신뢰를 확보해 가는 절차이기 때문에 과거의 개편 추진보다 적은 사회적 비용으로 많은 자치단체간 통합이 가능하리라는 예상을 할 수 있다.

그럼에도 불구하고 현재까지 논의되는 과정에서 개편위 내외부의 불협화음이 없는 것은 아니다. 개편추진위 내부에서도 개편기준을 놓고 통합기준을 담당한 구역분과위원회 위원간 내부의 합의를 도출하지 못해 전체위원회에서 기준을 채택하였다. 개편기준과 개편대상자치단체 선정을 위한 외

---

8) 이 때 통합을 논의한 자치단체들은 '성남·하남·광주, 남양주·구리·미금, 청주·청원, 전주·완주, 여수·순천·광양, 마산·창원·진해·함안, 목포·무안·신안, 안양·의왕·군포, 수원·화성, 무주·진안·장수' 등이다.

부의 연구용역결과도 미공개로 한 대목도 심정적으로는 이해는 되지만 개편추진위를 바라보는 시각들에게는 문제를 제기하기에 충분한 대목이다. 그리고 통합기준 제시과정의 문제 뿐 아니라 통합에 성공한 통합자치단체에 대한 특별지원의 규모와 정당성은 과거 2009년에 제기된 문제와 동일한 양상으로 흘러갈 수 있다는 점에서 문제 될 수 있다.

개편기준이 발표된 이후 지방자치단체들 간에는 통합논의가 무성하게 일고 있다. 과거 2009년에 통합을 논의했던 화성시·수원시·오산시는 통합을 재논의하고 있으며 이미 통합을 지지하는 시민통합추진위원회를 구성하여 활동중에 있다. 경남의 진주시·사천시·산청군에서도 군민토론회를 개최하는 등 활발한 논의가 이루어지고 있다. 이들 지역 뿐 아니라 과거 지방행정체제개편 논의가 있던 자치단체들은 이미 통합을 위한 절차에 돌입한 듯하다.

일단 개편추진위원회의 통합기준은 통합기준의 일차적 판단의 준거를 통합의 주체에게 넘겨준 형국이다. 이에 따라 통합을 고려하는 각 지방자치단체들은 주민을 설득하고, 주민의 의견을 통합하기 위하여 분주히 움직이고 있다. 개편추진위원회의 통합기준의 적정성 또는 합리성을 지금 판단하기는 쉽지 않다. 그러나 통합추진의 이니셔티브가 형식적으로 지방자치단체에게 넘겨졌다고 해도 통합과정에서 발생하는 갈등의 폭과 후폭풍에 대한 책임에서 개편추진위원회는 자유로울 수 없다. 따라서 개편추진위원회는 내용상 합리성의 판단 권한을 통합의 주체에게 내 주었다고 해도 통합절차가 마무리되고 후속절차가 완료될 때 까지 절차적 합리성을 최대한 확보하도록 노력해야 하고 이를 위한 제도적 보완을 지속적으로 유지하여야 할 것이다.

7. 결론

지방행정체제는 한 국가의 지역적 근간이다. 따라서 지방행정체제의 개편 문제는 개편을 추진하는 몇몇 지방자치단체만의 문제가 아니라 한 국가와 지방 전체에 관련된 문제이다. 지방행정체제개편의 문제가 국가적으로 중차대한 사안이기는 하지만, 지방행정체제의 개편은 국가와 동일한 법인격이 있는 각 지방자치단체와 지역주민의 자주적인 판단에 기초하여야 한다는 점이 중요하다. 따라서 국가차원의 시각과 지방차원의 시각이 절충된 균형점이 바로 지방행정체제 개편의 기준이자 결과이다.

우리나라에서 지방행정체제 개편논의는 2000년대 이래 본격적으로 이루어졌다. 2009년의 지방행정체제 개편 시도는 오랫동안 유지되던 현재의 지방행정체제의 근간을 뒤흔드는 방향으로 전개되었으나, 개편의 주체라고 할 수 있는 지방자치단체와 전문가들로부터 많은 저항으로 폐기 되었고, 자율개편의 성과도 통합창원시의 출범으로만 마무리 되었다.

금번 2011년 지방행정체제개편 추진위원회의 시·군·구 통합시도는 2009년의 시도를 반면교사로 삼아 절차적 합리성을 최대한 확보하면서, 내용적 합리성을 통합주체인 지방정부에게 확보하도록 요청한 형국이다. 이러한 시도는 분명 과거에 비해 진일보한 접근방식임에 틀림없다. 현 시점에서 지방행정체제가 국가와 지방정부, 지역주민 모두에게 중요한 사안인 만큼 개편논의 초기에 지나치게 성급한 판단과 반응보다는 개편과정을 지켜보면서 국가의 근간이 바람직한 방향으로 나아갈 수 있도록 관심을 기울이는 것이 무엇보다 중요하다.

■ 참고문헌

강기홍(2007). 행정구역 개편의 법적원리. 한국행정연구원 workingpaper.

강용기(2008). 「현대지방자치론」. 대영문화사.

김성호·김해룡(2009). 지방행정체제 개편과 헌법적 과제. 바람직한 자치행정체제 개편을 위한 합동세미나 논문집.

김안제(1988). 지방행정 계층 및 행정구역의 개편방향. 행정개혁위원회.

박종관(1999). 행정구역 개편에 관한 연구－시군통합정책에 대한 과정분석 및 성과평가를 중심으로. 서울대학교 대학원 박사학위논문.

안용식·강동식·원구환(2007). 「지방행정론」. 대영문화사.

이기우·하승수(2007). 「지방자치법」. 대영문화사.

이승종·서재호(2009). 「지방행정체제개편론」. 법문사.

정세욱(1995). 「지방행정학」. 법문사.

정일섭(2007). 「한국지방자치론.」 대영문화사.

조창현(2005). 「지방자치론.」 박영사.

지방행정체제개편추진위원회(2011). 시·군·구 통합건의 관련 매뉴얼. 지방행정체제개편추진위원회.

채원호(2008). 일본의 광역 과제 대응을 위한 도주제 구상. 한국지방자치학회 춘계학술대회 발표논문집.

최상철(1985). 자치구역설정과 지역개발의 방향. 「사상과 정책」. 경향신문사.

하혜영(2011). 시·군·구 통합을 둘러싼 쟁점과 향후 과제. 이슈와 논점 제 292호. 국회입법조사처.

ACIR(1974). *The Challenge of Local Governmental Reorganization: Substate Regionalism and the Federal System.*

Barlow, I. M.(1991). *Metropolitan Government.* Routledge.

Collins, R.(1988). *Theoretical Sociology.* Harcourt Brace & Company.

Daft, R.L.(2007). *Organization Theory and Design,* 9th ed. Thomson.

Easton, D.(1955). *A Framework for Political Analysis*. Prentice Halls.

Fesler, J. W.(1949). *Area and Administration*. Univ. of Alabama Press.

Hall, R.L.(1977). *Organizations: Structure and Process*. Prentice-Hall.

Katz, D & Khan, R.L.(1966). *The Social Psychology of Organizations*. John Wiley & Sons.

Keating, M.(1995). "Size, efficiency, and democracy: Consolidation, fragmentation and public choice." in David Judge, Gerry Stoker, and Harold Wolman, eds. *Theories of Urban Politics*. Sage.

Leemans, A. F.(1970). *Changing Pattern of Local Government*. International Union of Local Authority.

Lipman, V. D.(1949). *Local Government Areas*. Basil Blackwell.

MacQueen, K.M. et al. (2001). "What is Community? An Evidence-Based Definition for Participatory Public Health." *American Journal of Public Health*, 91(12).

Millspaugh, A. C.(1936). *Local Democracy and Crime Control*. Brookings Inc.

Murphy, B. L. (2006). *Community: Defining the Concept and its Implications*. NWMO.

Ostrom, V., R. Bish and E. Ostrom(1988). *Local Government in the United States*. Institute of Contemporary States.

Parks, R. and Ronald Oakerson(1989) "Metropolitan organization and governance: A local public economy approach." *Urban Affairs Quarterly*. 25(1).

Smith, B. C.(1985). *Decentralization: The Territorial Dimension of the State*. George Allen & Unwin.

United Nations(1964). *Decentralization for National and Local Government*. United Nations.

제8장

공간계량분석의 기초 이론 및 활용

정건섭

1. 공간계량분석의 기초 이론

공간계량모형을 이용한 분석은 최근 다양한 부문에서 급속히 확산되고 있다. 특히 주택시장분석에서 공간계량모형과 G.I.S(Geographic Information Systems)의 연계를 통한 주택시장분석은 이미 널리 사용되어지고 있다. 이와 더불어 Matlab을 이용한 공간계량분석(Lesage, 1998) 및 기초적인 G.I.S(Pace, 2003)의 도입 및 활용은 LeSage 및 Pace 교수 등의 Toolbox의 제공으로 더욱더 그 적용 및 다양한 분석을 쉽게 활용할 수 있는 방법을 열어 놓았다고 해도 지나친 과언이 아닐 것이다.

인간의 모든 활동은 언제나 시간과 공간이라는 두 가지 요소를 포함하여 일어나고 있다. 사회과학이 다루고 있는 모든 분야는 궁극적으로 시간과 공간이 만든 여러 가지 복합적 요인들이 인간의 행동과 어떠한 영향을 주고받고 있는지를 규명하고 이러한 관계가 객관적으로 표명될 수 있도록 하는 것을 목표로 한다. 계량경제학적 방법에서는 이 두 요소를 포함할 수 있는 여러 가지 모형들에 대한 연구가 지속적으로 이루어져 왔다. 시간이 경우에 있어서는 시계열분석(time series analysis)이 이를 직접적으로 다루고 있는 영역이며, 또한 모든 자료는 특정 시간에 이루어진 결과를 설명하고 있기 때문에 횡단면 자료(cross sectional data)를 이용한 연구까지도

바로 시간을 포함하고 있다고 할 수 있다(이성우 외, 2006: 170).

LeSage(1998)에 의하면 공간종속성(spatial dependence)의 발생 원인은 크게 두 가지로 구분할 수 있다. 첫째는 자료수집의 공간단위에 의해 발생한다는 것이다. 연구자가 사용하게 될 자료의 지역 간 단위는 흔히 행정구역별 또는 경도-위도 좌표 등으로 구성된다. 그러나 이러한 지역 간 구분이 수행될 연구의 바람직한 구분 단위인지는 확인하기가 쉽지 않다. 따라서 수집된 자료의 지역 간 단위가 수집된 지역과 일치하지 않는 경우에 발생된다. 둘째는 인구사회학적인 요인에 의해서 발생된다. 인간의 행위는 특정 공간에 고정된 채 이루어지는 것이 아니라 공간들을 이동하면서 이루어지는 행위가 대부분이다. 이러한 사회·인구학적 요인은 공간종속성(spatial dependence)[9] 발생의 가장 중요한 이유인 동시에 필연적인 성격을 지니고 있다는 점에서 매우 중요하다고 할 것이다.

공간이질성(spatial heterogeneity)은 공간이 종속변수의 결정에 미치는 영향이 균일하게 나타나지 않음을 뜻한다. 즉, $y_i = f_i(X_i\beta_i + \epsilon_i)$는 일반 선형회귀식인 $y_i = X_i\beta_i + \epsilon_i$와는 달리 일반선형회귀식의 또 다른 함수관계를 형성하고 있음을 뜻한다. 즉, 흡사 매우 유사하게 설명변수를 가진 지역이라 할지라도 지역에 따라 다른 종속변수의 값을 자지게 됨을 뜻한다(이성우 외, 2006: 172-173).

특히, 주택시장 분석에 있어 널리 사용되는 헤도닉(hedonic)분석 기법의 연구들 대부분이 OLS(ordinary least square)방법을 이용해 모수를 추정하고 있다(김성우 외, 2010a). 이러한 추정 방법은 잔차(residuals)는 독립적이며, 평균이 '0'이고 분산이 일정하며, 공분산이 '0'이라는 가정을 기초하고 있다. 하지만 공간적 자기상관(spatial autocorrelation)이 발생할 경우 이러한 가정을 위반하게 되고, 이것으로 인해 왜곡된 추정결과를 낳는다(Gillen & Wachter, 2001: 6). 박헌수 등(2003)도 공간적 자기상관

---

9) $y_i = f(y_i)$ 단, $i = 1, 2, ...n \quad i \neq j$

(spatial autocorrelation)등의 공간효과(spatial effect)를 제대로 반영하지 않을 경우 모수추정이 과대추정(over estimation)되기 때문에 유의할 필요가 있다고 주장했다.

따라서 주택가격 추정에서 공간자기상관(spatial autocorrelation) 혹은 공간종속성(spatial dependence) 및 공간이질성(spatial heterogeneity)을 고려한 공간계량모형[10]이 기존 헤도닉가격함수(hedonic price function) 추정을 위해 사용되는 OLS방법과의 비교평가를 통해 어떤 추정방법이 보다 우수한 추청치를 제공하는지 살펴보는 것도 의미가 있다.

공간계량모형을 적용하기에 앞서 공간적 자기상관이 존재하는지를 살펴볼 필요가 있다. 공간적 자기상관(spatial autocorrelation)을 검증하는 대표적인 방법으로는 Moran's I검증, Lagrange Multiplier(LM)검증, 그리고 Geary's의 C Coefficient 등이 있다. 이외에도 MLE의 모형 최적화 검증으로 활용되는 LM Lag 검증, Wald 검증 등이 쓰이고 있다(이성우 외, 2006: 225)[11]. Tober(1970)에 따르면 “모든 것은 다른 모든 것과 관계를 갖지만, 가까운 것이 먼 것보다 더 밀접한 관련성을 갖는다”고 한다. 즉, 공간간에 거리나 인접성이 높을수록 더 큰 영향관계를 가진다. 공간상의 상호작용을 공간적 자기상관(spatial autocorrelation)이라고 한다. 공간적 자기상관(spatial autocorrelation)을 검증하는 대표적인 방법은 Moran's I가 있다.

Moran's I의 계수는 공간자기상관을 파악하기 위한 유용한 측정도구로

---

10) 공간자기회귀모형(SAR: Spatial Autoregressive Model), 공간오차모형(SEM: Spatial Errors Model)모형, 일반공간모형(SAC: General Spatial Model) 모형 등.

11) 이론적으로, Anselin(1988) 제시한 데로 Lagrange Multiplier test를 통하여 lag나 error모형을 선택하여 구분하는 것은 널리 알려진 사실이다. 그러나 대부분의 공간자기상관모형의 추정에 있어서, Robin Dubin(2009)에서도 언급하였듯이 ρ 및 λ의 유의성이 모두 비유의하면(insignificant) OLS 모형이, ρ 유의도 가 더 크면 SAR 모형이, λ의 유의도가 더 크면 SEM 모형이 설명력이 높음을 보여주고 있다. 이와 동시에 ρ 및 λ의 유의성이 모두 유의하면(significant) SAC 모형이 Monte Carlo simulation을 통해 다른 모형에 비해 설명력이 높음을 잘 보여주고 있다.

인접해 있는 공간단위들의 값을 비교하여 이 계수를 산출한다. 만일 인접한 공간단위들이 전체지역에 걸쳐 유사한 값을 갖는 경우 Moran's I의 계수가 높게 나타나는 반면, 서로 상이한 값들을 갖게 되면 Moran's I는 부정적 공간자기상관을 갖게 된다. Moran's I의 추정식은 다음과 같다(김광구, 2003: 281).

$$I = \frac{n\sum\sum W_{ij}(X_i - \overline{X})(X_j - \overline{X})}{W\sum(X_i - \overline{X})^2} \qquad \text{식(1)}$$

Lagrange Multiplier(LM) Error의 추정식은 다음과 같다(이성우 외, 2006: 228)

$$LM_{error} = \frac{1}{T}[\frac{e' We}{\sigma^2}] \sim \chi^2(1), \text{ 단 } T = tr(W + W')W \qquad \text{식(2)}$$

Moran's I는 표준정규분포를, LM Error은 $\chi^2(1)$을 따르고 있다.[12)]

특성가격함수모형(HPM: Hedonic Price Model)은 주택가격 평가에 널리 사용되는 방법으로 이론적 기초는 Lancaster(1966)와 Rosen(1974)의 연구인 다중특성을 가진 단일재화시장에 대한 연구가 기초를 이루고 있다. 주택에 대한 헤도닉모형은 주택가격을 주택상품 혹은 서비스를 구성하고 있는 개별 특성들의 함수로 표시한 것이다. 일반적인 주택가격 함수는 식(3)과 같이 나타낸다.

$$P = h(S, N, L) \qquad \text{식(3)}$$

여기에서 P는 주택의 가격이고, S(구조적 변수들: Structural variables), N(근린적 변수들: Neighborhood variables), L(장소적·지역적 변수들: Locational variables)은 주택의 개별특성을 의미한다. 이러한 헤도닉 함수

12) 따라서 Moran's I의 경우 임계값인 1.96보다 통계량이 클 경우, Lagrange Multiplier(LM) Error는 제시된 $\chi^2(1)$값 보다 통계량이 클 경우 귀무가설인 $H_0 : \lambda = 0$ 귀무가설(공간자기상관이 존재하지 않음)이 기각된다.

는 일반적으로 선형함수 형태로 아래 식(4)와 같은 기본모형을 갖는다.

$$y = \beta X + \epsilon \qquad \epsilon \sim N(0, \sigma^2 I_n) \qquad \text{식(4)}$$

공간계량모형은 일반선형모형에서 공간가중치행렬을 부가한 형태로 일반선형모형의 확장된 형태이다.

먼저 공간자기회귀모형(SAR)은 기본 헤도닉가격함수 모형에 설명변수 행렬을 첨가하여 준 형태로 구성된다. 연구자에 따라 공간시차모형(spatial lagged model)로 명명되기도 하며, 시계열 분석과 유사한 형태를 띈다.

$$y = \rho Wy + \beta X + \epsilon \qquad \epsilon \sim N(0, \sigma^2 I_n) \qquad \text{식(5)}$$

여기서 W는 공간가중행렬이다. ρ는 공간자기회귀계수이고, X는 주택 속성별 변수의 벡터를 나타낸다.

다음 공간오차모형(SEM) 모형은 오차항에 공간자기상관을 포함하고 있는 모형이다. 다음과 같이 정의된다.

$$y = \beta X + u$$

$$u = \lambda Wu + \epsilon \qquad \epsilon \sim N(0, \sigma^2 I_n) \qquad \text{식(6)}$$

이때 λ는 모형의 설명변수가 아닌 관측 불가능한 생략된 변수의 오차항에 대한 충격에 속한다. 다시 말하면 어느 특정지점의 주택가격은 채택된 설명변수 뿐만 아니라 생략된 변수의 함수라는 것이다(국토연구원, 2004).

SAC 모형은 SAR과 SEM을 혼합한 모형으로 가장 일반적으로 공간종속성이 공간자기회귀형태와 오차항 모두에 포함되어 있다. 구체적인 식은 다음과 같다.

$$y = \rho W_1 y + \beta X + u$$

$$u = \lambda W_2 u + \epsilon \qquad \epsilon \sim N(0, \sigma^2 I_n) \qquad \text{식(7)}$$

이 글에서의 공간가중치행렬(weight matrix)은 지역 간(구간)거리와 인접지역(contiguity) 여부를 기준으로 분석하고자 한다. 공간상에 분포해 있는 실체들의 관계를 정의하는 공간가중행렬(spatial weight matrix)은 주로 인접성척도(contiguity measure)와 거리척도(distance measure)를 기준으로 하고 있다(김성우 외, 2010b). 인접성 척도는 공간단위 i와 j가 서로 인접하면 '1'의가중치를 부여하고(W_{ij}=1), 인접하지 않으면 '0'의 가중치를 부여하는(W_{ij}=0)한다. 이렇게 인접성 여부에 따라 1과 0의 부여하는 형태로 구축된 형태로 공간인접성행렬(spatial contiguity matrix)라고 불린다.

LeSage(1998)은 공간인접성(spatial contiguity)를 수량화하는 방법을 아래와 같이 제안하였다. 우선 Lincar Contiguity는 특정지역의 경계선에 공유된 다른 지역의 경계선이 완전히 공유된 경우 '1'의가중치를 부여하고(W_{ij}=1), 다른 경우에는 '0'의 가중치를 부여(W_{ij}=0)한다.

Rook Contiguity 은 두지역의 경계선이 공유되기만 하면 '1'의가중치를 부여하고(W_{ij}=1), 그렇지 않으면 W_{ij}=0을 부여한다. Bishop Contiguity는 두 지역의 경계선이 공유되기만 '1'의가중치를 부여하고(W_{ij}=1), 그렇지 않으면 W_{ij}=0을 부여한다.

Queen Contiguity는 두 지역이 한 면이나 모서리를 공유하면 '1'의가중치를 부여하고(W_{ij}=1), 그렇지 않으면 W_{ij}=0을 부여 한다.[13] 이때 공간가

---

13) 공간인접성(spatial contiguity)을 수량화하는 방법으로 Linear Contiguity, Rook Contiguity, Bishop Contiguity, Queen Contiguity등이 있다.

0	0	0
1	A	1
0	0	0

Linear

0	1	0
1	A	1
0	1	0

Rook

1	0	1
0	A	0
1	0	1

Bishop

1	1	1
1	A	1
1	1	1

Queen

자료 : 최명섭 외(2003: 69) 재정리.

중행렬(spatial weight matrix)을 그대로 모형에 적용시킬 경우 해석상 중대한 오류가 발생한다.

따라서 이러한 문제를 해결하기 위하여 공간가중행렬은 횡단표준화(row standardization)를 통해 이웃의 값이 한 지점에 평균적으로 얼마나 영향을 미치는지를 계량화 할 수 있다(최명섭 외, 2003: 68).

$$W_{ij}^{s} = W_{ij} / \sum_{j} W_{ij}, \quad (\text{단}, \quad \sum_{j} W_{ij}^{s} = 1) \qquad \text{식(8)}$$

인접성척도(contiguity measure)는 공간이 가지는 공간배열을 기준을 간접적으로 정의하는 반면 거리척도(distance measure)는 직접적으로 공간이 갖는 관계를 정의한다. 두 공간 실체의 거리를 공간가중행렬(spatial weight matrix)로 이용할 경우 거리가 멀어질수록 서로의 관계가 약화 될 수 있도록 식(9)와 같이 정의한다.

$$W_{ij} = \frac{1}{d_{ij}^{\alpha}}, \quad (\alpha = 1, 2, 3, 4, 5, 6 \ldots\ldots) \qquad \text{식(9)}$$

여기서 W_{ij}는 행렬 W의 i번째 열과 j번째 열의 요소를 의미하고, d_{ij}는 두 공간단위 i와 j의 거리를 나타낸다. α=1인 경우 가중치가 두지점간에 거리에 반비례하는 것을 의미하고, α=2인 경우 거리의 제곱에 반비례하는 것을 의미한다. 각 지점의 위치를 나타내는 좌표나 지점간의 거리를 알고 있을 경우, 거리를 이용한 가중치 행렬이 인접성을 이용한 방법보다 바람직하다(Anselin, 1988; 최명섭 외, 2003: 69).

하지만 거리척도(distance measure)를 기준으로 공간가중행렬(spatial weight matrix)구성하는 대부분의 연구에 있어 실질적인 거리를(김성우 외, 2010c) 이용하기 보다는 두 공간간의 임계치를 설정하고, 두 공간단위의 거리가 임계치(cut-off point or bandwidth)보다 클 경우 두 주택간의 직접적인 연관성이 없는 것으로 아래 식(10)과 같이 가장 가중치 행렬을 구성하였다. 일부 연구에서는 구 단위 또 동 단위 자료를 동일 권역 내에 있는 것으로 가정하여 거리가중행렬을 구성하였다.

$$W_{ij} = 1 \text{ if } d_{ij} < D_{ij},\ D_{ij} = 2, 3, 4, ...\ (\text{단위 km}) \qquad \text{식}(10)$$

이외에도 근접한 이웃의 수(K-nearest neighbors)를 통해 가장 가까운 자료의 개수를 이용하거나 경제적 가중치(economic weight)로서 경제적인 차이를 이용하여 공간가중행렬(spatial weight matrix)을 구성할 수 있다.

공간가중행렬의 구성과 관련하여 기존연구를 종합해 볼 때 대부분의 연구가 관측 자료간의 거리를 기준으로 분석하였다. 하지만 이들 대부분의 연구가 임계값을 기준으로 공간자기상관의 존재를 가정하고 있어, Dubin(1998)이 주장한 바와 같이 연구자의 자의적인 선택에 따른 문제점을 내포하고 있다.

공간계량모형의 분석에 있어 거의 모든 공간가중행렬을 이용한 관련 논문들은 인접성(contiguity)에 의한 방법을 사용하였고, 거리를 사용한 흔치 않은 논문들의 경우에도 실질적으로는 일정거리 이하는 '1', 그 이상의 거리는 '0'과 같은 공간가중치 방식(distance bandwidth)을 사용하고 있어 그 본질 면에서는 인접성 공간가중행렬과 큰 차이는 없다고 할 수 있다.

공간계량모형에 있어 한 지역의 주택가격의 변화가 인근지역에 주택가격에 영향을 미치는 공간적 자기상관을 파악하기 위해서는 공간적 효과를 나타내는 공간가중행렬의 정의하는 것이 매우 중요하다.

공간계량모형의 설정에 있어 공간가중행렬(spatial weight matrix)을 정의하는 다양한 방법들이 문헌에서 소개되고 있지만(Bailey & Gatrell, 1995; Lee & Wong, 2001), 특정 공간가중행렬(spatial weight matrix)의 선택이 분석 결과에 어떤 영향을 미치는지에 대해서는 논의는 많지 않다.

그리고 대부분의 연구에서는 통계 package에서 제공하는 기준에 따라 여과 없이 공간가중행렬이 사용되고 있는 실정이다(박기호, 2004: 68).[14]

---

14) 기존 연구에서의 공간가중행렬의 구성은 다음 몇 가지 형태가 대표적이다. 첫째,

다음은 부산시 주택매매가격 실거래 자료를 이용하여 그 활용사례를 간략하게 소개하고자 한다.

2. 공간계량모형 활용 사례

1) 분석자료

분석을 위해 국토해양부 실거래가 홈페이지[15]에 2006년부터 2009년 2분기까지 공개된 부산지역 아파트 실거래가 64,530개 자료를 기준으로 법정동을 분류하여 각 평균값을 이용하였다. 분석에 사용된 단지의 위치는 <그림 1>과 같다.

인접성측도(contiguity measure)를 기준으로 Anselin(1988)은 범죄와 소득 및 주택가격과의 관계분석을 위해 Columbus 49개 지역의 인접성(contiguity)자료를 이용하여 공간가중행렬을 구성하였다. 이 때 공간인접성(spatial contiguity)의 수량화 방식으로는 Rook Contiguity방식이 사용되었다. 둘째, 근접성(nearest)을 기준으로 공간가중행렬을 구성하는 것으로 Pace(1997)은 i와 j지점간(3109×3109)의 유클리디안(Euclidean) 거리(d_{ij})를 기준으로 m번째로 가까운 관측치를 $d_{\max i}$와 비교하여 공간가중행렬을 구성, 표준화(standardized)하여 분석에 이용하였다. Dubin(1998) 역시 근접한 이웃의 수(1,2,3)을 기준으로 자료를 행의 합이 '1'이 되도록 횡단표준화 작업을 거쳐 공간가중행렬을 구성하였다. 셋째, 특정 임계값을 기준으로 공간자기상관의 가정하여 공간가중행렬을 구성하는 형태로 Can(1992), Dubin(1998) 뿐만 아니라 국내 김종원(2000), 서경천·이성호(2001), 허윤경(2007)등 많은 연구에서 이용되었다. 이러한 형태는 근접성(nearest)을 기준의 공간가중행렬의 구성과 개념적으로 유사한 형태로 어떠한 임계값을 선택하느냐에 따라 공간 상관계수의 값의 모양(pattern)이 달라진다(Dubin, 1998: 16-18). 넷째, 실질적인 거리를 기준으로 공간가중행렬을 구성한 것으로 Can(1992)의 경우 식(10)의 α값이 1, 2인 경우를 구분하여 분석한 결과 α=2에서 Log Likelihood 값이 보다 우수한 것으로 결론지었다. Dubin(1998)은 α= 1, 2, 3으로 각각의 공간가중행렬을 구성하여 공간간의 상관관계를 분석한 결과 α값이 증가 할수록 영향력의 범위(band of influence)가 줄어들고, 공간 상관계수의 분산이 늘어나는 것으로 조사됐다. 국내연구의 경우 박헌수 외(2003), 이현석·박성균(2010), 김성우 외(2010a,b,c,d)등 몇몇 연구에서 이용되었다.

15) http://rt.mltm.go.kr/

▮그림 1. 분석자료의 위치

2) 변수의 설정

본 연구에 사용된 변수들은 구체적으로 <표 1>과 같다.

▮표 1. 변수의 정의

변수		변수의 정의	비고
종속 변수	실거래가격	국토해양부 아파트 실거래가격 (2006~2009)	만원
독립 변수	주택면적	주택면적 (전용면적+기타공용면적)	m^2
	역세권	역세권여부 (0 = 도보 10분 이상 1 = 도보 10분 이내)	dummy
	재건축	재건축 추진여부 (0 = 재건축 비추진, 1 = 재건축 추진 중)	dummy
	총세대수	개별 아파트 총세대수	호
	경과년수	2010년 기준 아파트 경과년수 (2009년 입주 = 1, 2008년 입주 = 2,·)	년
	경과년수^2	경과년수의 제곱	년
	경과년수^3	경과년수의 세제곱	년

▮표 2. 기술통계량

	n	평균	표준편차	최소값	최대값
실거래가	90	13,292.3	4,513.18	6,130	27,601
주택면적	90	101.22	16.18	61.34	171.90
역세권	90	0.55	0.42	0	1
재건축	90	0.67	0.15	0	1
총세대수	90	579.49	397.02	29	1,781
경과년수	90	14.42	5.58	5	34
경과년수^2	90	273.32	214.80	36	1,156
경과년수^3	90	6,22	7,31	216	39,304

분석 자료에 대한 기초통계량은 <표 2>와 같다. 아파트 실거래가 법정동별 3년간 평균값은 13,292만원으로 나타났다. 주택의 면적은 평균 101.22㎡로 평형단위로는 약 30.61평이다. 총세대수는 평균 579세대로 나타났고, 경과년수는 평균 14.42년이다. 더미변수를 사용한 역세권의 평균값은 0.55, 재건축 0.67으로 나타나고 있다.

주택가격에 영향을 미치는 변수에 대한 영향에 대하 연구는 헤도닉 모형을 중심으로 주택의 물리적 속성특성 뿐만 아니라 지하철 및 교통여건, 생활편의시설, 교육환경, 치안 등 사회문화적 요인, 대기환경질과 같은 환경적 요인 등에 대하여 연구되어 왔다.

기존 주택가격 관련 추정연구를 살펴보면 평형, 경과년수, 방수 등 주택이 갖는 물리적 속성, 쇼핑시설과의 거리, 교통의 접근성 등의 입지적 특성, 교육 및 대기환경, 소음 등 환경적요인 등 다양한 요소에 의해 주택가격이 영향을 받는 것으로 나타났다. 본 연구는 주택가격의 영향을 미치는 변수의 발굴보다는 모형 간의 모수의 변동성에 초점을 두고 있어, 기존연구에서 주택가격의 설명력이 높은 면적, 경과년수, 역세권, 재건축 추진, 총세대수를 기본 변수로 분석에 사용하였다.

▮그림 2. 경과년수별 평균 평당 매매가격 곡선

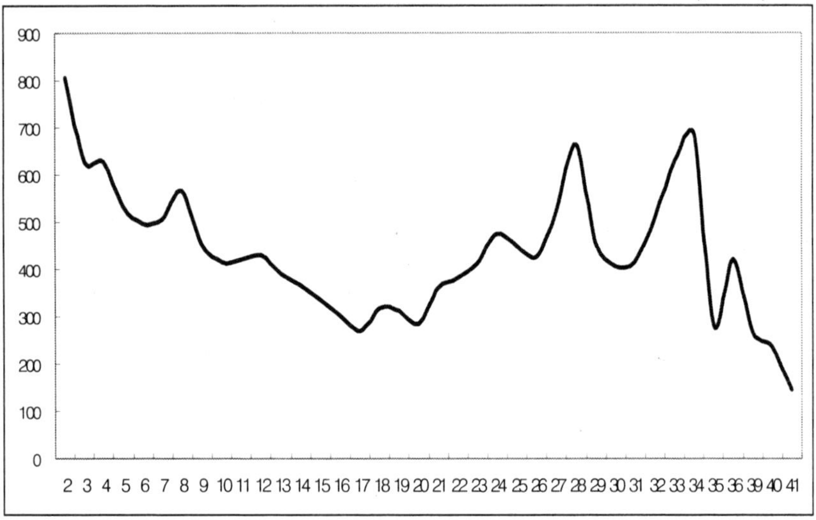

경과년수의 경우[16] 제곱과, 세제곱을 독립변수로 이용하였는데, 이는 아파트의 재건축에 따른 영향으로 경과 연수가 18~35년 사이에 주택가격이 상승하는 경향을(<그림 2>를 참조) 보이고 있기 때문이다(김성우 외, 2010c).

3) Matlab을 이용한 지도작업

다음은 Matlab 프로그램을[17] 이용하여 각 동별 평균 주택매매가격을 아

16) 모든 재화의 경우 감가상각이라는 형태로 시간이 지날수록 가치가 감소하는 경향을 가진다. 하지만 주택이 갖는 특수성으로 시간 경과에 따른 제품의 노후화에도 불구하고 입지 가치의 영향으로 주택가격은 상승하거나 유지하는 경향을 가지게 된다. 대신 동일한 지역의 신규아파트의 경우 경과 연수가 많은 재고주택에 비해 상대적으로 가격이 높은 특징을 나타내기도 한다. 본 연구에서 경과 연수의 제곱과 세제곱을 이용한 것은 아파트의 경우 18-35년에 재건축사업에 따른 가치상승을 나타내기 때문에 이러한 영향을 반영하고자 하였다(김성우·정건섭, 2010b).

래의 <그림 3>과 <그림 4>로 나타내어 보았다. <그림 3>과 <그림 4>에서 볼 수 있듯이, 기장군을 포함한 서부산 지역 및 북구지역 동들이 적은 매매가격의 거래가 지배적인 반면 해운대, 남구 및 동래지역에 입지한 동들이 높은 매매가격이 형성됨을 알 수 있다.

<그림 5>는 Rook 가중행렬을 이용한 Moran's I의 분포도 이다. 대부분의 지역의 정의(positive) 공간자기상관관계를 보이고 있으며, 특히 해운대지역 남구 및 동래구 지역의 동들이 높은 자기상관관계를 보이고 있음을 알 수 있다.

▮그림 3. 동별 평균 매매가격 분포도

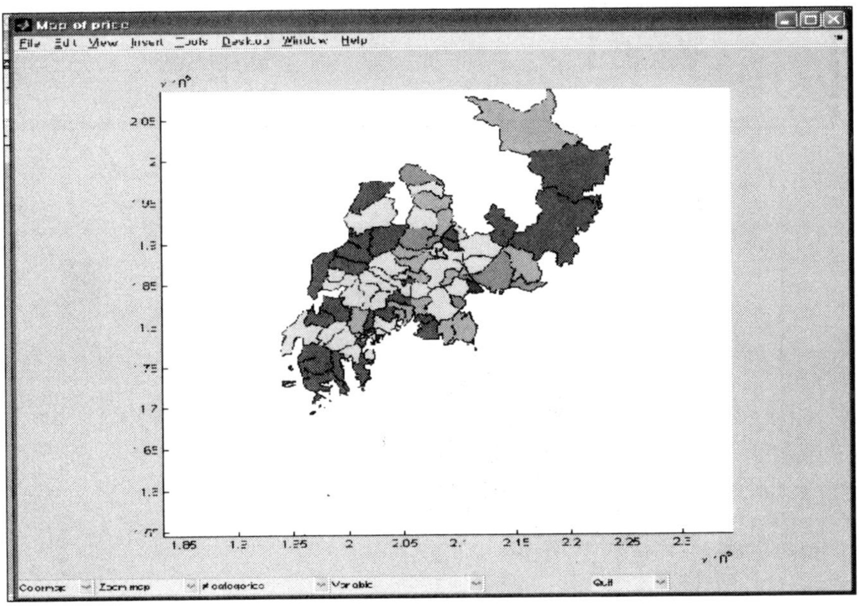

17) 본 내용의 결과를 알 수 있도록 Matlab M-file coding을 맨뒤의 <부록>에 수록하였으며, 여기에서 사용된 자료는 저자에게(kschung39@pknu.ac.kr) 요구하면 받아 볼 수 있다.

▌그림 4. 동별 평균 매매가격 막대 그래프

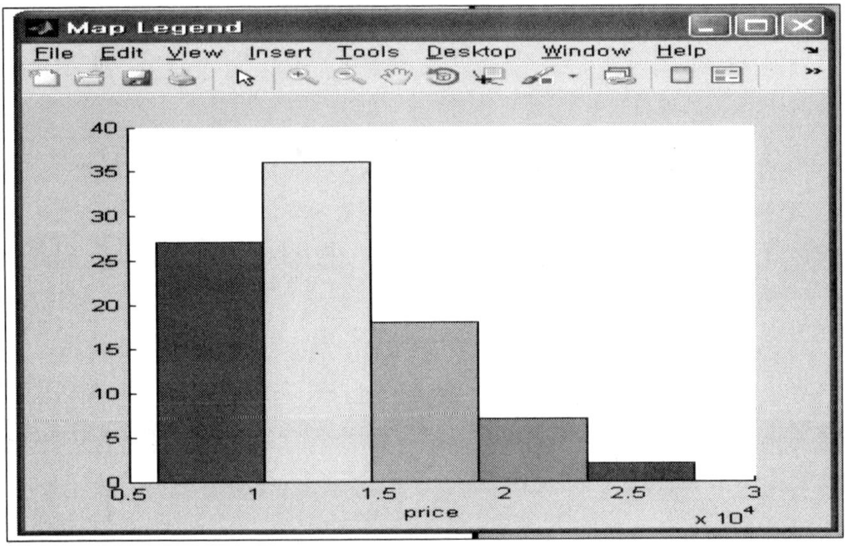

▌그림 5. Moran's I을 이용한 공간자기상관 분포도

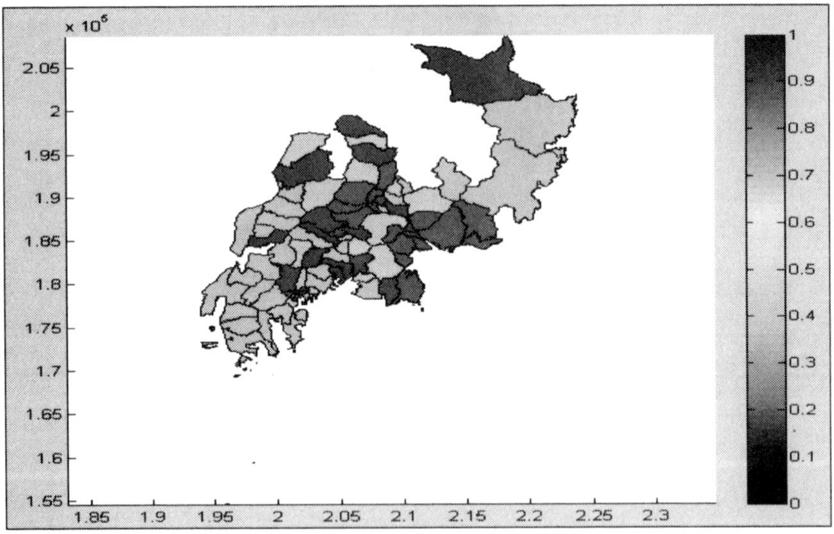

4) 공간계량모형의 적용

(1) 공간자기상관 검증

공간자기상관 검증을 위하여 다양한 검정방법을 실시하여 보았다. 결과는 <표 3>과 같다. 여기서 모든 검증에서 정의 공간자기상관관계를 통계적으로 유의미하게 보이고 있어, 이는 고전적 헤도닉 모형보다는 공간자기상관관계를 고려한 공간계량모형이 더 바람직하다고 하겠다.

▮표 3. 공간자기상관 검증

	Moran I	Wald	LR	LM -SEM	LM -SAR
value	0.34	39.53	15.11	12.81	20.71
statistic	3.89	6.635	6.635	17.61	6.635
Pr	0.0001	0.0000	0.0001	0.0003	0.0000

(2) 공간인접행렬

앞서 간략하게 언급하였듯이 어떠한 가중행렬(소위 weight matrix)을 사용하는가에 따라 모형의 추정값은 달라 질 수 있으며, 어떠한 공간가중행렬이 가장 적합한가에 대해서는 아직도 수많은 논의가 진행 중에 있다고 할 수 있다. 이에 대한 다양한 시도가 많은 연구에서 진행되고 있으나 여기에서는 공간가중행렬에 따른 정확한 추정값의 예측 보다는 공간자기상관이 발견 되어질 때 다양한 공간계량모형의 적용 예를 간단하게 보여주는 것으로 설명하고자 한다.

<그림 6>은 각 동의 인접행렬을 그림으로 나타 낸 것이다. 전체 8100개(90개동*90개동)의 이웃 조합에서 '0'이 아닌 252개동의 조합이 있음을 알 수 있으며 인접공간행렬(Weight Matrix by Rook)의 대부분[18]이 '0'(Sparse matrix)으로 되어 있음을 볼 수 있겠다.

18) 8100 - 252 = 7848개의 '0'

▮그림 6. 각 동의 공간인접행렬

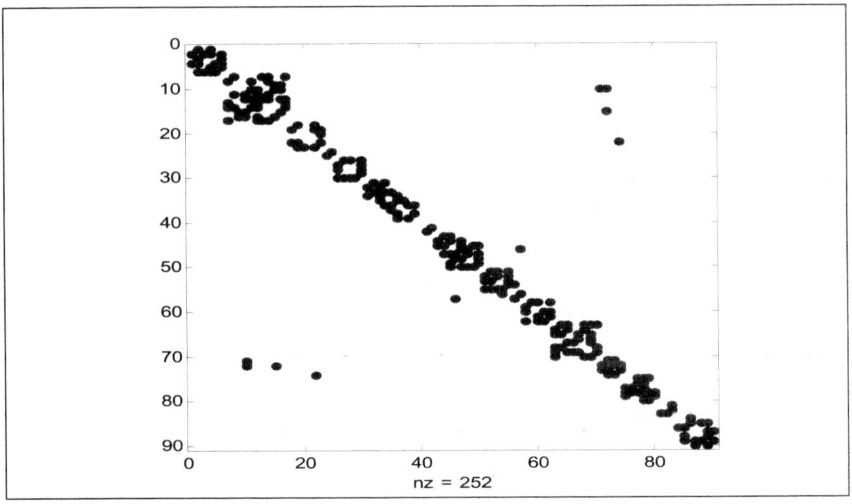

▮표 4. 공간계량모형 추정결과

	OLS	SAR	SEM	SAC
constant	6309.43**	3828.81	4580.08*	4072.58***
주택면적	168.44 ***	171.71***	166.70***	169.79***
경과년수	-2002.30***	-2197.92***	-1805.03***	-1903.06***
경과년수^2	71.01 **	86.19***	69.65**	74.42***
경과년수^3	-0.59	-0.87	-0.68	-0.75
역세권	1544.39**	1416.03**	1719.08***	1684.65***
재건축	6262.15***	4943.41***	6008.09***	5892.13***
총세대수	3.17***	3.29***	3.07***	3.14***
ρ		0.20***		0.05
λ			0.41***	0.36***
R^2	0.71	0.72	0.77	0.77
sigma^2	6411967.16	5139094.25	4599151.85	4665306.01
Log Likelihood	-828.79	-792.67	-790.56	-790.32

주) *** p<0.01 ** p<0.05 * p<0.10

(3) 모형의 결과 및 해석

<표 4>는 앞서 언급한 공간자기회귀모형(SAR: Spatial Autoregressive Model), 공간오차모형(SEM: Spatial Errors Model)모형, 일반공간모형(SAC: General Spatial Model) 모형들의 결과를 보여주고 있다. 보통최소자승법(OLS: Ordinary Least Squares)을 이용한 기존 헤도닉가격함수(Hedonic Price Function) 모형도 공간모형들과의 비교를 위해 참고로 추가하였다.

지면상 관계로 <표 4>의 추정결과 계수를 설명할 수는 없다. 그러나 해석방법은 유사하므로 OLS 모형의 몇 가지 계수만을 설명하고자 한다. 우선 주택면적은 1㎡ 증가함에 따라 168.44만원(평당 557만원 가량)이 증가하는 것으로 나타났고, 역세권의 경우 비역세권에 비해 1,544만원이 높은 것으로 나타났으며, 재건축은 비재건축 단지에 비해 6,262만원이 높은 것으로 추정되었다. 그러나 엄격하게 말해 역세권 및 재건축 변수는 가변수(dummy)가 아니기 때문에 정확한 해석이라고 할 수 없다. 다만 여기서는 해석의 편의를 위해 가변수화 하여 대략적으로 설명하고자 한다. 그리고 평균 경과년수에 대한 기울기의 변화률[19]은 −1861.3만원으로 연간 평균적으로 1861만원의 감가상각이 일어나는 것으로 추정되었다.

모형 추정에 있어 어떤 추정모형이 보다 적합한가?에 대한 비교가 필요하다. 즉, 추정모형이 얼마나 실제자료를 잘 요약하고 있는지에 대한 적절한 답을 할 수 있어야 한다. 이러한 문제를 해결하기한 척도가 모형의 적합도 이다. 일반적으로 흔히 사용되는 적합도의 측정방식은 많은 연구자에 의해 다양하게 개발되어 졌다. 본 연구에서는 전통적 헤도닉모형과 공간계량모형의 추정방법의 차이에 의해 기존 연구에서 일반적으로 사용되는 결정계수(R^2)를 참고로 하여 Log Likelihood를 기준으로 각 모형별 적합도를 평가하였다.

---

19) y=$\beta_1 Age^3 + \beta_2 Age^2 + \beta_3 Age$의 평균 기울기의 변화률은 $\frac{dy}{dAge} = 3\beta_1 Age^2 + 2\beta_2 Age + \beta_3$

결정계수(R^2)는 회귀식의 적합도를 평가함에 있어서 가장 많이 이용되는 것으로 독립변수가 종속변수를 설명할 수 있는 정도를 나타내는 것으로, 이런 의미에서 결정계수를 설명력이라고 부르기도 한다. 결정계수(R^2)는 그 값이 클수록 설명력이 증대하고, 회귀식의 활용가치가 높아지고 분석결과는 신뢰성을 더욱 인정받게 된다. 결정계수 R^2은 식(11)과 같다.

$$R^2 = \frac{\sum(\hat{Y} - \overline{Y})^2}{\sum(Y - \overline{Y})^2} \qquad \text{식(11)}$$

이때 $\overline{Y}$는 Y의 평균, $\hat{Y}$은 Y의 예측치이다. 결정계수(R^2)는 $0 \le R^2 \le 1$의 값을 가진다. R^2값이 크다고 반드시 설명력이 높은 것인 아니다. 즉, 두변수가 직선관계가 아닐 경우 R^2값이 예상보다 낮게 나타나는 경우가 발생할 수 있다. 한편 표본의 크기가 비교적 적고, 독립변수의 수가 많을 경우 R^2값이 실제 모집단을 대상을 했을 때보다 크게 나타날 가능성이 높아 표본의 크기와 독립변수의 수를 고려하여 R^2을 적절히 조정한 수정된 R^2(adjusted R^2)를 이용한다.

잔차제곱의합(ESS: error sum of squares), Sigma Square(σ^2)값을 비교하였다.

$$\text{ESS} = \sum(Y - \hat{Y})^2 \qquad \text{식(12)}$$

$$\text{Sigma Square} = ESS/n - k \qquad \text{식(13)}$$

여기서 Y는 실거래가, $\overline{Y}$은 Y의 평균값, $\hat{Y}$의 추정치, n은 표본의 개수, k는 추정계수의 개수이다.

Likelihood 값은 관측된 표본 값들을 얻을 수 있는 가능성을 나타내는 계수를 말하며 보통 L로 표시하고, 수식은 아래와 같다.

$$L(y \mid \rho, \sigma^2) = \frac{1}{(2\pi^2)^{(2/n)}} \lvert I_n - \rho W \rvert \exp - \frac{1}{2\sigma^2} (y - \rho Wy)'(y - \rho Wy) \qquad \text{식(14)}$$

일반적으로 L자체보다는 L에 log값을 취해 극대화 하곤 한다. 이는 log를 취해도 분석결과는 변하지 않을 뿐만 아니라 그 계산과정이 쉬워지기 때문이다. Log Likelihood 함수는 다음과 같다.

$$\ln L \propto -\frac{n}{2}\ln(y-\rho Wy)'(y-\rho Wy)+\ln|I_n-\rho W| \qquad 식(15)$$

공간적으로 시차된 종속변수나 오차항이 포함된 경우 편의(bias)로 인해 OLS로 추정되어 질수 없고, 대신에 최우추정량(maximun likelihood)이 사용된다. 따라서 OLS의 적합도를 나타내는 R^2은 더 이상 공간모형과 비교될 수 없으며, Log Likelihood와 같은 우도함수가 공간모형의 적합도를 측정하는데 사용되어 진다. 여기서 가장 높은 Log Likelihood를 가진 모형이 더 좋은 모형으로 고려되어진다.

<표 4>에서 볼 수 있듯이 보통최소자승법(OLS: Ordinary Least Squares)을 이용한 기존 헤도닉 모형보다는 공간자기상관을 고려한 공간계량모형들이 전반적으로 우세하고 그 중에서도 공간오차모형(SEM: Spatial Errors Model)이 가장 적은 sigma^2을 일반공간모형(SAC: General Spatial Model)이 가장 높은 Log Likelihood를 보이고 있어 OLS 및 SAR 모형과 비교해 더 우세한 것으로 나타나고 있다. 마지막으로 모형의 적합도를 그래프로 보여주기 위해 <그림 7, 8, 9, 10>을 첨부하였다.

<그림 7> OLS 모형

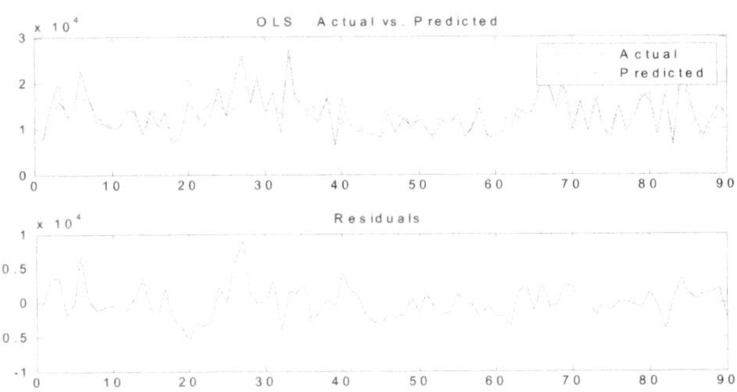

<그림 8> SAR 모형

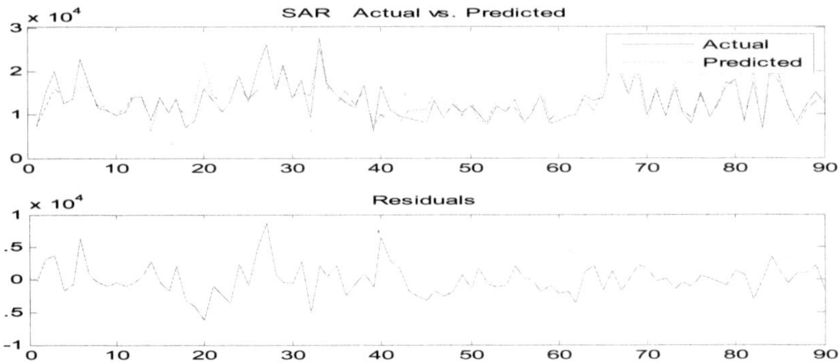

<그림 9> SEM 모형

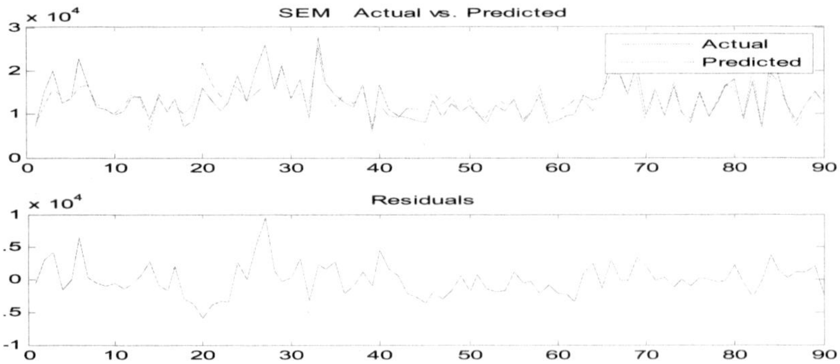

<그림 10> SAC 모형

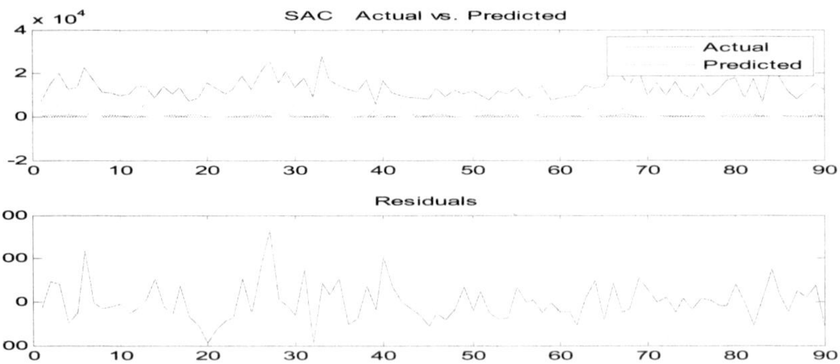

■ 참고문헌

국토연구원(2004). 「공간분석기법」. 한울아카데미.

김광구(2003). 공간자기상관의 탐색과 공간회귀분석의 활용. 「정책분석평가학회보」, 13(1).

김성우·정건섭(2010a). 견고한 공간계량경제모형의 추정-층수를 고려한 3차원 공간가중행렬을 이용하여. 「주택연구」, 18(3).

김성우·정건섭(2010b). 주택정책을 위한 헤도닉모형 평가에 관한 연구: 공간계량모형을 중심으로. 「정책분석평가학회보」, 20(3).

김성우·정건섭(2010c). 부산 아파트 실거래가를 이용한 전통적 헤도닉 모형과 공간계량모형간의 적합도 관한 비교 연구. 「부동산학연구」, 16(3).

김성우·정건섭(2010d). 공간계량모형에서의 실제거리를 반영한 공간가중행렬에 관한 연구:부산아파트 실거래가를 중심으로. 「주택연구」, 18(4).

김종원(2000). 주택시장에서 공간자가상관의 검증 및 회귀계수의 추정. 「경제학연구」, 48(2).

박기호(2004). 근린가중행렬이 공간적 자기상관 추정에 미치는 영향 : 서울시를 사례로," 「서울도시연구」, 5(3).

박헌수·정수연·노태욱(2003). 공간계량경제모형을 이용한 아파트가격과 공간효과분석. 「국토계획」, 38(5).

서경천·이성호(2001). 공간적 자기회귀모델과 토지시장분할에 의한 효율적 지가추정에 관한 연구. 「국토계획」, 36(4).

이성우·윤성도·박지영·민성희(2006). 「공간계량모형응용」.박영사.

이현석·박성균(2010). 공간자기상관을 고려한 권역별 등급별 오피스 임대료 결정요인분석. 「국토계획」, 45(2).

최명섭·김의준·박정욱(2003). 공간종속성을 고려한 서울시 아파트 가격의 공간 영향력 19(3).

허윤경(2007). 도시별 주택가격의 공간적 영향력 검증: 서울과 부산의 아파트 가격을 중심으로.「주택연구」, 15(4).

Anselin, L.(1988). *Spatial Econometrics: Method and Models*. Kluwer Academic Publishers.

Dubin. R. A.(1998). "Spatial Autocorrelation: A Primer." J*ournal of Housing Research*, 7.

Dubin. R. A.(2009). "Spatial lag and spatial revisited: some monte carlo evidence. Edited by Lesage and Pace." *Advances in Econometrics*, 18.

Lancaster, K. J.(1966). "A New Approach to Consumer Theory." *Journal of Political Economy*, 74(2).

LeSage, J.P.(1998). *Spatial Econometrics*. Web Book. http://www.spatial-econometrics.com/

LeSage, J.P.(1999a). *The Theory and Practice of Spatial Econometrics*. Web Book, http://www.spatial-econometrics.com/

LeSage, J.P.(1999b). *Applied Econometrics using MATLAB*. Web Book, http://www.spatial-econometrics.com/

Pace. R.K.(1997). "Performing Large Spatial Regressions and Autoregressions." *Economics Letters*, 54.

Rosen, S.(1974). "Hedonic Prices and Implicit Markets: Product Differentiation in Pure Competition." *Journal of Political Economy*, 82(1).

Tobler, W.(1970). "A Computer Movie Simulating Urban Growth in The Detroit Region." *Economic Geography*, 46.

http://rt.mltm.go.kr

http://map.naver.co.kr

http://www.r114.co.kr

http://renewal.busan.go.kr

<부록> Matlab M-file code

```
% PURPOSE: An example of using arc_histmap & arc_moranplot()
% with an ArcView shape file containing 90 polygons for Busan Dong shape file
% USAGE: arc_histmap    arc_moranplot
%%%%%%%%% read shape file made by ArcView %%%%%%%
filename = 'D:\dong_file\dong';
results = shape_read(filename);
nobs = results.nobs;
price = results.data(:,18); % 실거래가(동평균)
type = results.data(:,17); % 평형(m2)
year = results.data(:,8); % 경과년수
year2 = results.data(:,9); % 경과년수*경과년수
year3 = results.data(:,10); % 경과년수*경과년수*경과년수
subway = results.data(:,11); % 역세권
rebuild = results.data(:,12); % 재건축
toths = results.data(:,13); % 총세대수
variable = [price type year year2 year3 subway rebuild toths];
options.vnames=strvcat('price','type','year','year2',...
'year3','subway','rebuild','toths');
options.nbc = 5;
options.mapmenu = 1;
options.legendmenu = 1;
arc_histmap(variable,results,options); pause;
%%%%%%%%%%% read ascii file %%%%%%%%%%%%%%%%
load D:\dong_file\DATA\dong_var.dat;
```

```
price = [dong_var(:,15)]; % 실거래가(동평균)
type = [dong_var(:,14)]; % 평형(m2)
year = [dong_var(:,5)]; % 경과년수
year2 = [dong_var(:,6)]; % 경과년수*경과년수
year3 = [dong_var(:,7)]; % 경과년수*경과년수*경과년수
subway = [dong_var(:,8)]; % 역세권
rebuild = [dong_var(:,9)]; % 재건축
toths = [dong_var(:,10)]; % 총세대수
xc = [dong_var(:,3)]; % x-coordinate
yc = [dong_var(:,4)]; % y-coordinate
%%%%%%%%%% read rook weight file %%%%%%%%%%%%%%%%
load 'D:\dong_file\Weights\rook.csv';
W = rook;
y = price;
n = length(y);
x = [ones(n,1) dong_var(:,14) dong_var(:,5:10)];
vnames = strvcat('price','constant','type','year', 'year2', 'year3',...
    'subway','rebuild','toths');
variable = [price type year year2 year3 subway rebuild toths];
arc_moranplot(variable,W,results,options); pause;
%%%%%%%%%%% estimate OLS %%%%%%%%%%%%%%%%%%%%%
tic; dong_var = ols(y,x); toc;
 prt(dong_var,vnames);  % print results
 plt(dong_var); pause;
%%%%%%%%%%% Moran's  I-test %%%%%%%%%%%%%%%%%
Mo = moran(y,x,W);
```

```
prt(Mo); pause;
%%%%%%%%%%%% Wald-test %%%%%%%%%%%%%%%%%%%%%%%%
 Walds = walds(y,x,W);
 prt(Walds); pause;
%%%%%%%%%%%%%%%%%% LR-test %%%%%%%%%%%%%%%%%%%
 LR = lratios(y,x,W);
 prt(LR); pause;
%%%%%%%%%%%% LMerror-test %%%%%%%%%%%%%%%%%%%%%
 LM = lmerror(y,x,W);
 prt(LM); pause;
%%%%%%%%%%%%%% LMsar-test %%%%%%%%%%%%%%%%%%%%
 LMsar = lmsar(y,x,W,W);
 prt(LMsar); pause;
%%%%%%%%%%%%%% SAR %%%%%%%%%%%%%%%%%%%%%%%%%%
 tic; SAR = sar(y,x,W); toc;
 prt(SAR,vnames);  plt(SAR);  pause;
%%%%%%%%%%%%%%% SEM %%%%%%%%%%%%%%%%%%%%%%%%
tic; SEM = sem(y,x,W); toc;
 prt(SEM,vnames);  plt(SEM); pause;
%%%%%%%%%%%%%%% SAC %%%%%%%%%%%%%%%%%%%%%%%
tic; SAC = sac(y,x,W,W); toc;
 prt(SAC,vnames);  plt(SAC); pause;
```

저자 소개

김창수 (부경대 행정학과 교수)

서재호 (부경대 행정학과 교수)

양기용 (부경대 행정학과 교수)

이남국 (부경대 행정학과 교수)

이재원 (부경대 행정학과 교수)

이찬구 (부경대 행정학과 교수)

정건섭 (부경대 행정학과 교수)

허용훈 (부경대 행정학과 교수)

허철행 (영산대 행정학과 교수)

부경대 공공정책연구소 연구총서 1

2012년
사회와 정책

펴낸날 / 제1판 제1쇄 2012년 2월 15일
지은이 / 이재원 외 공저
펴낸이 / 임춘환
펴낸곳 / 도서출판 대영문화사
주소 / 서울 용산구 청파동 1가 178-2 ㊐ 140-869
등록 / 1975년 12월 26일 제3-16호
전화 / (02)716-3883, (02)714-3062
팩시밀리 / (02)703-3839
우체국 온라인 / 011353-02-009106

ISBN 978-89-7644-401-1

〔값 15,000원〕

이 저서는 2010년도 정부재원(교육과학기술부 인문사회연구역량강화사업비)으로 한국연구재단의 지원을 받아 연구되었음(NRF-2010-330-B00265).